JN297413

"できる"技術者になる！
「問題解決デザイン」のノウハウ

産業能率大学総合研究所　技術経営研究センター　著

産業能率大学出版部

はじめに

　まず最初に、この本を手に取っていただいたことに深く感謝申し上げたいと思います。と言うのも、最近は年間に80,000点にも上る新しい書籍が販売され、さらにはwebによって多くの情報が居ながらにして手軽に入手可能となっています。このような環境の中で、この本を手にしていただけたことは、本当に奇跡にも近い出来事であり、感謝の念に堪えません。

　それだけに、この出会いを大切にしたいと思います。そこで、ここではできるだけ簡潔に、本書の内容を俯瞰していただき、一層の興味を持っていただけるようにしたいと思います。

《本書のテーマと主な読者層》

　本書のテーマは「問題解決デザイン技術」です。この技術は、私ども産業能率大学総合研究所の技術系コンサルタントが身につける基本技術です。つまり、本書のバックボーンにあるのは、技術分野のコンサルティング技術です。ですから、主な読者層としては開発設計、あるいは生産技術分野で活躍するエンジニアの方々です。とりわけ、技術部門の管理職やプロジェクトリーダー、テーマリーダーあるいは技術スタッフなどの指導者・支援者層には特に役立てていただけるものと確信しています。

《問題解決デザイン技術とは》

　「問題解決デザイン技術」とは、平たく言うならば、「如何にして問題を解くのか」ということを「深く考えるための方法論」です。

　私たちがこの部分を大切にしているのは、開発設計や生産技術における問題解決とは、その方法の検討段階こそ重要であるという認識を持っているからです。なぜならば、開発設計や生産技術の仕事は、繰り返し性が少なく、その都度仕事の進め方について考え、そして悩みながら行っています。良い仕事をするためには、この考え悩んでいる段階でのアドバイスこそが重要なのですが、それをすることが難しいという特徴があります。それは、その担当者が、そもそもどのように解決しようと考えているかが周りからは見えないために「アドバイスのしようがない」という状況が多いことと、繰り返し性が少ないために経験に基づくアドバイスが難

問題解決デザイン技術の特徴

問題解決デザイン技術の考え方
目的：問題解決の結果を**事前に保証**する
方法：(1) その問題に最適な問題解決の**プロセスを設計**する
方法：(2) 問題解決のプロセスを関係者に**見える化**する
方法：(3) 分析→綜合化→評価・決定の**基本ステップを遵守**する
方法：(4) 問題解決の**技法と手法**、そして**創造力**を駆使する

問題解決デザイン技術の有効な活用場面
(1) 今まで経験が無いような課題や目標の困難性が高い場合
(2) これまでと同じ取り組み方では望む結果が期待できない場合
(3) 問題解決の進め方について上司、あるいはメンバーとの合意を得ておきたい場合

```
本書の構成
├─ 1章 問題解決デザイン技術の概要
├─ 3章 問題解決デザイン技術の手順解説 ─── 5・6章 問題解決技法・手法の解説
│   ├─ 2章 問題解決の理論
│   └─ 4章 四つの適用事例
```

しいことがあげられます。そこで、問題解決デザイン技術では、問題解決方法を「見える化」することを大切にしています。見える化することで、問題解決方法の検討を深めることができ、それが問題解決の結果を事前に保証することを可能にするのです。

《本書を上手に活用いただくために》

本書は、上記のような構成になっています。

1章では、「問題解決デザイン技術」の概要について、その必要性と共に整理を行っています。そして3章で、問題解決デザイン技術の「具体的な方法論・手順」についての解説を行っています。ここへの理解を深めるために、2章では、「問題解決についての一般的な理論」に触れ、4章では問題解決デザイン技術の「適用事例」の紹介をしています。この3章・2章・4章が本書のエンジン部となっています。そして5章・6章では問題解決デザイン技術で用いることが多い技法や手法についての解説を行っています。

本書の活用方法としては、1章より順番に読んでいただくことを意図していますが、問題解決について腕に覚えのある方は、まず、4章の適用事例から全体を汲み取り、そのうえで3章での実践的な方法の習得へと進むことも一つの方法です。5・6章は、問題解決の際の辞書として使っていただけることを意図しています。なお、これらの技法・手法については、弊学のホームページ（http://www.sanno.ac.jp/）でもご覧いただくことができます。ホームページでは、本書で触れていない手法についても順次掲載していく予定です。

最後になりましたが、この書籍を手に取っていただいた方々、そして本書の刊行にあたりご尽力いただいたすべての方々に謝意を表し、厚くお礼申し上げます。

本書があなたの役に立つことを祈りつつ、自由が丘にて

著者一同

Contents 目次

はじめに …ii

1章 問題解決のデザイン技術とは …1

- **1** 技術者と問題解決 …2
- **2** 問題解決デザイン技術とは …6

2章 問題解決の基本 …15

- **1** 問題とは …16
- **2** 問題解決とは …24
- **3** 問題解決と創造力 …31

3章 問題解決デザイン技術を実践する …37

- **1** 問題解決結果を事前に保証する …38
- **2** 問題解決デザイン技術の進め方 …44

4章 問題解決のデザイン技術の適用事例 …73

- 事例 **1** 製品開発／改良での事例　製品企画　…74
- 事例 **2** 製品開発／改良での事例
  「修正テープ」の新製品開発／
  「エアフィルター」(既存製品)の改良　…92
- 事例 **3** ものづくり現場での事例　工程設計・改良　…122
- 事例 **4** 情報システムでの事例
  顧客満足度に資する
  VOC 管理システムの設計　…132

5章 問題解決デザイン技術と管理技術 …149

- **1** あらためて管理技術とは　…150
- **2** 管理技術の詳細　…158

6章 問題解決デザイン技術でよく活用する手法 …177

- **1** 問題解決デザイン技術における問題解決手法の概要　…178
- **2** 問題解決デザイン技術における問題解決手法紹介　…181

参考文献　…248
索引　…250

1章
問題解決の
デザイン技術とは

1 技術者と問題解決

> IE　QC　OR　VE　TRIZ　マーケティング　創造技法　SWOT分析　3C分析
> セグメンテーション　PPM　生活研究　製品工程分析　作業者工程分析　事務工程分析
> 機能情報関連分析　QC工程図　複式活動分析　動作分析　KT法　データシート
> チェックシート　ワークサンプリング　生活分析　時間研究　WF法（ワークファクター法）
> 標本調査法　グラフ　パレート図　ヒストグラム　検定・推定　分散分析　実験計画法
> タグチメソッド　機能評価　多変量解析　特性要因図　連関図　品質機能展開（QFD）
> 機能系統図　マトリックス図法　FTA・FMEA　WBS　PERT　PF　ブレインストーミング
> 親和図法　NM法　具体化のサイクル　AHP法　DARE法　　　　　　　…等々

　これらは全て問題解決に関わる言葉であり、開発設計を中心とした技術職場に有効な問題解決の手法や技法の名称です。

　皆さんは、いくつご存知でしょうか？また、名前は知っていたとしても、使ったことがある、あるいは使うことができるものがどれだけあるでしょうか？

（1）問題解決技法の使われ方

　ある研究者によると、問題解決には150以上の手法があるそうです。しかし、私たちがコンサルティングや企業内教育の場で企業の方々と接していると、それほど多彩な技法を使っているという印象を持ちません。むし

ろ少数の技法に絞った活用を行っているようです。その絞った技法のなかでは、QC（クオリティー・コントロール）の活用が特に多いようです。QCの本来の強みである品質管理への適用だけではなく、改善の技法としてさまざまな問題への適用をする活用の仕方です。

　もちろん1つの技法を極めるという意味では決して悪くないことなのでしょうが、取組む問題のタイプや性格、問題解決の方向性や期待する効果という面から考えると疑問を感じざるを得ません。やはり、問題に合わせて技法を選ぶのが正しいやり方なのではないかと思うのです。やや極端な例ですが、コストダウンを狙ったときに、果たしてQCを用いた取り組みは有効な方法といえるのでしょうか。やはり、コストダウンの実現にはVE（バリュー・エンジニアリング）を用いた方が効果的であろうと考えます。

　一方、幅広くさまざまな技法に取り組みながら、肝心の問題解決の果実を手に入れることができずに終わっている企業もあるようです。このような場合、「この技法は役立たない…」と成果が出なかったことの原因を技法のせいにしたり、「この技法は当社には合わない…」と相性のせいにしてしまうといったことが発生しています。残念ながら、これらの"感覚論"が企業内部での問題解決技法への取り組みを阻害し、結果的に技法の浸透を難しくしてしまっているようです。

COLUMN

　皆さんは問題と技法をどのように結びつけますか？以下の「解決したい問題」と「問題解決技法」を線で結びつけてみてください。

解決したい問題		問題解決技法
コストダウンをしたい	・	・IE
設計構造の革新・改善をしたい	・	・創造技法
工程の設計・改善をしたい	・	・VE
品質の向上・改善をしたい	・	・マーケティング
顧客志向の製品企画をしたい	・	・TRIZ
創造的なアイデア発想をしたい	・	・QC
運用上の最適化を計りたい	・	・OR

(2) 開発設計・生産技術等技術人材への期待

　最近は、企業内で問題解決技法を系統的に教育するという習慣が薄れているように感じます。しかし、教育をしていないわけではありません。

　製造部門は、小集団活動などによる集団での問題解決活動の経験を積み、主としてQCに長けています。生産技術部門は、作業や動作、あるいはレイアウトなどの分析技法を頻繁に用いることからIE（インダストリアル・エンジニアリング）について長けています。これらは、仕事の性質から伝統的に共有されてきたと言うことができるでしょう。

　しかしながら、開発設計部門には、伝統的に共有されている問題解決技法がないのです。その時々の課題に応じた固有技術中心の教育で対応を行なって来ています。なお、生産技術部門においても、将来の生産方法の開発を行う部署では、開発設計部門と同じ傾向が存在しています。

　「技術者の仕事とは、問題解決である」と言い切る人も少なくありませんが、そう考えると、もっと問題解決技法が盛んに使われていても良いように思います。ところが、既に触れたとおり、開発設計等技術者の問題解決技法に対する知識、あるいは活用度は高くありません。しかし、新技術や新製品の開発設計や新工程や新プロセス開発などのプロジェクトを分析すると、そこでは間違いなく問題解決技法が使われています。つまり、現実には、プロジェクトマネジャーのような責任者が、問題解決技法を使うことを促し、その結果、OJTでの活用が進んでいるのです。

　OJT中心のやり方は、手法に対する系統的な理解ではなく、部分的でそのプロジェクトのみへの適用を前提とした理解に留めてしまっているのです。

　これは凄くもったいないことですし、開発設計技術者が問題解決技法を身につければ、活動にスムーズさが増し、開発設計のスピードと品質が上がることは間違いありません。

　少し話が大げさになりますが、現在の日本の産業構造を見ると、製造業の重要性は、売り上げおよび付加価値に占める割合の高さから疑うべくもありません。そして、この製造業には、200万人を超える研究・開発設計・生産技術者等技術人材が業務に従事しています。この集団の問題解決力が高まることは、生産性の向上に結びつき、日本の製造業はより競争力を持った存在になることと思います。

COLUMN

全産業付加価値額に占める産業別割合

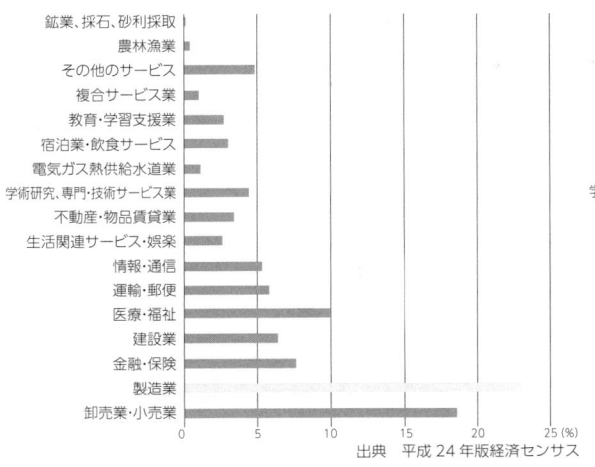

(棒グラフ、産業別:鉱業、採石、砂利採取/農林漁業/その他のサービス/複合サービス業/教育・学習支援業/宿泊業・飲食サービス/電気ガス熱供給水道業/学術研究、専門・技術サービス業/不動産・物品賃貸業/生活関連サービス・娯楽/情報・通信/運輸・郵便/医療・福祉/建設業/金融・保険/製造業/卸売業・小売業、横軸 0〜25%)

出典 平成24年版経済センサス

15歳以上就業者数(全就業者約5,960万人)

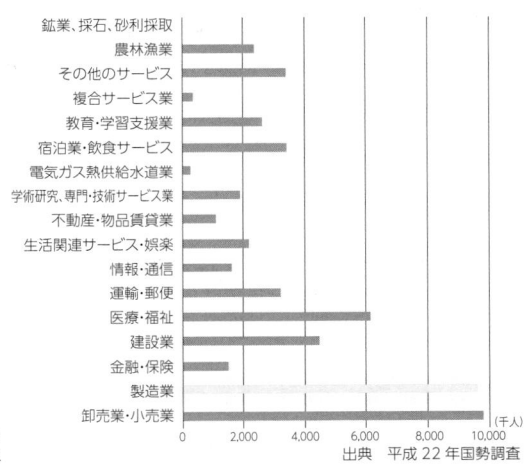

(棒グラフ、同産業別、横軸 0〜10,000千人)

出典 平成22年国勢調査

労働生産性 上位10カ国の変遷

	1970年	1980年	1990年	2000年	2013年
2	米国	ドイツ	ドイツ	米国	ノルウェー
3	カナダ	米国	米国	ノルウェー	米国
4	ドイツ	オランダ	ベルギー	ベルギー	アイルランド
5	オランダ	ベルギー	イタリア	イタリア	ベルギー
6	ニュージーランド	カナダ	フランス	アイルランド	スイス
7	オーストラリア	イタリア	カナダ	フランス	フランス
8	ベルギー	オーストラリア	オランダ	オーストリア	イタリア
9	スウェーデン	フランス	オーストリア	スイス	オーストラリア
10	イタリア	オーストリア	アイルランド	カナダ	オーストリア
-	日本(18位)	日本(19位)	日本(13位)	日本(21位)	日本(22位)

出典 日本生産性本部「日本の生産性の動向」

注目のポイント

●日本では、経済のソフト化、あるいはサービス経済化と言われて久しいのですが、統計データから見る限り製造業の存在感の高さが分かります。就業人口こそ卸売業・小売業よりも少ないのですが、全産業における付加価値割合は四分の一に迫る勢いです。

●日本の労働生産性の推移を他の国と比べると、決して褒められる水準にありません。製造業では2007年後半に労働生産性が最も高まり、リーマン・ショック後の2009年に、ピークから75%まで低下しました。

●製造業で顕著なのは、製造部門に比べ、それ以外の部門の生産性が低いということです。特に、開発設計、生産技術部門は、その業務特性から生産性指標が立てにくく、ともすると生産性を意識しない業務行動をとりがちです。開発設計・生産技術部門の仕事の殆どが問題解決であるという認識から、生産性を考える必要性があるようです。

1章　問題解決のデザイン技術とは

2 | 問題解決デザイン技術とは

(1) 問題解決デザイン技術の全体像

開発設計業務や生産技術業務は、新しいものを作り出す、あるいは改善を行うための一連の問題解決活動と言うことができるでしょう。これは言い換えると、開発設計・生産技術等技術者にとって、仕事とは問題解決であり、仕事の遂行プロセスの設計とは、問題解決のデザインを行うことに他なりません。

既に技術者の多くが、余り多彩な問題解決技法を使っていないことに触れましたが、問

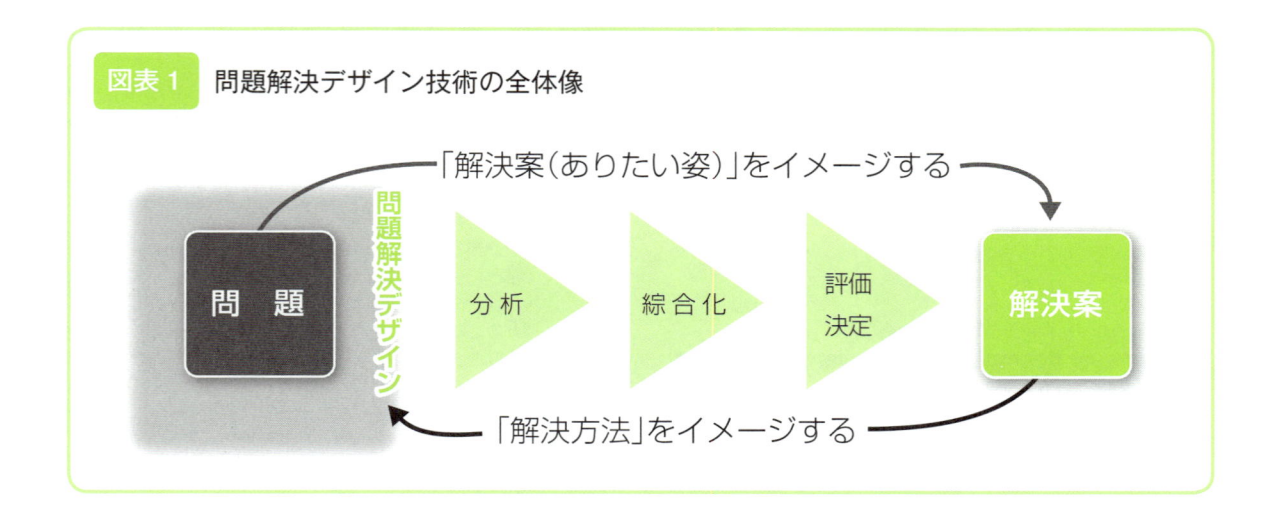

図表1 問題解決デザイン技術の全体像

問題 → [問題解決デザイン] 分析 → 綜合化 → 評価決定 → 解決案

「解決案(ありたい姿)」をイメージする
「解決方法」をイメージする

題解決デザイン技術は、「問題解決に役立つ技法・手法を問題のタイプや企画・開発・設計・製造といった場面にあわせて活用する」ことで、より成果を高めようとするものです。

つまり、QCのみ、あるいはVEのみといった単一の管理技術の適用だけではなく、もっと多くの技法や手法を活用することで、パワフルに問題解決を進めようというものです。

コストダウンを狙った活動には、VEが技法として優れていることは既に触れました。しかしこれは、VEだけで十分ということなのではありません。コストの大幅な低減においては、大胆なトリミングを行ったり、あるいは従来と異なった構造や方式への転換が必要なことが少なくありません。このような際には、TRIZ（トゥリーズ）の構造分析やアイデア発想のやり方が大変役立ちます。つまり、単に管理技術を使い分けるのではなく、自分たちの求める結果（ゴール）と、その問題の性質に合わせ、問題解決技法・手法を駆使した問題解決プロセスのデザインこそが大切なのです（図表1）。

(2) 問題解決デザイン技術の必要性

1. ものづくりと問題解決

現代のものづくりとは、企画・開発・設計・生産・販売という動脈産業側に加え、使用・保守、そして廃棄という静脈産業側までを含んだ広い概念になっています。加えて、単に技術やものだけを対象とするのではなく、顧客に提供するユーティリティー（効用）の設計こそが開発設計技術者にとって重要となっています。このプロセスは問題解決そのものです。

たとえば、企画では、「お客様（使用者）が喜んでくださる製品とはどのようなものであるのか」という問題解決に取組んでいるわけです。そのアウトプットを私たちは製品企画（書）と呼んでいます。そして、次の設計では、この企画を実現するための機能・構造・意匠等の設計を行います。これは「どのようにしたら製品企画を実現することができるのか」というテーマの問題に取組んでいることとなります。ここでは、製品設計だけではなく、生産技術部門によって、工程設計も行われます。工程設計は「どのようにして造るのか」という問題に取組むのです（図表2）。

2．問題解決デザイン技術の必要性

つまり、ものづくりとは、それ自体が「売れる製品をつくる」という大きな問題解決の取り組みであり、企画・開発…という各段階で、それぞれがさらに細分化されたテーマでの問題解決の取り組みを行っているのです。少し大げさな言い方になるかもしれませんが、開発設計・生産技術業務においては、問題解決デザイン技術こそが、生産性を決定する大きな要素になるのです。

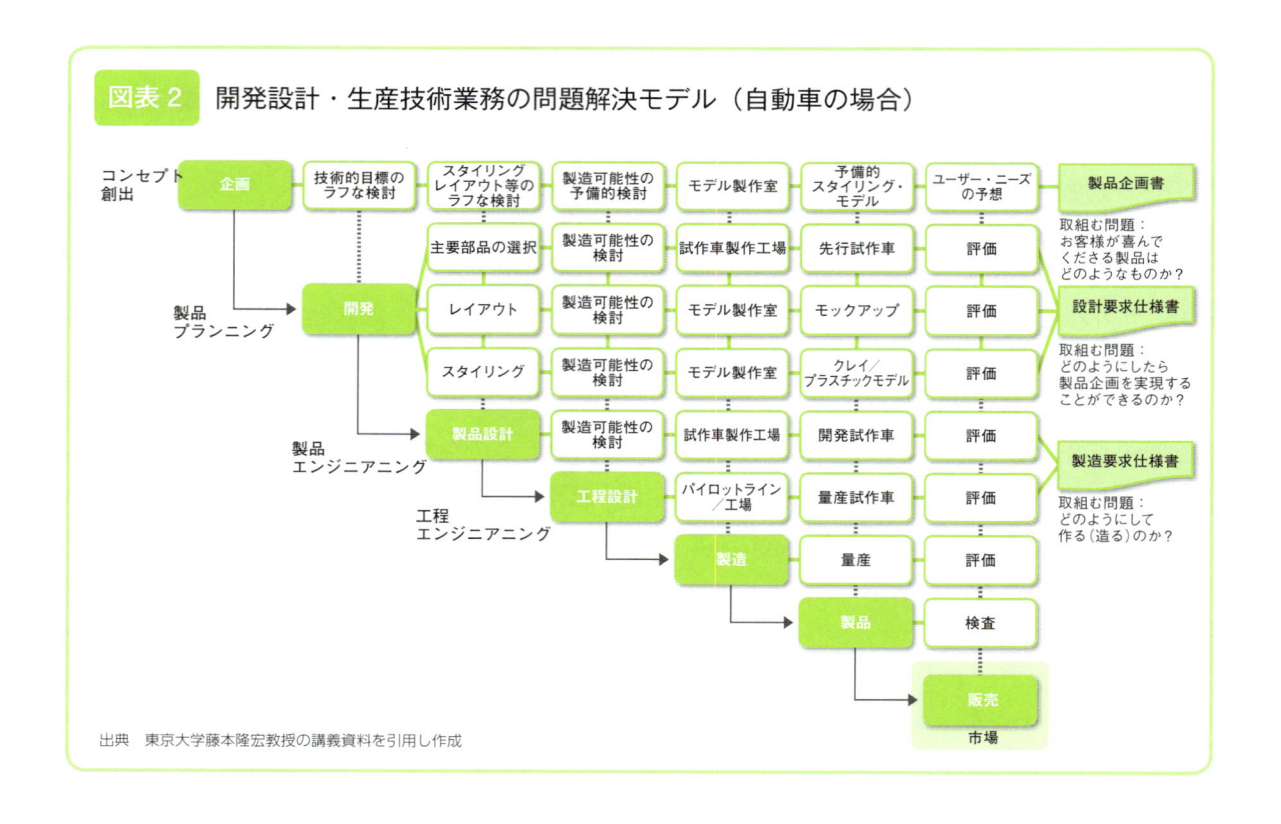

図表2　開発設計・生産技術業務の問題解決モデル（自動車の場合）

コンセプト創出	企画	技術的目標のラフな検討	スタイリングレイアウト等のラフな検討	製造可能性の予備的検討	モデル製作室	予備的スタイリング・モデル	ユーザー・ニーズの予想	製品企画書
								取組む問題：お客様が喜んでくださる製品はどのようなものか？
製品プランニング	開発		主要部品の選択	製造可能性の検討	試作車製作工場	先行試作車	評価	
			レイアウト	製造可能性の検討	モデル製作室	モックアップ	評価	設計要求仕様書
			スタイリング	製造可能性の検討	モデル製作室	クレイ／プラスチックモデル	評価	取組む問題：どのようにしたら製品企画を実現することができるのか？
製品エンジニアリング	製品設計			製造可能性の検討	試作車製作工場	開発試作車	評価	製造要求仕様書
工程エンジニアリング	工程設計				パイロットライン／工場	量産試作車	評価	取組む問題：どのようにして作る（造る）のか？
	製造					量産	評価	
						製品	検査	
							販売 市場	

出典　東京大学藤本隆宏教授の講義資料を引用し作成

(3) 問題解決のデザインを行うために

1．問題解決に必要な技術とは

　問題解決とは、文字通り"問題を解決する"ことです。開発設計・生産技術業務における問題解決には、固有技術と管理技術が必要になります。

　固有技術というのは、「電気・機械・化学・工学・工法や製造・販売方法、サービス方法に関する知識や技術などのように、業務そのものに関する知識や技術のこと」を指します。この技術は、業務はもとより問題解決をするうえでの基本的かつ不可欠なものです。

　一方、管理技術とは、「仕事を効率よく進めるための手順設計の手法や分析・調査手法、アイデア発想技法など」を指しています。少し簡単に言い換えれば、「固有技術を活用して仕事をうまく進めるための技術」となります。

　つまり、管理技術の使用目的は、個人、あるいはグループが保有している固有技術の活用と発揮であり、−固有技術だけでは解決できない事柄を、管理技術の活用によって解決に結びつける−ということです。

　管理技術の使い方ひとつで、既存の固有技術でも今まで以上の解決案を創出できることは既に実証されています。ただし、固有技術なしに、管理技術だけで問題を解決することはできません。

COLUMN

管理技術の効果

　管理技術の始祖と呼ばれているテーラーは、1898年にベツレヘム製鋼所で有名なシャベルすくいの改善を行いました。鉄鋼石や石炭、灰などをシャベルですくって、貨車へ投げ込む作業の改善です。

　この改善では、飛躍的な生産量アップと賃金のアップを成し遂げました。作業者数は、400〜600人が140人に減少し、一人当たりの出来高は、16トンから59トンへ増大し、平均給与も$1.15から$1.88へとアップしています。

　また、同じころギルブレスは煉瓦づみ作業についてその動作を分析し、無駄な動作を取り除き、作業全体のスピードアップをはかる改善をしました。

　それまで煉瓦を一個積むのに18の動作が必要でしたが、改善後は5つの動作で済むことになりました。その結果、労働者の疲労が減るだけではなく、1時間に一人120個しか積めなかったものが350個積めるようになるという飛躍的な生産性の向上を果たしました。

2．管理技術とは

では、管理技術とは具体的に何を指すのでしょうか？

代表的なものは、IE（インダストリアル・エンジニアリング）、QC（クォリティー・コントロール）、VE（バリュー・エンジアリング）などです。また、これらの管理技術には、複数の手法が含まれています。加えて、現代の技術者は、技術者である前に事業家、あるいはビジネスパーソンでなければなりません。つまり、"良いものをつくる"だけではなく、顧客への"コトの提供"、あるいは"売るもの・売れるものをつくる"という前提をしっかりと理解し、行動する必要があります。そのためには、顧客満足度の高い製品をつくることが大切です。つまり、製品コンセプトづくりやマーケティング調査なども技術者の仕事を進めていくうえで不可欠なものと考えるべきなのです（図表3）。

その結果、企画段階・開発段階、設計段階、製造段階といったライフサイクルに全般にわたった技法や手法が不可欠です。

そこで、私たちは一般的な管理技術の概念を拡大し、マーケティングやアイデア発想の技法（各種の創造技法）なども管理技術と考えています（図表4）。

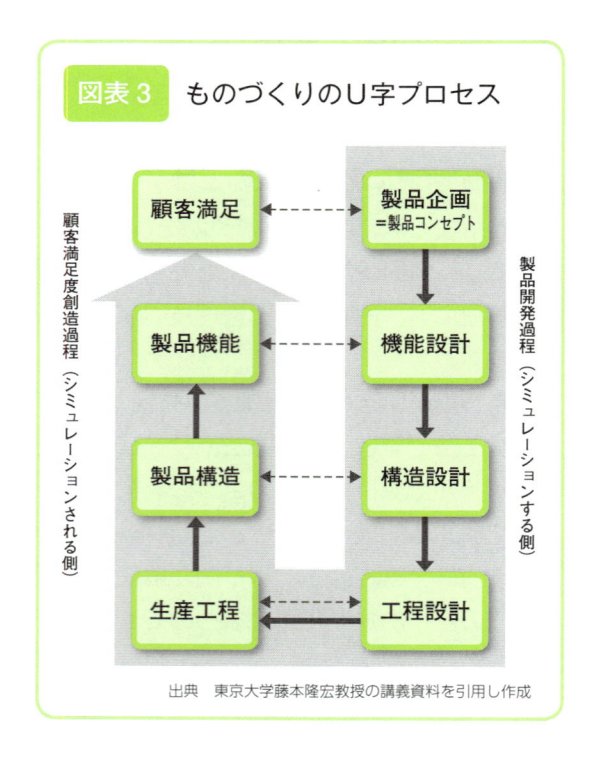

図表3　ものづくりのU字プロセス

顧客満足度創造過程（シミュレーションされる側）

顧客満足 ←→ 製品企画＝製品コンセプト
製品機能 ←→ 機能設計
製品構造 ←→ 構造設計
生産工程 ←→ 工程設計

製品開発過程（シミュレーションする側）

出典　東京大学藤本隆宏教授の講義資料を引用し作成

(4) つまり、問題解決デザイン技術とは

ここで問題解決デザイン技術の概要についての解説を行いましょう。

まず、問題解決デザイン技術は、一言でいうならば、『科学的に問題解決をデザインし、高い水準の解決案を事前に保証する技術』と表現することができます。つまり「経験的に

図表4 代表的な管理技術の活用方法

ライフサイクル	業務内容	用いる主な管理技術
開発技術	●お客様の要求事項調査 ●機能的アプローチによる開発業務の進め方 ●商品コンセプトの発想 ●要求品質の整理 ●コスト目標の設定	マーケティング・リサーチの手法 VE の問題解決プロセス 各種の創造技法 QC の手法 VE の手法
設計段階	●機能的アプコーチによる設計業務の進め方 ●要求品質の整理 ●設計案の発想 ●コスト目標の設定 ●作業標準の設定 ●標準時間の設定	VE の問題解決プロセス QC の手法 各種の創造技法 VE の手法 IE の手法 IE の手法
製造段階	●能率管理の運営 ●分析的アプローチによる作業改善 ●品質の改善 ●機能的アプローチによる作業改善 ●改善案の発想 ●品質品質管理の運営	IE の手法 IE の問題解決プロセス QC の問題解決プロセス VE の問題解決プロセス 各種の創造技法 QC の手法

出典　今日的な効率化のあり方 P65

あるいは闇雲に問題解決に取組むのではなく、事前に問題の性質を見抜き、問題解決の進め方を設計してから問題解決に取組むこと」と理解ください。

　具体的な手順では、最初に問題の課題への定式化を行います。これを「課題記述」と呼びます。課題記述の狙いは、問題解決をどのような方向に向けて行うのかを明らかにすることです。そのうえで、解決に向かった「プロセス設計」を行います。プロセス設計は、まさに解決までの道筋の設計を行うことです。この際に大切なことが二つあります。それは、設計にあたっての基本的な解決ステップである「分析→綜合化→評価・決定」を遵守することと、各ステップで最適な技法と手法を選択し、さらには創造力を駆使することです。ですので各管理技術の本質や技法や手法についての正しい理解が大切になります（図表5）。

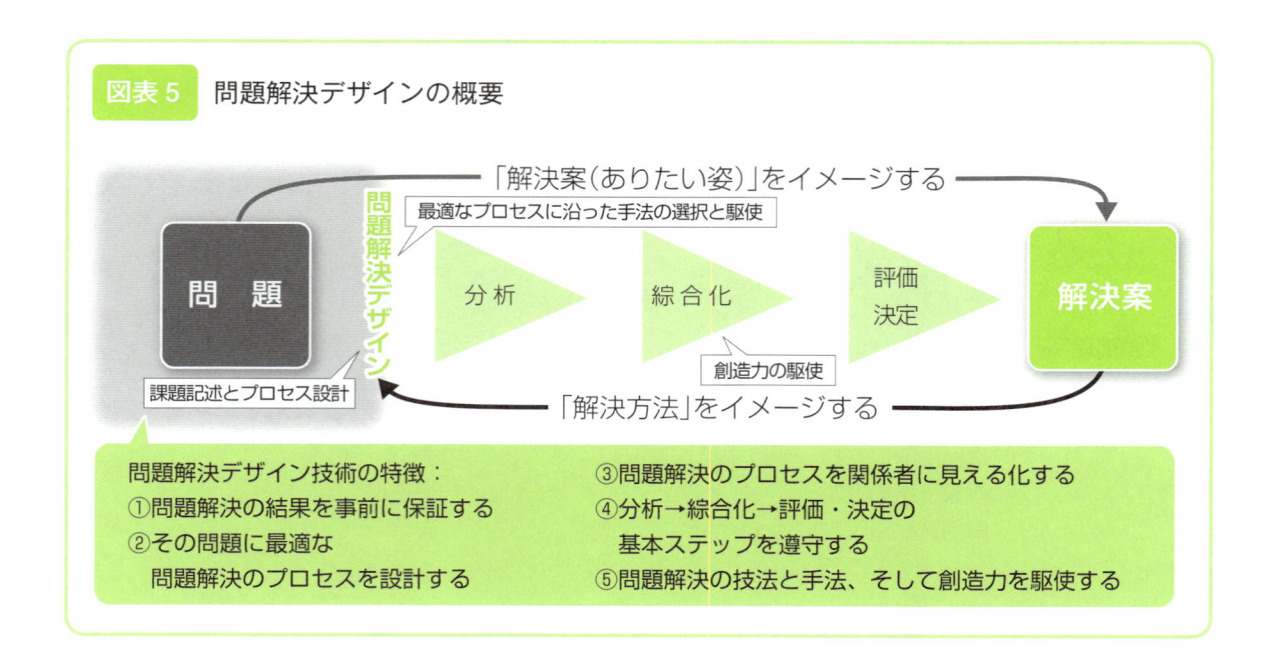

図表5　問題解決デザインの概要

問題 → 分析 → 綜合化 → 評価・決定 → 解決案

「解決案（ありたい姿）」をイメージする
最適なプロセスに沿った手法の選択と駆使
問題解決デザイン
課題記述とプロセス設計
創造力の駆使
「解決方法」をイメージする

問題解決デザイン技術の特徴：
①問題解決の結果を事前に保証する
②その問題に最適な問題解決のプロセスを設計する
③問題解決のプロセスを関係者に見える化する
④分析→綜合化→評価・決定の基本ステップを遵守する
⑤問題解決の技法と手法、そして創造力を駆使する

（5）問題解決デザイン技術の効果的な活用場面

　私たちは、問題解決デザイン技術の考え方は、技術系、販売系、業務・管理系を問わずに全てのビジネスパーソンに活用いただけるものと考えています。なぜならば、問題解決デザイン技術の特徴は以下の五つにまとめることができ、これはどのような問題解決を進めるうえでも有効な考え方だからです。
　①問題解決の結果を事前に保証する
　②その問題に最適な問題解決のプロセスを設計する
　③問題解決のプロセスを関係者に見える化する
　④分析→綜合化→評価・決定の基本ステップを遵守する
　⑤問題解決の技法と手法、そして創造力を駆使する
　この五つの特徴は、①が狙いであり、"願い"です。そして、それを実現するために二つ目以降に手段上の特徴がまとめられています。
　さて、このような特徴を持つ問題解決デザイン技術ですが、開発設計・生産技術等の技術者にとって有効な活用の場面は、
　①今まで経験が無いような課題や目標の困難性が高い場合
　②これまでと同じ取組み方では望む結果が期待できない場合
　③問題解決の進め方について上司、あるいはメンバーとの合意を得ておきたい場合
という三点が挙げられます。
　困難な技術問題の解決のために何よりも重要なことは、どのように取組めば解決できるのかという方法論の検討です。この問題解決デザイン技術は、技術問題の解決プロセスを検討するプラットフォームであり、個人あるいは集団での思考・検討を深める、そして共有する効果が得られるのです。
　この効果は、開発設計、あるいは生産技術部門のマネジャーはもちろんのこと、テーマリーダーやプロジェクトリーダーにとっても非常に有効なツールとなります。2～7、8名程度の開発設計プロジェクトであれば、この問題解決デザイン技術がプロジェクトマネジメントのツールとして十分に役立ちます。

2章

問題解決の基本

1 問題とは

「問題」という言葉はいろいろな場面で使われています。日常生活のなかでの使い方は、おおよそ「困っている事」「悩んでいる事柄」「非や不がつく事柄」などを指しています。つまり、「放っては置けない、なんとか解決しなければ…」という事柄です。

技術者にとっての問題も基本的には同じことなのですが、やはりこれだけで技術の問題を説明するのは少々雑すぎます。そこで、ここでは少し掘り下げて考えてみたいと思います。

(1) よく使われる問題の定義

問題の定義で多くの人に認められている最も一般的なものは、ケプナー・トリゴー法[※1]の「基準と実際の差異」、つまり「目標から逸脱している状態、あるべき姿と現状の差」だろうと思います（図表１）。

つまり問題とは、①あるべき姿を明確にし、②現状を把握し、③あるべき姿と現状の差が認識できたときに明確になるのです。

ここで少し気に留めておきたいことは、あるべき姿には、「理想、目標、基準」という水準の差があることです。これらは期待水準と定常水準と二つに分けて呼ばれます。

定常水準は、経験から導き出された現実的な基準を指し、あるべき姿という表現が合いますが、期待水準は、より理想を目指した水準であり、「ありたい姿」と表現することの方がぴったりときます。製造部門の日常業務では、定常水準のあるべき姿が多いのですが、

[※1]「新・管理者の判断力」C.H.ケプナー／B.B.トリゴー著、産業能率大学出版部。KT法（ケーティー法）と呼ばれることが多い。21頁のコラム「KT法」を参照下さい。

図表1 KT法による問題の定義

あるべき姿（目標、理想レベル）
現状（実績、実物レベル）

あるべき姿と現状の差 ＝ **問 題**

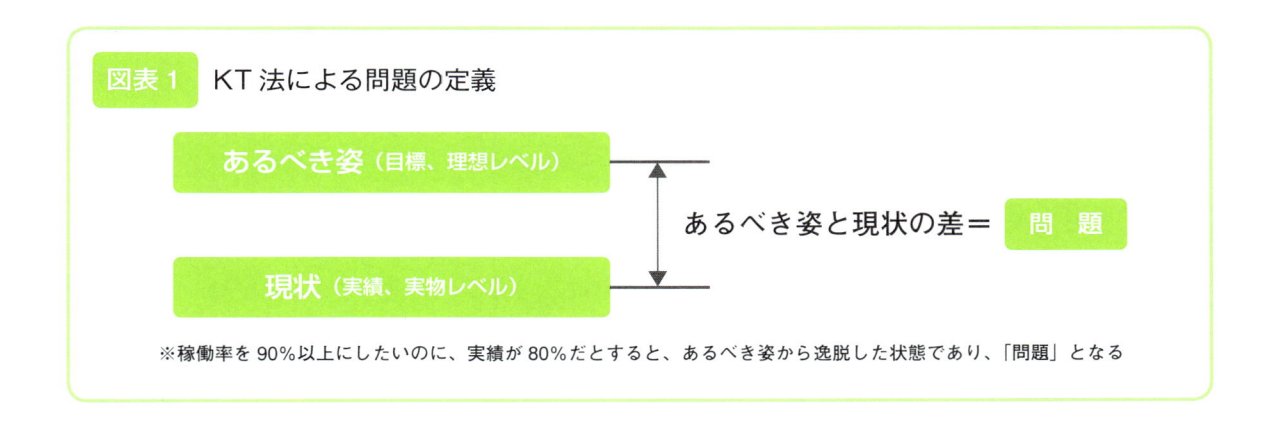

※稼働率を90％以上にしたいのに、実績が80％だとすると、あるべき姿から逸脱した状態であり、「問題」となる

開発設計部門や生産技術部門では、日常的に期待水準のありたい姿を設定することが少なくありませんし、望まれます。

なお、本書では、取組む問題の水準をより分かりやすくするために、定常水準を「あるべき姿」、期待水準を「ありたい姿」と呼ぶことにします。

（2）時間からみた問題の種類

また、問題は時間を使って表現することで、①発生の問題、②発見の問題、③創造の問題の三種類に分けることができます（図表2）。

①発生の問題－トラブルとして直面する

過去から基準を達成していない、あるいは過去は達成していたけれど現在は基準を達成していないというのが発生の問題です。「製品在庫が増加している」「目の前で不適合品が発生している」「設備が停止している」など、既に顕在化して直面している問題です。誰でも存在に気がつく一方、ただちに手を打つことや再発防止対策が必要です。

②発見の問題－問題を見つける

目の前に問題が見えていないのですが、探せば見つかる問題です。探す問題には2つの代表的なケースがあります。

一つ目は、年間での達成度などを問題にし

ているケースなどがこれに当たります。たとえば、年間の図面不備率１％以下という管理基準を設定している場合に、目の前の一つの図面不備だけで問題であるかどうかを判断できません。良くない事象であることは分かっていても、所定の期間のデータを集計しなければ管理基準に達しているのかどうかが判断できないようなケースです。

　二つ目は、現在は基準から逸脱していないけれども、近い将来に発生が予測される問題です。たとえば、日を追うごとに部品のばらつきが大きくなり、明日には規格外になる兆候がみられる場合などです。データの動きに注目し、起こりうる問題を予測して探すことが重要です。

　なお、発見の問題も発生の問題と同じように、ただちに手をうつことや、再発防止対策が必要です。

③創造の問題…問題をつくる

　創造の問題とは、大きな変革、つまりイノベーションと呼ばれるような躍進を遂げるた

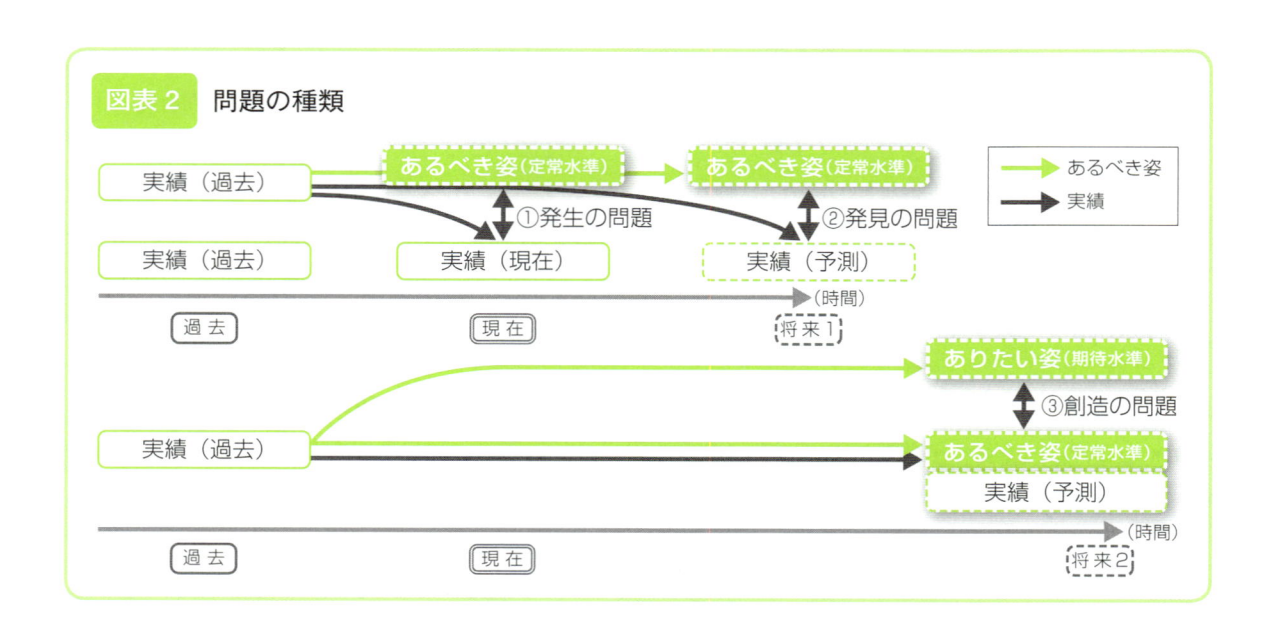

図表2　問題の種類

- ①発生の問題：あるべき姿（定常水準）と実績（現在）の差
- ②発見の問題：あるべき姿（定常水準）と実績（予測）の差
- ③創造の問題：ありたい姿（期待水準）とあるべき姿（定常水準）の差

凡例：あるべき姿／実績

めに意図的につくる問題です。現在は基準からの逸脱やその兆候がみられなくても、現状よりも極めて高い理想や目標を「ありたい姿」として設定することで問題をつくりだします。

　現状、定常水準については十分達しているとしても、競争力の一層の向上のために期待水準のありたい姿を設定し問題をつくりだすのです。生産技術分野では、プロセス革新あるいは生産革新と呼ばれるような活動です。開発設計分野では、まったく異なった概念での製品構想、あるいはニーズの発見、そして次元飛躍的な性能の向上などがこれにあたります。

（3）解のあり方からみた問題の種類

　次に問題を「解」のあり方という視点から見てみたいと思います（図表3）。

　私たちの日常には、「正解」が存在するタイプの問題とそうではない問題があります。私たちが学生時代に学んだ数学のように、解法が存在し、公式を一定の手順に従って使えば解決できるような問題は「正解」があるということができるでしょう。しかし、数学の時間に居眠りをする学生を減らそうというような問題の場合には、「授業の内容を面白くする」「居眠りに厳しい罰を与える」「罰金をとる」…等々のさまざまな対策が考えられま

図表3　推理的問題と創造的問題

項　目	推理的問題	創造的問題
問題の出方	問題が初めから明確な形で与えられている	問題の所在や構造が必ずしも初めから明確ではない
解決の仕方	論理的なステップを1つずつ踏んでいくことによって答えが出せる	創造力が必要で、答えはアイデアの形で得られる
解　　答	答えは1つで、それだけが正しい	答えはたくさんあり、1つだけこれが正しいという答えはない。状況に応じて相対的な良否だけがある

出典　今日的な効率化のあり方 P35

すーそう、創造的問題では、さまざまな解決策が取り得るのです。つまり、正解が複数存在するのです。

開発設計者、生産技術者が取組む課題には、推理的問題もあれば創造的問題もあります。構造物の強度計算などは前者であり、新製品の開発設計や新プロセスの考案などは、後者の創造的問題です。

実務のなかで私たちを困らせるのは、その多くが創造的問題です。また、問題解決デザイン技術が対象とする問題の中心も創造的問題です。具体的な取り組みは後に譲りますが、ここでは創造的問題に取組む際の重要なポイントは、「問題の理解」と「解決アイデアを数多く発想する」ことにあることを覚えておいて下さい。

（4）実務で使う問題という言葉

先に触れたケプナー・トリゴー法による問題の定義に従うと、問題は、①ありたい姿／あるべき姿と、②現状、そして③両者の差ということでした。しかし、実務のなかでは、これらが明確になっていることは少なく、問題解決という行為は、実は①ありたい姿／あるべき姿を明確にすることや、②現状を把握することから取組むことがほとんどです。これらを行ったうえで、③差を生じさせている

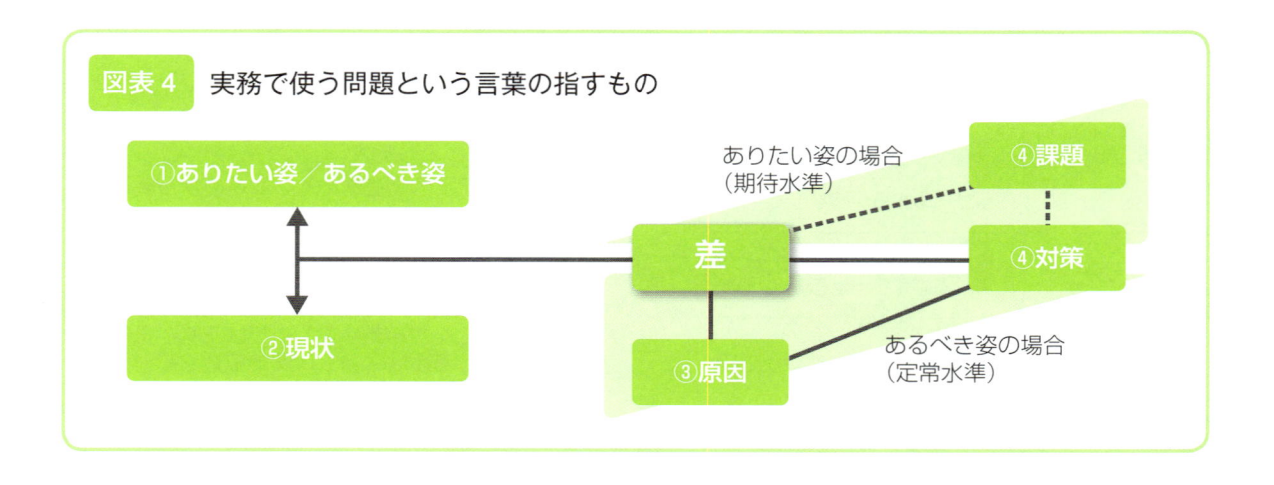

図表4 実務で使う問題という言葉の指すもの

- ①ありたい姿／あるべき姿
- ②現状
- 差
- ③原因
- ④課題
- ④対策
- ありたい姿の場合（期待水準）
- あるべき姿の場合（定常水準）

COLUMN

KT法（ラショナル・プロセス）

1. 誕生の経緯

　KT法は、C・ケプナー（社会心理学博士）とB・トリゴー（社会学博士）が開発した世界的にもよく知られた問題解決手法です。ランド・コーポレーションにおいて社会科学の研究を進めるうちに、政府機関や民間企業で行われている意思決定があやしげだったり、出たらめだったりするという事実に直面しました。不思議に思って、その経緯を調べてみると、利用できる重要な情報があるのに、それをなおざりにしたり、検討に注意を欠いたりしたからだということが分かり、そのプロセスには改善の余地があることを知りました。二人はその手がかりを得るために1500社のトップと話し合ったり、彼らを観察し、有能な管理者が意思決定や問題解決の場面で同じような質問をすることが少しずつ分かり始めたのです。

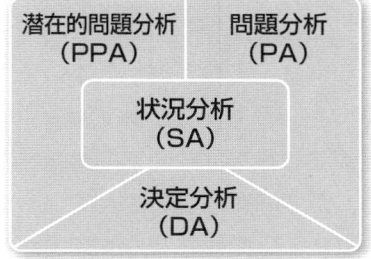

　そして、そこで分かった管理者たちが常に口にした4つの質問から必要な思考の型と手順（ラショナル・プロセス＝合理的な思考プロセス）を考案したのです。

ラショナル・プロセスの全容

- 潜在的問題分析（PPA）
- 問題分析（PA）
- 状況分析（SA）
- 決定分析（DA）

［状況分析（SA）］Situation Appraisal

　問題の状況を把握しラショナル・プロセスの組み立てを見極めることを目的としたプロセスです
- ステップ1　問題の認識
- ステップ2　分離
- ステップ3　優先順位の決定
- ステップ4　解決への方向付け

［問題分析（PA）］Problem Analysis

　原因・結果型の思考パターンを用いて、問題状況の中から重要な情報を取り出し、不必要な情報を取り除き、問題の原因を見極めることを目的としたプロセスです。
- ステップ1　問題の明確化
  - ・差異ステートメント（あるべき姿と現状の差）
- ステップ2　問題の対象、発生場所、日時、程度という4つの視点から問題の明細化
  - ・何がおきて何がおきていないのか（IS/IS NOT）
  - ・何が違うか（区別点、変化）
- ステップ3　考えられる原因の想定
- ステップ4　想定した原因についてテスト
- ステップ5　真の原因の特定と裏付け

［決定分析（DA）］Decision Analysis

　偏りがない、共通のルールでの意思決定を行うことで情報の共有化と活用をはかり、質の高い決定を行うとしたプロセスです。
- ステップ1　決定の範囲、レベル、内容の確認
- ステップ2　選択のための基準の確認
- ステップ3　基準と比較して案の選択
- ステップ4　選択した案のリスクの検討

［潜在的問題分析（PPA）］Potential Problem Analysis

　将来を予測し、想定される出来事を把握した上で最善の処置を現状に施すプロセスです。
- ステップ1　仕事やプロジェクトに対する現状の範囲の確認
- ステップ2　潜在的問題の確認
- ステップ3　潜在的問題の原因と予防策の確認
- ステップ4　予防策が効果的でない場合の緊急避難策の確認

原因を明確にすることに取組みます。

なお、期待水準の問題解決への取り組みの場合には、ありたい姿を実現するための手の打ちどころとなる④課題を明確にします。

つまり、職場で使われている実務上の「問題」という言葉は、ケプナー・トリゴー法の定義する厳密な意味での問題を指すことよりも、この問題を生じさせている空間に存在するそれぞれの要素を指すことが多いようです（図表４）。

問題解決を集団で進めるときに、①のありたい姿、あるいは②の現状の姿、そして①と②の差、③原因、④課題等々への認識が全員一緒になることはまれです。定常水準の問題解決である場合には、あるべき姿は明確ですが、問題の原因についての解釈にはバラつきが出ます。そのため「なぜ？」を問うことが大切になります。一方、期待水準の問題解決の場合、参加者の主体的な意思によってありたい姿を決めるために、ありたい姿が一致しないことが少なくありません。人による解釈の差によって、議論が堂々巡りになることも珍しいことではありません。

期待水準の問題解決の場合、「そもそも問題がなんなのか…」ということが分からなくなってしまうようなことが起こりがちなのです。このようなときには、「何のために、どのくらい（水準）？」を問うことが大切です。

図表5　問題確認質問と問題認識

	問題確認質問	問題の認識	別の問い方は…
①	ドウシタイネン	人あるいは組織体が解決しなければならない事柄の認識	ありたい姿は？ 何のために？
②	ドウナッテンネン／ソレハホンマカ	あるべき基準から逸脱している状態の認識（現在の姿の認識）	現状は？ 証拠は？
③	ナニガアカンノヤ	組織目標や業務目標の達成のための障害となっているもの・事柄の認識（課題設定型の問題では、解決のために取組む課題の認識）	真の原因は？ 課題は？ 手の打ちどころは？

(5) 問題解決質問を活用しよう

このようについついバラバラになりがちな問題への理解を一致させるための道具として「問題解決質問」があります。「ドウシタイネン」「ドウナッテンネン / ソレハホンマカ」「ナニガアカンノヤ」という言葉を用いて、問題を構成する要素の本質を考えることで、問題への認識の共有化を計っていこうとするものです（図表5）。

COLUMN

PS_matrix を活用しよう
（問題解決プロセスのチェック）

PS_matrix とは、問題解決プロセスと意思決定活動によって構成されるマトリクスです。問題解決活動では、今、自分たちが何をやっているのかが分からなくなることがあります。そこで、このマトリクスを使って問題解決プロセスをチェックするのです。

		問題解決プロセス		
		課題設定	解決案作成	実　施
意思決定プロセス	情報活動	分　　析	調査・分析	調査・分析
	設計活動	代替案検討	総　　合	代替案検討
	選択活動	評価・決定	評価・決定	評価・決定

2章　問題解決の基本　　023

2 問題解決とは

　問題という言葉一つ巡っても、さまざまな解釈がありましたが、次は「問題解決」という言葉の整理をしておきましょう。

(1)「改善タイプの問題解決」と「設計タイプの問題解決」

　問題解決の仕方を大別すると、「改善タイプ」と「設計タイプ」に分けることができます。

　前者は、現状のものをより良くするために、現状についてのムダ・ムリ・ムラを発見して改善を施すものです。現状の業務や現状の品質などを対象とした業務改善や品質改善は、このタイプの問題解決の仕方です。

　一方、後者は、新製品や新プロセスの開発設計などがこれにあたります。設計タイプの

図表6 改善タイプの問題解決と設計タイプの問題解決

問題のタイプ	解 決 方 法
改善タイプの問題	改善対象の現状のムリ、ムダ、ムラを分析・発見し、その内容を改善する
設計タイプの問題	解決案として備えておかなければならない機能を分析し、それを解決案に織り込む

出典　今日的な効率化のあり方 P36

問題解決では、解決案が備えていなければならない機能を明確することが大切です。

つまり、改善タイプの問題解決は、ムダ・ムリ・ムラの発見が改善の糸口になりますが、設計タイプでは、解決案が備えていなければならない機能を把握することが解決案の糸口になるのです（図表６）。

なお、改善タイプ、あるいは設計タイプのどちらの問題解決のタイプをとるのかは、解決者に委ねられた選択ですが、開発設計や生産技術開発では設計タイプの問題解決の頻度が高くなります。一方、製造では改善タイプの問題解決の頻度が高くなります。

(2) 分析的アプローチと機能的アプローチ

改善タイプの問題解決では、改善対象の現状の観察によるムダ・ムリ・ムラの発見が解決案の糸口になるという説明をしました。このようなアプローチを「分析的アプローチ」と呼びます。このアプローチでは、なぜ・なぜ・なぜという展開が起こります。つまり、ムダ・ムリ・ムラの発見を端緒として、その真の原因を発見するアプローチです。現状について不満足を持っているものの、現状のやり方の観察をスタートすることから、結果的には現状ありき、すなわち現状肯定的な取り組みになります。分析的アプローチは、「現状肯定型アプローチ」とも呼ばれます。

一方で、設計タイプの問題解決では、解決案が備えていなければならない機能を把握することが大事であることを説明しました。このアプローチは「機能的アプローチ」と呼ばれます。解決案が備えていなければならない機能というのは、たとえば接着剤であれば「くっつける」「固定する」といったことが製品の機能となります。くっつけたり固定したりする方法は、接着剤ばかりではなく、ネジを使ったり、溶接をしたりなど他にもさまざまな方法が考えられます。つまり、機能的アプローチでは、現状のやり方とは抜本的に異なる方法も解決案として出てきます。結果的に現状否定的な取り組みになるのです。機能的アプローチは、「現状否定型アプローチ」とも呼ばれます。

(3) 問題解決の標準プロセス

問題解決をすることは、課題設定→解決案作成→実施という業務の流れを進めていくことです。私たちが問題解決といった場合、こ

の流れ全体を指す場合と、その一部をさす場合があります。ここではこのプロセスにしたがった問題解決の進め方についての解説を行います（図表7）。

（A）課題設定の進め方

　課題設定とは、自分たちが解決する事柄を明確にするステップです。そのためには、現状を把握し、ありたい姿／あるべき姿を確認し、その二つの比較から課題を設定するのが一般的なやり方ですが、ありたい姿／あるべき姿の捉え方にはいくつかの方法が存在します。

①国や業界で設定した基準値（規格値）や統計データをあるべき姿として扱う方法
②あらかじめ組織内で設定した目標値をあるべき姿として扱う方法
③成果をあげている他社のやり方から自社のレベルを最高水準に高めるように設定するベンチマーキングをありたい姿として扱う方法
④環境とのやり取りの中で、現在の目的や達成水準の妥当性を吟味して、再定義するという方法で設定した値をありたい姿として扱う方法

　①と②の場合は、定常水準であり、比較的容易に達成できる場合が多く、③は、期待水準であり、達成には厳しい努力が求められます。④は同じく期待水準ですが、再定義する際に客観性（環境）と主観性（自分たちの意思）が反映されるため、達成に向けた意欲的な課題が設定されます。

（B）解決案作成の進め方

　解決案作成とは、（A）で設定した課題に

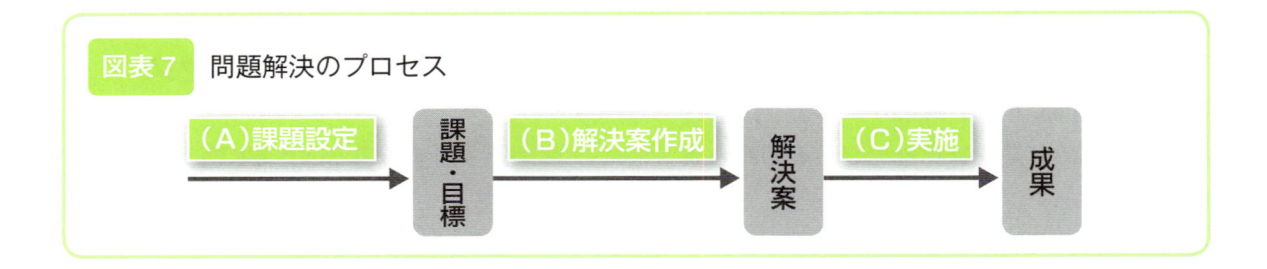

図表7　問題解決のプロセス

(A)課題設定 → 課題・目標 → (B)解決案作成 → 解決案 → (C)実施 → 成果

対する対策案を作成するステップです。「解決案作成」は、問題と解決案の間をつなぐプロセスの有無、あるいはその密度によって二つのタイプがあり、タイプによって検討の内容が変わってきます。

　タイプ1は、解決プロセスが存在し、綿密に定まっているので、それに従って進めていくことになります。多くの定型業務のように過去の経験から対応の仕方が定まっている場合が該当します。

　タイプ2の場合は、問題解決プロセスを検討する必要があります。これが、本書が主題としている問題解決デザイン技術の対象です。ただし、問題解決のプロセスをデザインするといっても、分析段階、綜合化段階、評価・決定段階という基本ステップは変わりません。このステップは黄金律（ゴールデンルール）なのです。この黄金律の各ステップで行うことは以下のようになります（図表8）。

イ）分析段階
・分析の目的：問題の所在や構造を分析し、アイデア発想の観点を得る

　具体的には、以下の事柄を明らかにします。
①ありたい姿／あるべき姿、②現状の姿、③両者の差（問題）、④その原因／課題
なお、この分析段階の観点は、綜合化段階

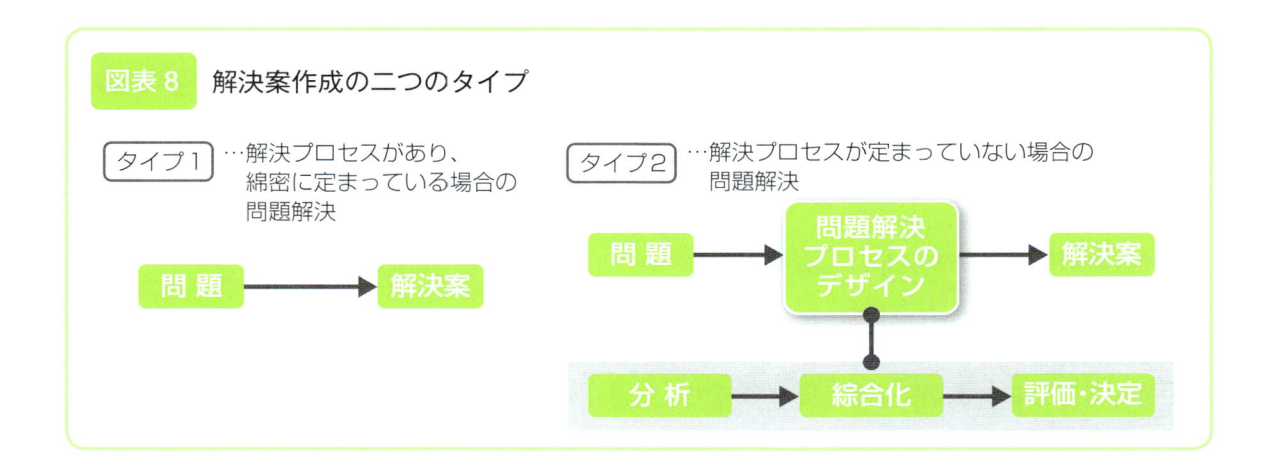

図表8　解決案作成の二つのタイプ

タイプ1 …解決プロセスがあり、綿密に定まっている場合の問題解決

問題 → 解決案

タイプ2 …解決プロセスが定まっていない場合の問題解決

問題 → 問題解決プロセスのデザイン → 解決案

分析 → 綜合化 → 評価・決定

でのアイデア発想のキーワードになります。つまり、十分な分析は、よい解決アイデアを出すためにも大切です。

　ところで、皆さんは分析がいつ終了するかということを考えたことはあるでしょうか。問題解決にあたって、いつまでも分析をしていても仕方ありません。しかし、解決を急ぐあまり、拙速になってもいけません。そこで分析はいつ終了するのか…ということを理解しておくことが大切です。

　分析の終了は、「解決を期待できるアイデア発想のテーマ設定ができた時」なのです。逆に言うならば、そこまでじっくりと分析にとり組むのです。

ロ）綜合化段階

・綜合化の目的：アイデアを数多く発想し、改善案をつくる

　具体的には、以下の原則に従ったアイデア発想を行います。
　①発散段階のアイデア発想、②収束段階のアイデア発想

　なお、発散段階では、良いアイデアの閃きを期待しながらも、まずはできる限り多くのアイデアを出すことが大切です。そして、収束段階では、発散段階で出した多くのアイデアを使って、実行可能な具体的な対策に育てあげるとい姿勢が大切です。なお、発散段階でのアイデアを「着想のアイデア」、収束段階でのアイデアを「発想のアイデア」と呼びます。

ハ）評価・決定段階

・評価・決定段階の目的：技術面と経済面から検討を行い、実施する改善案を決める

　具体的には、製品や技術に求められるスペックを明らかにし、客観的な手段を用いた評価を行います。

（C）実施の進め方

　解決案が作成されたら、その内容を実施することになりますが、実施に当たっては、必要な資源の手配・確保およびスケジューリングを行い、定めた内容に従い実施していきます。

（4）解決案作成という問題解決の枠組み

　問題解決にあたっては、人によって認識が異なることから、曖昧なまま進めてしまうことが意外に多いことについては既に触れまし

た。しかし、それでは良い解決案を出すことは難しいだろうと思います。

そこで、問題解決にあたっては、次に説明する問題解決の６つの要素を明確にすることを大切にします。これは、良い問題解決を行うためのポイントといっても過言ではありません。

６つの要素とは、①問題・課題・目標、②ゴール、③前提、④プロセス、⑤情報・資源、⑥技術・能力です（図表９）。

①問題・課題・目標

これは問題解決のスタートです。問題解決の対象が上司からの指示・命令として出された場合には、ここに②ゴールや③前提が含まれている場合もあります。しかし、問題解決においては、明快な指示・命令が出されるケースはあまり多くありません。既に解説した「問題を見つける」「問題をつくる」という行為を行いながら、関係者と認識をすり合わせることが必要になります。

②ゴール

問題が解決した結果として期待されている到達点やアウトプットを指します。具体的には、成果、解決案、実施計画などがゴールであり、解決案や実施計画には、5W2Hが含まれていなければなりません。なお、既に触れたとおり、ゴールには定常水準と期待水準の二つがあります。

③前提

前提には、「事実的な前提」と「価値的な前提」があります。事実的な前提とは、客観的な知識、情報、技術、置かれた環境や能力に関する事実認識のことを指します。一方、価値的な前提とは、一人ひとりの主体性であり、それぞれが持つ世界観、社会観、判断基準などのことを指し、一人ひとり異なってい

図表9　問題解決の枠組み

ます。ですので問題の認識が堂々巡りに陥ってしまった場合、これらの点をすり合わせる必要があります。

　これらの二つの前提は、ともに解決や決定・判断の材料やアウトプットの制約になるので、認識を共通にしておくことが大切です。

④ **プロセス**

　既に触れたとおり、問題解決には、その解決プロセスが綿密に定まっている場合とそうではない場合があります。問題解決デザイン技術が生きるのは、プロセスが決まっていない場合です。つまり、問題解決の基本ステップである分析→綜合化→評価・決定という前提はあるにせよ、それぞれのステップを具体的にどのように進めるのか、つまりどのような技法・手法を用いるのかなどを検討しなければなりません。

　たとえば、新製品の企画では、分析段階で、顧客満足度の要因を知らなければなりません。そのときに、どのような分析方法を使えば良いのでしょうか。つまり、基本ステップは分かっていても、各ステップで何をすべきなのかをしっかりと検討し、決定しなければなりません。

⑤ **情報・資源**

　情報・資源とは、使用する情報、参画あるいは協力を得られる人、予算や工数、使用する機器・設備・空間・ソフトウェアなどを指します。活動中に投入する資源を指していますが、問題解決活動に入る前に、使用可能な範囲を確認する必要があります。

⑥ **技術・能力**

　技術・能力とは、分析力、創造力、仕事のスキル、改善技法、改善意欲など個人が持っている、または活用できる能力のことであり、活動中に投入できる能力を指しています。

　これらを大雑把に分類すると固有技術、管理技術、そしてマネジメント能力の3つに分けることができます。固有技術と管理技術については既にご紹介しましたので、ここではマネジメント能力について触れておきましょう。

　マネジメント能力とは、リーダーシップやコミュニケーションなどのように、人間関係や組織運営をうまく進める能力のことを指します。問題解決に当たる人の人間関係や気持ちは多かれ少なかれ結果に影響を与えます。つまり、問題解決にあたっては、マネジメントということも考えなければならないのです。

3 | 問題解決と創造力

問題解決を行うにあたって、創造力が必要なことは言うまでもありません。現状肯定型の問題解決にせよ、現状否定型の問題解決にせよ、従来のやり方ではまずい、あるいは不十分なために問題解決を行うわけです。ですからそこには何かしらの今までとの違い、つまり新しさが必要になります。特に問題解決デザイン技術では、創造力を駆使するということが大切な考え方になっていますので、ここでは創造力についての解説を丁寧に行いたいと思います。

1．創造力とは

創造力とは、「新しいこと・ものを産み出す力」のことを言います。また、創造、創造性などの言い方もありますので、ここで言葉上の定義をしておきましょう。

まず「創造性」とは、「個性を基盤に創造力の発揮や創造という価値あるものやことを支えていくために必要なものの見方や考え方」のことを指します。そして、「創造力」とは、「創造という新しい価値あるものを創り出すことに向けて発揮される能力」であり、考える力と言い換えることができます。

この創造性と創造力の成果として、創造が得

図表10 創造・創造力・創造性

創造
創造力
創造性

られるのです。「創造」は、「知識・経験を加工・変換して、これまでにない新しい『価値』を生み出すこと」と定義されています（図表10）。

ところで創造の定義に「知識・経験を加工・変換」ということが書かれていますが、これはどういうことなのでしょうか？文字通りの解釈をすると「創造とは、無から有を生むというよりも、有から有を生む行為」となります。

TRIZの生みの親であるアルトシューラーは、特許を5段階にレイティングした結果、特許のなかでも本質的に新しいものは僅か1%以下しかなく、それ以外のもの、つまり99％は既存の知識・経験に基づき創り出されたものであると結論づけています。"新しいものを創り出そうという思いに溢れた人"にとっては、冷や水を浴びせられるような話かもしれません。しかし、安心してください。創造において大切なことは、「新しい価値を生み出す」ことであり、その手段は既に存在する知識であっても構わないということであり、逆にますます新しいものを創り出せそうに思ってもらえるのではないでしょうか。

そう、創造は本来誰もが持っている力であり、私たちは、皆等しく創造のチャンスに恵まれているのです（図表11）。

図表11　アルトシューラーの研究結果

（G. アルトシューラの初期の研究より）

レベル5：発見（1%未満）
本質的に新しいシステムの開拓（自然科学の新法則の発見）

レベル4：新しい概念（4%未満）
既存システムの新世代に関するコンセプト、主要な機能を行う原則の変更が基本となる

レベル3：メジャーな改良（18%未満）
既存のシステムに対して大幅な改善が必要

レベル2：マイナーな改良（45%未満）
既存のシステムに対するわずかな改善、通常はある程度の妥協を伴う

レベル1：明白な解決策（32%未満）
確立された解決案。熟知され、簡単に手に入る

2．創造の一般的方法

　創造の研究は、主に心理学のなかで取組まれてきました。また、研究者だけではなく、実務家も加わって研究が進められてきました。たとえば有名なブレインストーミングという手法は、広告代理店の副社長であったオズボーンの考案によるものです。先人たちは、よりよい研究成果、あるいはよりよい製品開発や技術開発の結果を得るためには、どのようにして創造を行うのが良いのかを研究してきたのです。

　これらの先人の研究によると、おおよそ8ステップ（図表12）が必要であると言われています。これはもっと大雑把に分けると、着想段階・発想段階・実行段階の三段階に分けられます。

　着想の段階は、とにかくアイデアを沢山出すことを目的としています。そして、発想の段階は、アイデアを具体化することを目的としています。前者を着想のアイデア、後者を発想のアイデアと呼びますが、この二段階を上手に経ることが良いアイデア発想を行うポイントです。

　なお最近では、大脳生理学の分野からの研究も加わり、近い将来には、人が行う創造のメカニズムが全て解明される時が来るのかもしれません。

図表12　創造の一般ステップ

1.	準　備	感じる、集める、定める
2.	分　析	分ける、探る、仮定する
3.	着　想	拡げる、想う、考える、知る
4.	あたため	抱く、醸し出す、閃く、勘が働く
5.	発　想	活かす、伸ばす、練る、纏める
6.	評　価	評価する、較べる、決める
7.	総　合	構想する、統合する
8.	実　行	計る、試みる、行う、省みる

3．問題解決に求められる三つの創造力

　開発設計や生産技術上の問題解決に求められる創造力は、単にアイデアを出す力だけではありません。ものを見る力や、アイデアを取りまとめる力、そして決定する力などを含みます。

これらを問題解決のプロセスに沿って説明すると、以下のようになります。

　問題解決に要求される創造力は、そのプロセスによって、要求されるポイントが異なってきます。三つの創造力とは、状況把握から分析の段階の「認識の創造」、分析の段階の「目的の創造」、そして綜合化と評価・決定の段階の「手段の創造」のことです（図表13）。

①認識の創造とは

　問題解決にあたって、最初に求められる創造力を「認識の創造」と呼びます。これは、状況そのものを把握する力であり、"ものの見方"と呼ぶことができるだろうと思います。たとえば皆さんは図表14の絵に何が描かれていると思いますか。

　これらの絵は、いわゆる騙し絵と呼ばれるもので、一枚の絵に二つ以上の絵が描かれています。左の絵は、「エスキモーの後姿」、あるいは「インデアンの横顔」、右の絵は、「鳥」、あるいは「兎」のどちらかに見えたのではないでしょうか？

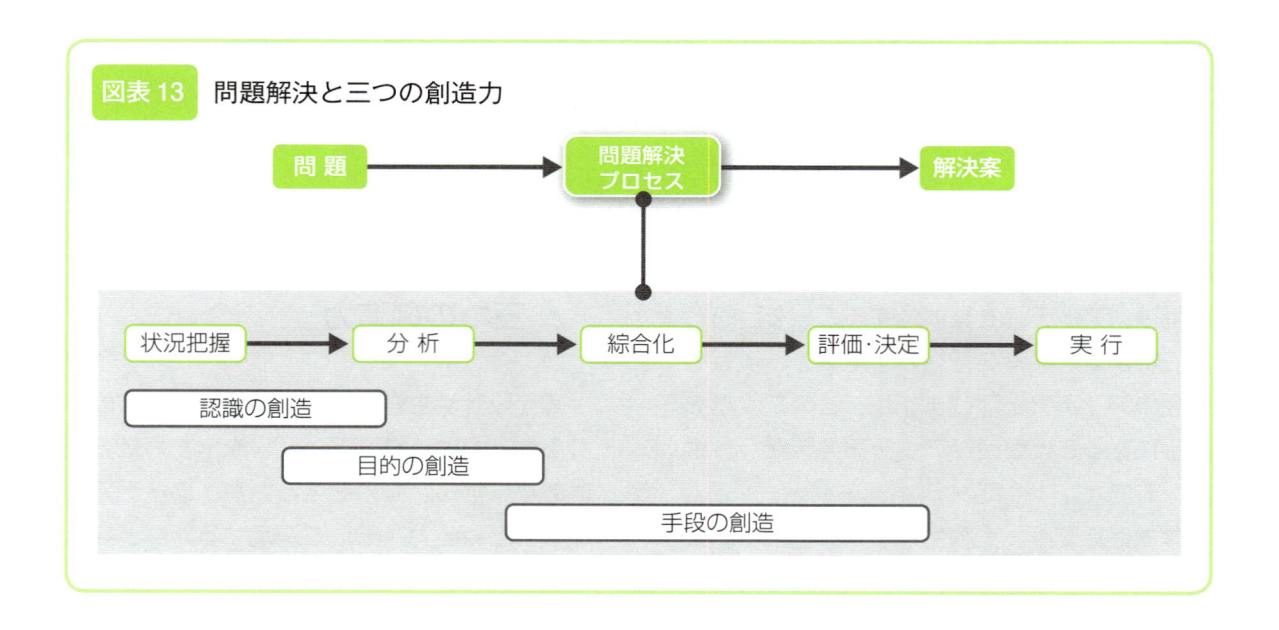

図表13　問題解決と三つの創造力

問題 → 問題解決プロセス → 解決案

状況把握 → 分析 → 綜合化 → 評価・決定 → 実行

- 認識の創造（状況把握〜分析）
- 目的の創造（分析〜綜合化）
- 手段の創造（綜合化〜評価・決定）

図表14 騙し絵

　そして先に見えた絵が邪魔をしてしまって、説明を受けませんともう一方の見方があることに気づかないものです。
　つまり、人には無意識のうちにどちらかの見方をしてしまっているのです。認識の創造とは、ものの見方の柔軟さと理解してください。ありきたりの捉え方だけではなく、意識的に操作し、さまざまなものの見方（状況の捉え方）ができるようになることが理想です。

②目的の創造とは

　目的の創造とは、問題を決定するという段階です。前段階で、認識の創造を駆使し、状況についてのさまざまな解釈をします。しかし、いつまでも解釈だけをしているわけにはいきません。つまり、自分たちが対象とする問題を決めなければならないのです。そして、取組むべき課題も決定しなければなりません。
　私たち問題解決者は、この"決める"ということから逃れることができません。問題解決にとって、より良い問題、そして課題の決定は実に重要な意味を持ちます。
　認識の創造、目的の創造ともに、メンバー間でのすりあわせや分析の技法を上手に使うことでより良い結果を得ることができます。

③手段の創造とは

手段の創造とは、一言で言ってしまうと"対策案作り"ということになります。この対策案作りのポイントは、創造の一般的方法で触れた二段階のプロセスを意識することです。着想のアイデアを産み出す段階の思考方法を発散的思考、発想のアイデアを産み出す段階の思考方法を収束的思考[※3]と呼びます。

この2つの思考方法は、自動車のアクセルとブレーキの関係に似ています。アクセルとブレーキを同時に踏むと、自動車は止まります。発散と収束も同じなのです。収束というのはブレーキ役ですので、発散と収束を同時に行うと、ブレーキがかかってしまいアイデアが浮かぶのを邪魔してしまうのです。

具体的には、発散段階では不完全な、あるいは明らかに欠点があるアイデアでも構いませんのでとにかく沢山のアイデアを出すことを目的にしてください。そして、収束段階では、これらの沢山のアイデアを完成度の高いアイデアに育てあげるのです。

発散段階で快刀乱麻とも言えるような凄いアイデアが出ることも稀にあるかもしれませんが、そういった幸運を待つのではなく、創造のテクニックとして発散的思考と収束的思考を使いこなすという創造への姿勢が大切です。

なお、アイデア発想の仕方については、5章でさらに詳しく触れたいと思います。

※3）発散的思考をダイバージェントシンキング、収束的思考をコンバージェントシンキングと呼ぶことが多い

3章

問題解決デザイン技術を実践する

1 問題解決結果を事前に保証する

問題解決は、仕事、あるいは業務の成果を高めることを目的としています。現代のように競争環境の厳しいなかでは、結果オーライというわけにはいきません。そこで、私達は、「高い業務成果・品質を事前に保証するためにはどうすればよいのか」という課題に取組む必要があります。

問題解決デザイン技術の必要性は、ここにあるのです。

（1）高い業務成果を実現する仕事の進め方

どのような業務であっても、高い成果を出すための業務プロセスは、おおよそ三つのフェーズに分けることができます。ここでは、この三つのフェーズについての概要について触れておきましょう（図表1）。

PHASE 1　テーマを定める（課題・目標）

最初にすることは、取り組むテーマを明らかにすることです。「○○製品の開発」、「○○プロセス変革」、「改善活動の推進」、「歩留りの向上」、のようにテーマは多種多様です。なお、テーマは、課題、あるいは目標と呼ぶこともあります。さらに「生産性10％向上」、「目標原価5,000円」のように目標も明確にしなければなりません。問題解決のプロセスにおける「課題設定」にあたります。

PHASE 2　テーマを達成するための解決案を作成する。

テーマが決まったら、それを達成するための解決案を作成します。解決案は、改善案や

代替案と呼ばれることもあります。多くの場合、解決案は、企画書、提案書、図面といったドキュメントとして表現され、第三者（意思決定者、関係者）にもわかるように表現されます。問題解決のプロセスにおける「解決案作成」にあたります。

PHASE 3 解決案を実施して課題や目標を達成する。

解決案に対しての"GOサイン"が意思決定者により出たならば、解決案の内容を実行していきます。実行するにあたり、先立って実施のための計画を作成する場合もあります。実行した結果として成果が出ますが、当初設定した目標が達成できていなければ何らかの対応をしなければなりません。問題解決のプロセスにおける「実施」にあたります。

ここでは三つのフェーズの概要解説に留めましたが、高い成果を実現するためには、それぞれのフェーズでもっと工夫が必要となることは言うまでもありません。

26頁（(A)「課題設定の進め方」）で述べたようにテーマ設定のフェーズ1では、「上位方針や目標から設定するのか」、「ベンチマーキングで行うのか」、「市場や使用者、お客様の要求から設定するのか」によって、それぞれ進め方が違ってきます。

解決案作成のフェーズ2についても、「現象追求型」、「原因追求型」、「目的追求型」など多くの方法が存在します。大切なことは、誤ったプロセスを採用した場合、「的外れな課題を設定してしまう」、「適切な解決案が作れない」、「目標を達成できない」、「周囲の協力が得られない」、「納期に間に合わない」といった結果になってしまうということをしっかりと自覚しておくことです。

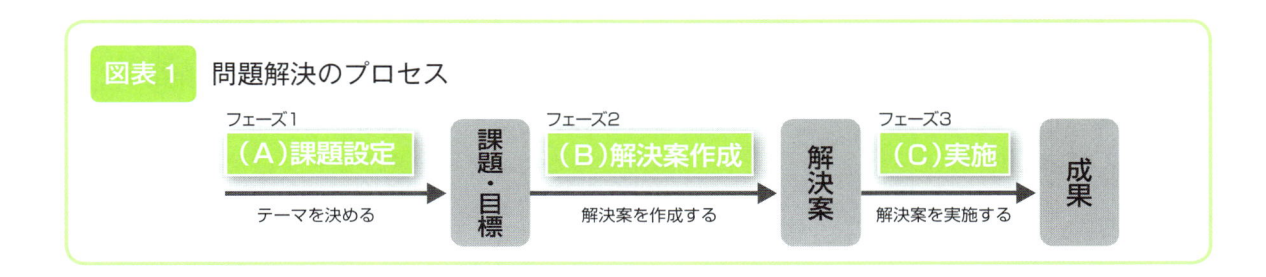

図表1　問題解決のプロセス

フェーズ1　(A)課題設定　テーマを決める　→　課題・目標　→　フェーズ2　(B)解決案作成　解決案を作成する　→　解決案　→　フェーズ3　(C)実施　解決案を実施する　→　成果

3章　問題解決デザイン技術を実践する

（2）プロセス管理という考え方

では、誤ったプロセスを採用しないようにするためには、いったいどうすれば良いのでしょうか？その答えは、「プロセス管理」の実行です（図表2）。

プロセス管理とは、あらかじめ「何を」、「誰が」、「いつまでに」、「どうやって」に基づいた業務遂行過程の計画をし、そして、その計画に基づき、実施し活動結果の確認を行い、問題があるならば修正し、次の業務が順調に進むように活動計画の見直しと修正を行う一連の活動を言います。

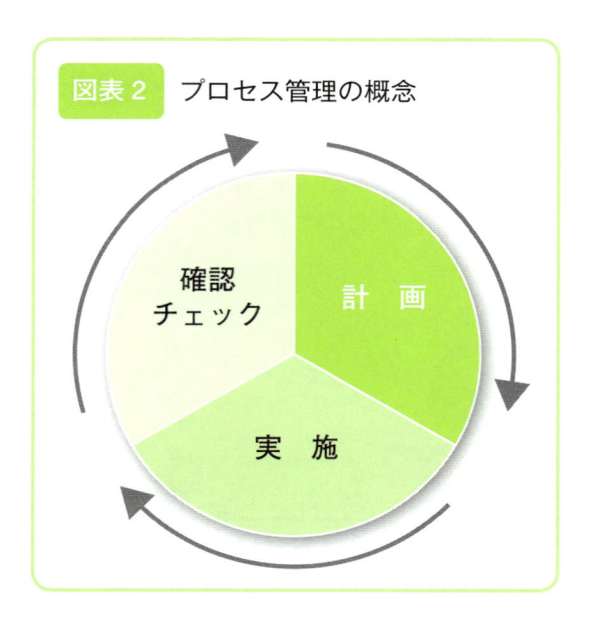

これは決して目新しい話ではなく、むしろ私達が良く知っている仕事の進め方の基本です。このプロセス管理が整然と、そして徹底して行われているのが製造現場ではないでしょうか…。プロセス管理に通ずるために、製造現場の事例で理解を深めたいと思います。

【製造現場のプロセス管理】

製造現場では、「物を造る」前に、日程計画を立て、図面や手順書を準備し、製造担当者（部署）、そして納期を明確にします。この活動が、計画です。

製造担当者（部署）は、この計画に従い物を製造します。しかし、製造過程における設備の故障の発生や、製造した物に不良などの問題があれば、何かしらの手を打ちます。手を打たなければ所定の品質や納期の確保に支障をきたすからです。

また、製造過程や結果に問題が発生するのは、もともと立てた計画に問題があることも少なくありません。たとえば図面の不備、手順書のもれ、無理な日程計画などがそれにあたります。このまま放置しておくと次回の同

図表2 プロセス管理の概念

- 計画
- 実施
- 確認チェック

製品の製造にも支障をきたしますので、図面、手順書の修正、日程計画の作成方法の見直しを行います。このように製造では、厳格に計画─実施─確認・チェックが行われているのです。

このように製造現場でプロセス管理を徹底した結果、日本の製造業は世界で最も高い品質を評価されるまでに至ったのだろうと考えます。

ところで、開発設計や生産技術業務ではいかがでしょうか。

私たちが行った「開発設計部門の業務についての調査」では、開発課題を与えられたときに、その進め方の基本プロセスは決まっているが、方法論など細かい進め方は決まっていない…、つまり技術者に任せているという結果が出ています（図表3）。

開発設計や生産技術の業務は、計画の大枠は立てることができても、製造のように詳細に立てることは難しく、やりながら結果をみて、必要があれば修正をかけることで業務成果を確保する仕事の進め方になっているようです。

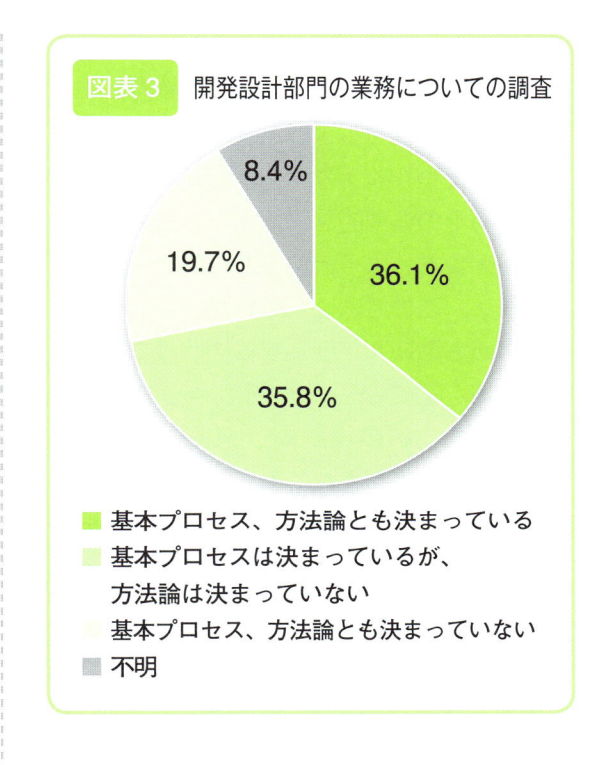

図表3　開発設計部門の業務についての調査

- 36.1%　基本プロセス、方法論とも決まっている
- 35.8%　基本プロセスは決まっているが、方法論は決まっていない
- 19.7%　基本プロセス、方法論とも決まっていない
- 8.4%　不明

（3）プロセス管理から　プロセス設計へ

このように開発設計や生産技術の業務でのプロセス管理は、計画よりもむしろ確認・チェックを重視してきました。その方法は、適切なマイルストーン（進捗を確認する時期）を設定し、そこで活動の評価者（主に管理者）が活動内容を確認・チェックし、不具合があ

れば担当者に修正させること、つまり、確認・チェックの強化により後工程（次業務）に対する業務の保証をしようとするものです。設計活動で行われるデザイン・レビュー（DR）や検図がその典型的な考え方で、成果と品質の事後保証をしようというものです。

しかし、この方法は、修正が増えてやり直しによる活動効率が低下するばかりです。上司から「○○のデータ分析はやってないのか？」、「△△の市場動向は把握してないのか？」等々指摘をされても、担当者からすれば「わかっていることならば先に伝えておいてくれればいいのに」ということが少なくありません。

そう、先に言ってくれればいくらでも調べることができたのです。それを後から言われても……。どうもこのやり方は、動機づけという面からみても問題がありそうです。また、能力向上という面から考えても終わった後の指摘は、担当者の積極性が損なわれてしまい必ずしも良い方法とはいえません。

業務の成果・品質を保証しようとした場合、確認・チェックを重視した進め方よりも、事前、つまり計画時点で業務の進め方の検討を十分行なっておくことの方が効果的なのです。計画内容を吟味することで、「確かにこのように進めれば大丈夫」、「必要なデータ分析も確かに行われる」、「適切な問題解決の進め方になっている」、「納期にも間に合いそうだ」といった業務成果と品質の事前保証が可能になるのです。

しかし、技術者が頭の中で考えている課題に対しての詳細な進め方は頭の中にあるのですから、実際は周り（他の人）からは見えません。見えないままで業務品質の事前保証などできるわけがありません。頭の中にある内容を「見える化」し、さらに思考と検討を深めるための手法を本書では『プロセス設計』と呼びます。

『プロセス設計』は、こうした考えからプロセス管理のなかで、特に計画段階の充実をはかるために用いています。『プロセス設計』はプロセス管理の要素ひとつである「計画」の活動の一つと言い換えることもできます（図表４）。

なお、このプロセス設計こそが、問題解決デザイン技術を構成する中核技法の１つなのです。

図表4　プロセス管理とプロセス設計

従来のプロセス管理

（確認／計画／実施の円グラフ）

マイルストーン
（進捗を確認する時期）

問題点：
・修正が増えて活動率が低下する
・担当者の動機づけが下がる
・担当者の能力向上が図りにくい

プロセス設計

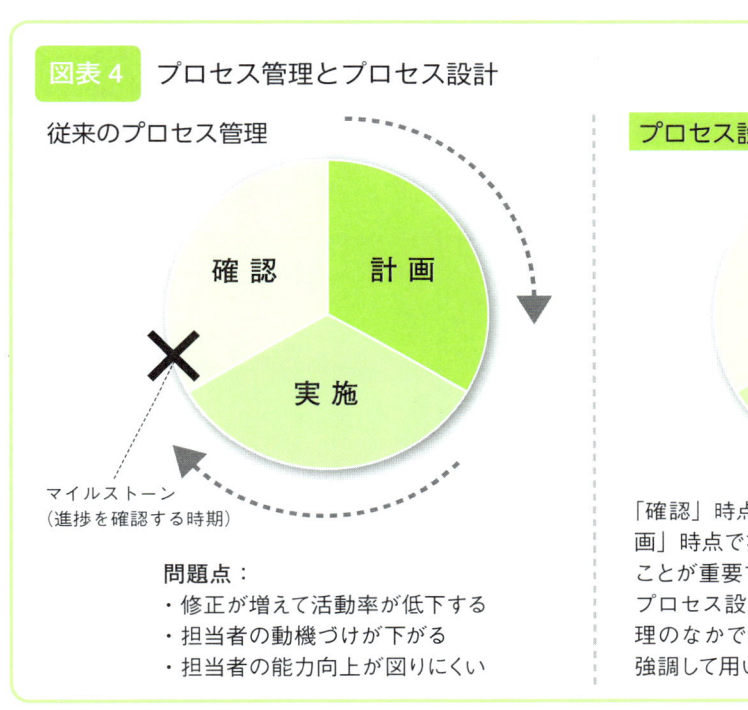

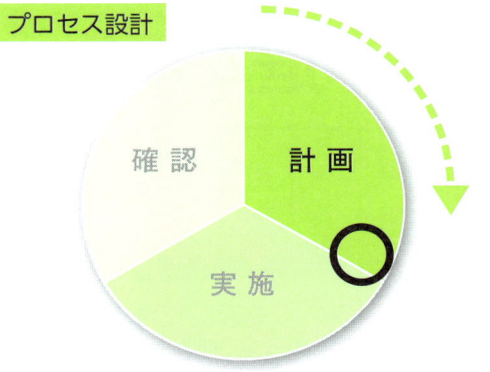

（確認／計画／実施の円グラフ）

「確認」時点での修正を少なくするためには、「計画」時点で業務の進め方の検討を十分行っておくことが重要です。
プロセス設計とは、こうした考えからプロセス管理のなかで、特に計画段階の充実を図るために強調して用いています。

コンサルタントの眼

　企業の改善活動の発表で「なぜその手法を選んだのか」という疑問を感ずることがあります。たとえば、せっかく問題が工場の作業にありそうだと絞り込めたのに、安易に連関図法で原因を導こうとするようなケースです。プロセス設計をキチンと行うと、「作業を調べるには作業分析」というような分析対象と目的に応じた適切な手法を選ぶことができるようになります。

2 | 問題解決デザイン技術の進め方

　問題解決デザイン技術は、2章で示した問題解決の枠組みをベースにします。最初にはっきりさせるものは、「問題・課題・目標」「前提」「ゴール」の3つです。ここを総称して「問題と目標の明確化」と呼ぶことにします。

　次は「情報、資源」「技術、能力」を確認します。これらは人について廻るものなので「メンバーの選定」と呼びます。

　そして、最後に「プロセス」を明確に、つまりプロセス設計をしていきます。

　問題解決デザイン技術とは、問題と目標の明確化・メンバーの選定・プロセス設計を行うことを指すのです。

図表5 問題解決デザイン技術の枠組み

問題と目標の明確化
- 問題・課題・目標
- 前提
- ゴール

メンバーの選定
- 情報・資源
- 技術・能力

プロセス設計
- プロセス

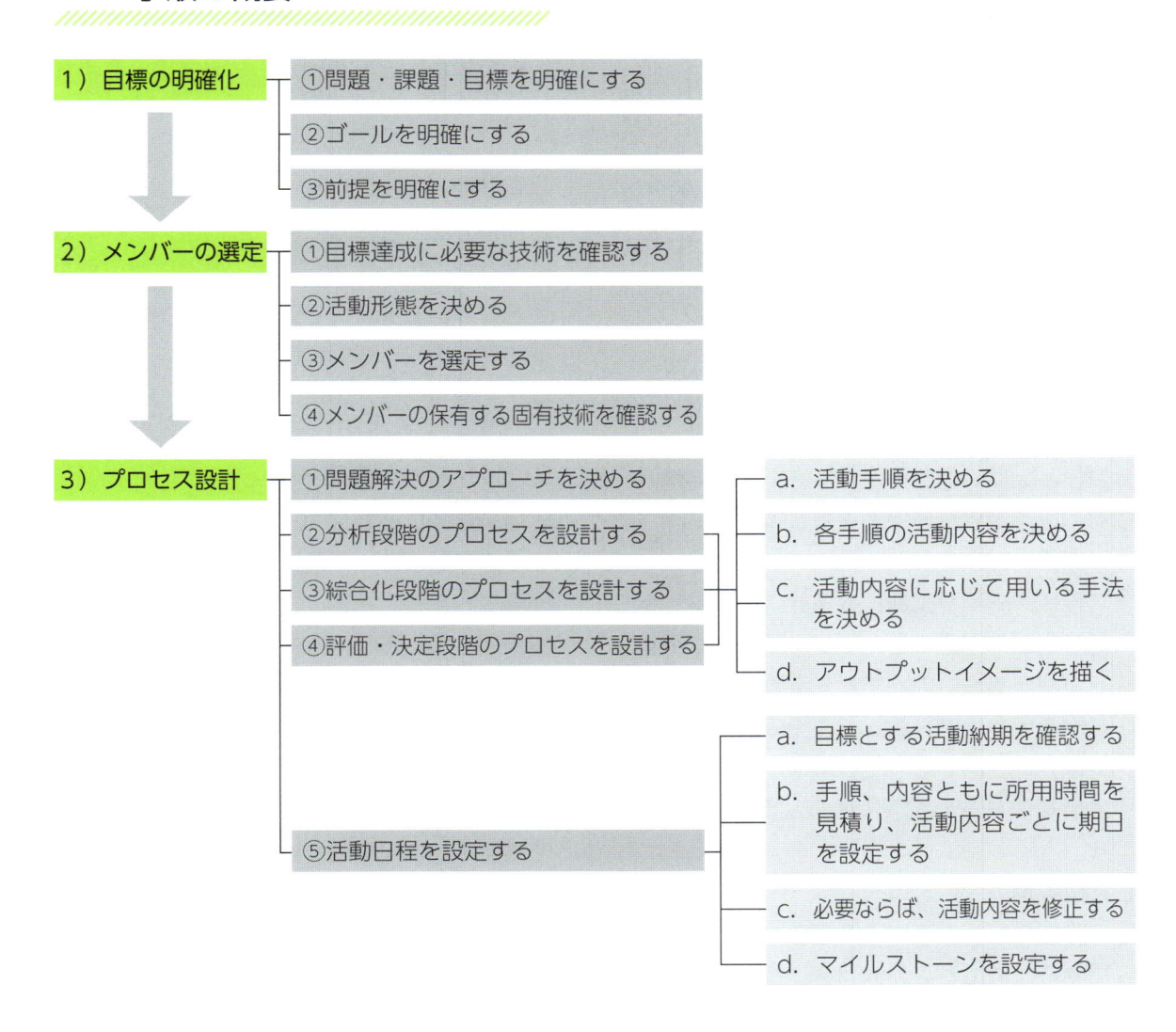

（1）問題解決デザイン技術の手順の概要

1）目標の明確化
- ①問題・課題・目標を明確にする
- ②ゴールを明確にする
- ③前提を明確にする

2）メンバーの選定
- ①目標達成に必要な技術を確認する
- ②活動形態を決める
- ③メンバーを選定する
- ④メンバーの保有する固有技術を確認する

3）プロセス設計
- ①問題解決のアプローチを決める
- ②分析段階のプロセスを設計する
- ③綜合化段階のプロセスを設計する
- ④評価・決定段階のプロセスを設計する
  - a. 活動手順を決める
  - b. 各手順の活動内容を決める
  - c. 活動内容に応じて用いる手法を決める
  - d. アウトプットイメージを描く
- ⑤活動日程を設定する
  - a. 目標とする活動納期を確認する
  - b. 手順、内容ともに所用時間を見積り、活動内容ごとに期日を設定する
  - c. 必要ならば、活動内容を修正する
  - d. マイルストーンを設定する

(2) 問題解決デザイン技術の手順の詳細

1) 問題と目標の定式化

①問題・課題・目標を明確にする。

取組む問題を決定します。開発設計や生産技術業務は、創造の問題、発見の問題が中心のため、そもそも問題を明らかにすることが大切です。組織（上司）から指示・命令された問題への取り組みの場合には、下記の②③が含まれている場合もあります。

②ゴールを明確にする。

ゴールとは問題が解決した結果として期待されている成果、成果物を指します。

イ）成果

性能、納期や工数、コスト、不良率や歩留りなどの目標のことです。定量的に示すことが好ましいのですが、定量化できないことも少なくありません。そのような場合には、定性的であっても水準が明確になるように工夫をして記述することが大切です。

ロ）成果物

作成した解決案は、第三者に見えるようにするためにドキュメント化します。成果物とはそのドキュメントのことです。解決案、図面や仕様書、工程表、手順書、企画書、実施計画などを指します。製品企画などの場合、モックアップも成果物に含まれます。

③前提を明確にする。

前提とは、ひとつは、活動に与えられた情報的与件のことを指します。問題解決の範囲や方針などです。そしてもうひとつは、資源的与件であり、活動に使える資源、予算や時間・工数（納期）のことです。

2) メンバーの選定

①目標達成に必要な固有技術を確認する。

その問題解決（目標達成）に必要な技術を明確にします。技術については、たとえば「溶接に関して、各種溶接方法の長短所を知っているレベル」などのように"何を"、"どの程度"必要なのかを定めます。

②活動形態を決める。

課題解決（目標達成）に必要な固有技術の状況と組織の資源内容から活動形態を決めます。

イ) 通常業務型
　　課題を受けて解決していくことを既存の組織の機能として行う形態です。
ロ) プロジェクト活動型
　　課題の解決にあたり広範囲なスキルが必要であり、既存の組織では対応できない場合、複数の組織から適任者を選出しチームで行う形態です。その場合、メンバーは、開発期間中、そのプロジェクトに専任あるいは兼務で参加します。
ハ) 委員会
　　開発部門が通常業務として開発を行いますが、委員会を設置し、各部門の意見を定期的に聞く方式です。
ニ) コーディネータ方式
　　1人（コーディネーター）が新製品の開発から製造までの管理を担当する方式です。

③メンバーを選定する。
　必要な固有技術や定めた活動形態を前提に、活動するメンバーの人選を行います。そのためには、組織の人材の状況を的確に捉えておかなければなりません。

④メンバーの保有する固有技術を確認する。
　必要な固有技術や定めた活動形態を前提に、活動するメンバーの保有能力を確認します。もし、活動に支障が出そうであれば、メンバーの補充や入れ替えを行います。
　メンバーの選定についてあらかじめ組織から活動形態やメンバーを指定される場合がありますが、困難が予想される場合にはメンバーの補充や入れ替えを進言します。

　以上1)～2)を「課題記述書」としてまとめます（図表6）。

コンサルタントの眼

「三現主義」という言葉があります。「現場に行って、現物を見て、現実を確認する」という意味ですが、問題解決において三現主義の精神は欠かせません。筆者も机上での検討している際に疑問を感じたら、すぐに現場へ向かい、詳細な確認をしていました。プロセス設計を実施した後、実際にデータを取得するときには、三現主義に基づいて取り組んでください。

図表6 課題記述書

課題名	作成年月日	
	所属	
	氏名	
取上げた理由		
①期待される成果		
②成果物		
③活動の前提 (前提となる情報、資源、予算や時間・工数（納期）など)		
(活動形態) 1．通常業務 2．プロジェクト活動 3．委員会方式 4．コーディネータ方式	(主な活動メンバー)	

課題記述書

3）プロセス設計

①問題解決のアプローチを決める。

　問題解決を行うためには、現在の方法をベースに悪いところを改善していくというスタンス（現状肯定型アプローチ）と、現在の方法は否定して新しい方法を考えていくスタンス（現状否定型アプローチ）のどちらが課題や目標にマッチしているかを考えて選択します。2つのアプローチの特徴は両者の比較の上で次のようになります（図表7）。

現状肯定型アプローチ

・部分改善にとどまりやすい

　悪い部分（特定の箇所）の改善にとどまりやすい。

・実施のためのテストや検討が比較的容易である

　部分改善にとどまるため、その部分とインターフェースを検証すればよい

・活動時間が比較的短くてすむ。

　悪い部分（特定の箇所）を見つけ出し、その範囲の改善でよいので時間は短くてすむ。

現状否定型アプローチ

・抜本的改善が出やすい

　検討の範囲が限定されないので、抜本的な改善につながりやすい。

・アイデアが比較的多くでる

図表7　現状肯定型アプローチと現状否定型アプローチの比較

現状肯定型アプローチ （悪いところを見つけて改善する）	現状否定型アプローチ （一から出直す）
・部分改善にとどまりやすい ・実施のためのテストや検討が比較的容易である ・アイデアの具体化が比較的容易である ・活動時間が比較的短くてすむ	・アイデアが比較的多くでる ・抜本的改善が出やすい ・実施のためのテストや検討に困難が伴う ・アイデアの具体化に時間と努力を要す

アイデアを出すときの、思考の範囲が限定されないのでアイデアが出しやすくなる。

・実施のためのテストや検討に困難が伴う
現状とは変わる部分が多くなるため、技術的に不安な要素が多くなりテストや検討が大変になる。

アプローチの選定は悩ましい活動です。アプローチ選定に影響を与える代表的な要素は図表8のとおりです。

図表8で、○がついているのは推奨するアプローチです。

目標値が小さいとは、目標値の達成が容易であり、大きいとは達成が困難であることを指しています。コストダウン目標5％（小さい）と50％（大きい）を比較すると通常は50％のほうが達成困難です。目標値の達成困難度を判断し、小さい（＝容易）ならば現状肯定型、大きい（＝困難）なら現状否定型を採用することを推奨するという目安を示しています。このようなケースでの判断は楽ですが、現在の技術水準や対象の成熟度から判

図表8 アプローチ選定に影響を与える要素

課題名	問題の状況	現状肯定型	現状否定型
目標値	小さい場合	○	
	大きい場合		○
変更の自由度	小さい場合	○	
	大きい場合		○
活動期間	短期間で実施	○	
	長期間に渡る		○
現状の有無	有り（改善）	○	
	無し（設計）		○

断をしなければならないような場合も少なくありません。

変更の自由度が小さいとは、「法規の制約などから材質の変更、構造の変更などの余地があまりないので現状肯定型」、大きいとは「制約が少なく自由に変えられるので成果を期待して現状否定型」を推奨するという意味です。

活動期間が短期間とは納期的な余裕がなく、長期的とは納期に余裕があることを示しています。

次に図表9に示す分析・綜合化・評価決定についての検討を行います。ここは、プロセス設計の核心部です。

②分析段階のプロセスを設計する。
③綜合化段階のプロセスを設計する。
④評価・決定段階のプロセスを設計する。

この②③④の各段階のプロセスは、プロセス設計シートの項目に対応した内容を記載していきます。ここでの大切な考え方は、目的に応じた手法を選択することと、その手法によってもたらされたアウトプットは、以降のインプットになるということを理解してプロセスを設計することです。

なお、以下に②③④で記述する内容についての解説を行います。

図表9　プロセス設計の核心部

分析段階 → **綜合化段階** → **評価・決定段階**

- 分析段階：問題の所在や構造を分析し、アイデア発想の観点を得る。
- 綜合化段階：アイデアを数多く産み出し、それらを組み合わせ具体化する。
- 評価・決定段階：アイデアの技術面、経済面からの検討を行い実施する解決案を選択する。

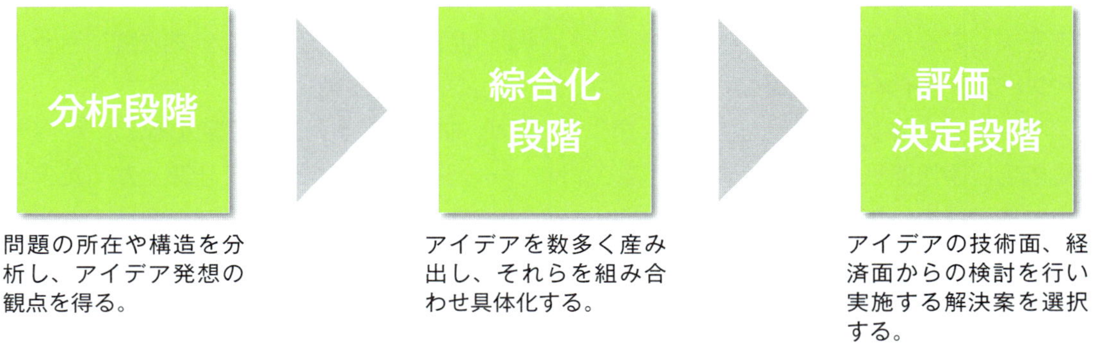

a. 活動手順を決める。

　プロセスの大枠を記載します。この際に、分析→綜合化→評価・決定の問題解決の基本ステップに従うことが大切です。

b. 各手順の活動内容を決める。

　a.で設定したプロセスの大枠の目的をしっかりと確認し、目的にあった活動内容を検討します。多くの場合、1つのプロセスは、複数の活動内容によって構成されています。

c. 活動内容に応じて用いる手法を決める。

　手法は、一般的に知られている方法を用いた場合、その手法名を記載します。手法名を見ることでその内容が理解できるようにするのです。一般に知られていない手法、あるいは独自に作り出した手法を用いる場合には、どのような手法か分かるような記述を工夫してください。

d. アウトプットイメージを描く。

　アウトプットイメージとは、活動手順、活動内容、手法通りの活動を行って、このような結果を出したいと頭の中で描いたものです。アウトプットを描く目的は次のとおりです。

・各手順の活動内容を保証できる
・活動内容が想定しやすく、プロセス設計が容易にできる
・プロセスの矛盾点を発見しやすい
・上司やメンバーに説明するときに、理解させやすい

⑤活動日程の設定

a. 目標とする活動納期を確認する。

　「課題記述書」に記載されているインプット内容の納期を確認します。

b. 手順、内容ともに所用時間を見積る。

　「プロセス設計」したプロセスの活動手順や活動内容から必要な工数（期間）を見積もります。

c. 必要ならば、活動内容を修正する。

　納期と工数（期間）の関係から期日の欄にスケジュールを記載していきます。納期に間に合わないようであれば、資源配分や活動プロセスを見直し納期に間に合うように調整します。

d. マイルストーンを設定する。

　最終段階までいって出来上がったアウトプットを上司に確認してもらうのは当然ですが、少々リスキーなので、途中の活動手順や活動内容の結果出来上がったものを確認していただくタイミングをマイルストー

ンとここでは呼びます。

　以上の内容を「プロセス設計シート」にまとめます。

コンサルタントの眼

私たちの2年間の適用実績

　以下の表は、私たちが、問題解決デザイン技術を適用した際のアプローチの選定実績です（約2年分）。
　成果の大きさからすると成果が大きくなると否定的なアプローチが多くなっています。成果の特性で見ると品質では肯定的アプローチ、コストでは否定的アプローチが目立ちます。問題のタイプで見ると設計タイプの問題では否定的アプローチが目立ちます。

●成果の大きさ別比較（テーマ数）

%	10以下	10〜20	20〜30	30〜40	40〜50	50超え
肯定的	2	3	4	1	3	3
否定的	3	3	5	4	10	6

●成果を上げたい特性別比較（テーマ数）

	品質	性能	期間	量	コスト
肯定的	2	3	4	1	3
否定的	3	3	5	4	10

●問題のタイプ別比較（テーマ数）

	改善タイプ	設計タイプ
肯定的	23	6
否定的	26	13

出典　川﨑俊一著、「問題解決アプローチ選択の視点」バリュー・エンジニアリングNo.173(1996) 日本バリュー・エンジニアリング協会より引用

(4) 事例による理解
「事例：テスト資材の発注期間の短縮」

①問題解決デザイン技術の事例での説明

●取り組む課題の解説

　当技術センターは多くの種類のテスト資材を購買からではなく、当部門で直接購入を行っています。現状、発注手続き開始から資材の納入まで5日ほどかかりますが、この間、試験が開始できないため、全体の日程管理上も大きなネックになっています。そこでリードタイムを3日に短縮することを目的に改善に取り組むことにしました。現状で月400工数かかっているので、250工数にすることにもあわせて取り組みます。

●活動メンバーと納期

　活動メンバーは当センターの川田氏が担当し、4/1～5/20の期間で検討を完了し、最終成果物として現状の業務手順書を修正（作成）します。

②手順1）、2）

　問題と目標の定式化とメンバーの選定
　上記①を課題記述書にまとめます（図表10）。

③手順3）

　問題解決に向け、プロセス設計を行います。プロセス設計にあたっては、プロセス設計シートを活用します（図表11）。

コンサルタントの眼

　製品企画や製品開発にあたって、「経営環境の分析」は不可欠です。この環境分析にあたっては、三つのポイントにご注意ください。
　一つめは、「機会（ビジネスチャンス）を見つける視点で行うこと」です。なぜなら、脅威を沢山探してもリスク回避策は思いつきますが、肝心なビジネスアイデアは出てきにくいからです。二つめは、「お客様の事業に影響する環境要因に注目すること」です。なぜなら、お客様が変化すれば、私たちも変化せざるを得ないからです。そして三つめは、「沢山出すこと」です。環境分析は正解／不正解ではなく、可能性のシミュレーションですから、可能性のあるものをすべてリストアップすることが大切なのです。

図表10 課題記述書の事例

課題記述書

課題名 　発注期間の短縮	作成年月日	20××年4月10日
	所属	技術センター
	氏名	川田 政志
取上げた理由	製品の出図までの期間を短縮するために、テストに要する期間の多くを占める納入リードタイムを短縮したい	
①期待される成果	現行発注期間 5日→3日（2日短縮） 工数 400工数→250工数（150工数削減／月）	
②成果物	業務手順書	
③活動の前提 （前提となる情報、資源、予算や時間・工数（納期）など）	20××年5月20日 業務手順書作成完了 予算　200,000円	
（活動形態） ①. 通常業務 2．プロジェクト活動 3．委員会方式 4．コーディネータ方式	（主な活動メンバー） 技術センター　川田 政志	

3章　問題解決デザイン技術を実践する

プロセス設計事例説明文

●活動のストーリー
　短縮の目標値が厳しいため、「現状否定型のアプローチ」を採用します。

１．現状業務内容の把握
　改善対象となる発注業務について調査分析を行います。調査する内容は①発注業務の詳細、②所要工数、③リードタイム上のクリティカルパス、これらをできるだけ一覧性を持たせた形で整理します。
　　１）業務手順書などを用いて発注業務の詳細な内容をワークブレークダウンストラクチャー（以下、WBS）を使って漏れないように整理します。
　　２）WBS に位置づけられた各業務の所要工数を生活分析の手法を用いて一定の期間（１週間ほど）調査をします。

```
シート記載項目の概要
・活動手順　　　　　3)-②-a 活動手順を決めます
・活動内容　　　　　3)-②-b 各活動手順の詳細な活動内容
　　　　　　　　　　を決めます
・用いる手法　　　　3)-②-c 活動内容に応じて用いる手法
　　　　　　　　　　を決めます
・アウトプットイメージ　3)-②-d アウトプットイメージを描き
　　　　　　　　　　ます
・納期・期間　　　　3)-⑤　 活動日程を設定します
・マイルストーン　　3)-⑤-d マイルストーンを設定します
```

図表11　プロセス設計の事例

プロセス設計シート

課題名：テスト資材の発注期間の短縮

(現状否定型)　現状肯定型

活動手順	活動内容
1.　現状業務内容の把握　　3)-②-a 活動手順を決める	1) 現状行っている業務を WBS に整理する　　3)-②-b 各手順の活動内容を決める
	2) 工数を把握する 生活分析で発注業務にかかわっている人の業務工数を5日分調査する

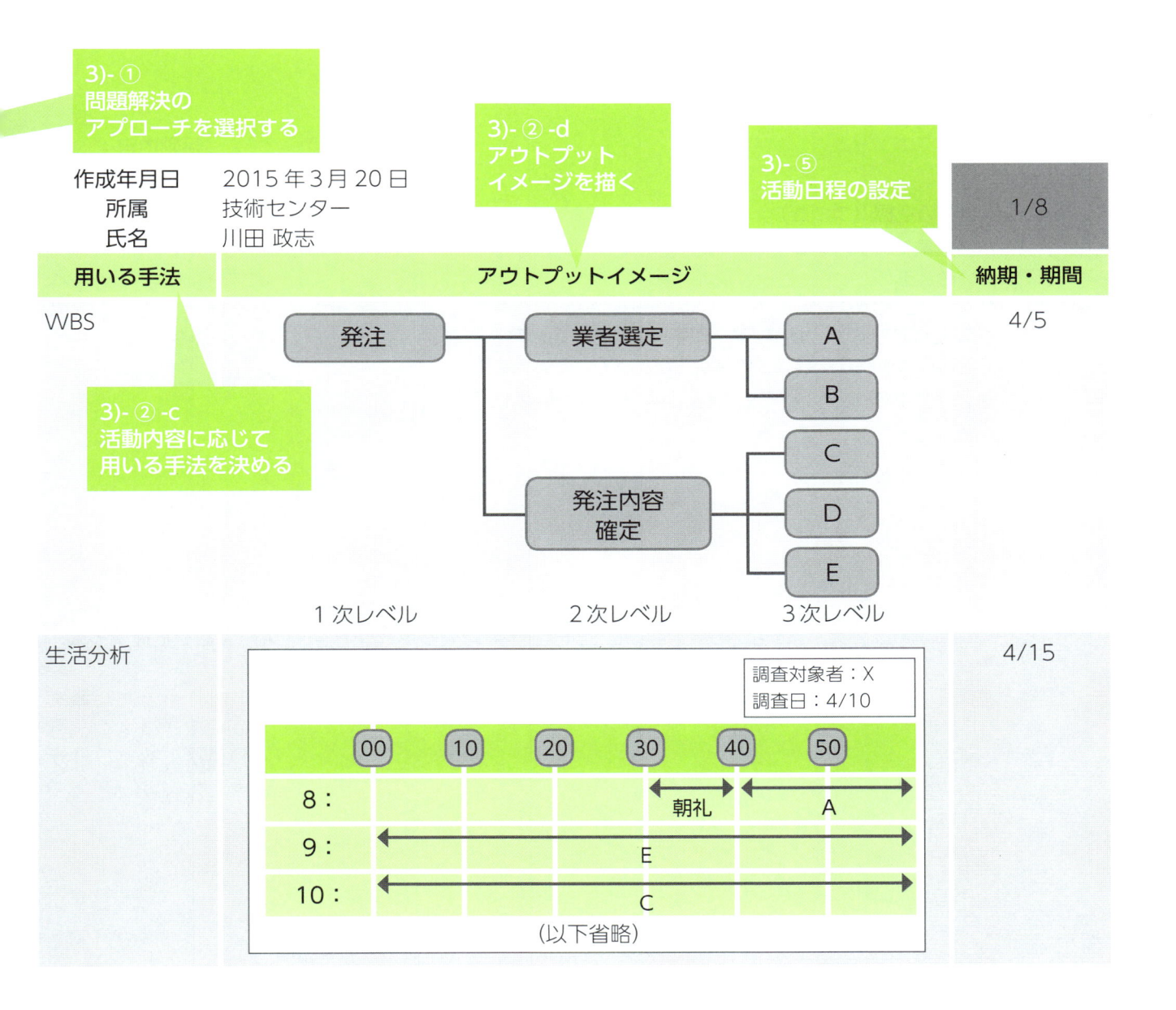

用いる手法	アウトプットイメージ	納期・期間
WBS	発注 → 業者選定 → A, B 発注 → 発注内容確定 → C, D, E 1次レベル　2次レベル　3次レベル	4/5
生活分析	調査対象者：X　調査日：4/10 時間帯別活動記録（8:30-40 朝礼、8:40-50 A、9時台 E、10時台 C）（以下省略）	4/15

作成年月日 2015年3月20日
所属 技術センター
氏名 川田 政志

注釈:
- 3)-① 問題解決のアプローチを選択する
- 3)-②-d アウトプットイメージを描く
- 3)-⑤ 活動日程の設定　1/8
- 3)-②-c 活動内容に応じて用いる手法を決める

プロセス設計事例説明文

●活動のストーリー

1．現状業務内容の把握（つづき）
　3）調査した発注業務の工数を集計し、WBS上の業務に対応させて記載していきます。
　4）リードタイムの工数が分かったので、さらにリードタイムに影響を与えている業務上のクリティカル・パス（以下、CP）をガントチャートを用いて明確にします。これは工数が多くかかっている業務を改善することがリードタイムの短縮につながるとは限らないからです。

活動手順	活動内容
	3）業務ごとに工数を整理する 生活分析により得られた結果から業務ごとの工数を整理する
	4）工数を把握する ガントチャートで発注業務にかかわっている人の業務工数を5日分調査する

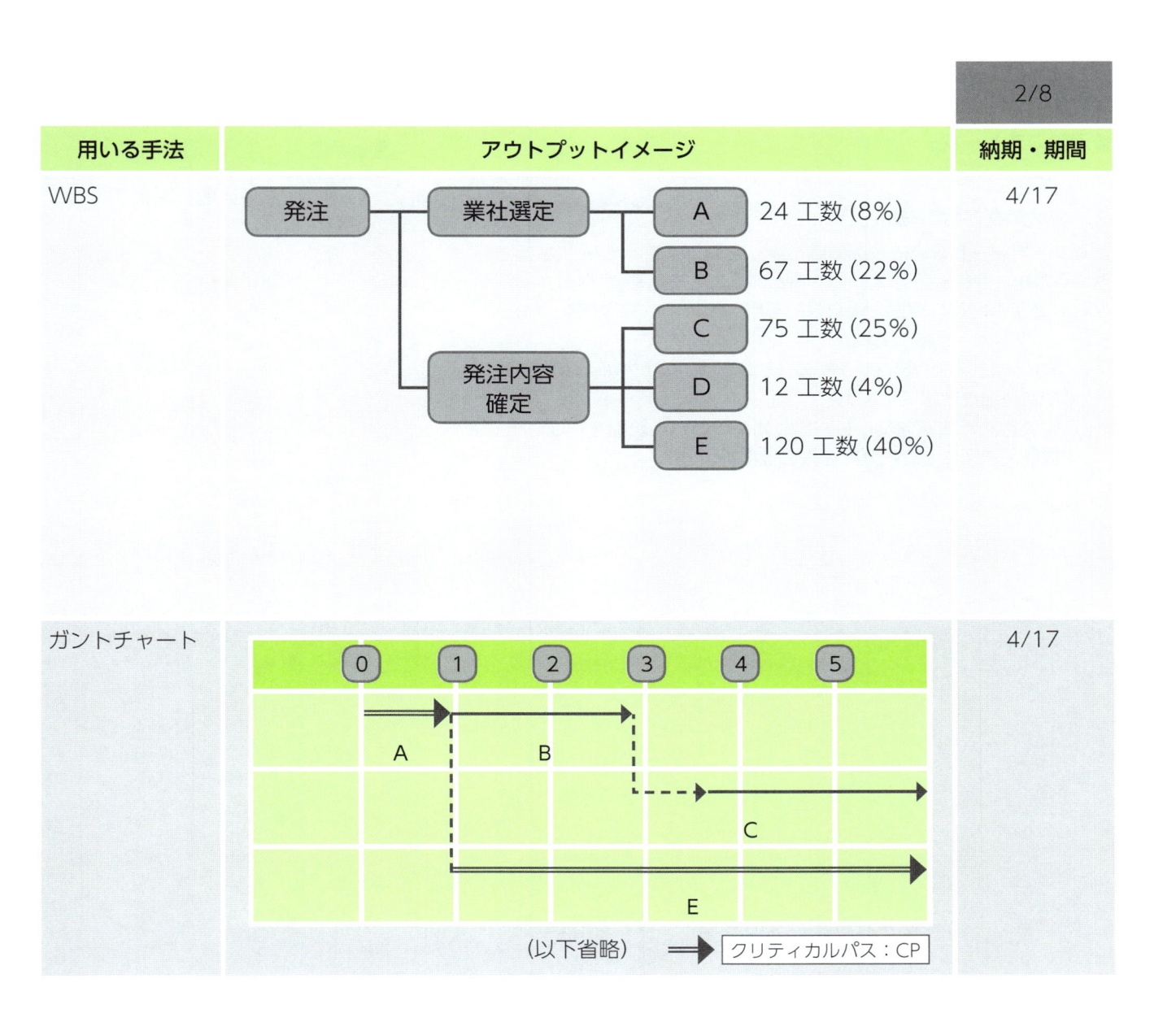

用いる手法	アウトプットイメージ	納期・期間
WBS	発注 ─ 業社選定 ─ A 24 工数 (8%) / B 67 工数 (22%) ─ 発注内容確定 ─ C 75 工数 (25%) / D 12 工数 (4%) / E 120 工数 (40%)	4/17
ガントチャート	0-1: A、1-3: B、3-5+: C、1-5+: E（以下省略）　⇒ クリティカルパス：CP	4/17

プロセス設計事例説明文

●活動のストーリー

２．現状業務内容の機能把握
　ガントチャートを元に改善の手がかりをみつけていく IE 的な方法も考えられますが、5 日を 3 日にするということで目標値が厳しいので、今回は現状否定型の VE の機能分析を用いて抜本的な改善を目指します。
　1）先に作成した WBS (1.-1)) の 3 次または 4 次レベルの業務に対して順次機能を明確にします。
　2）定義された機能を基にして発注業務の機能系統図を作成します。機能系統図には機能分野を設定します。

活動手順	活動内容
２．現状業務内容の機能把握	１）機能を定義する 現状行っている業務を基に機能を把握する
	２）機能を整理する 定義された機能を目的－手段の関係で整理する。

用いる手法	アウトプットイメージ			納期・期間
				3/8
機能分析				4/18

構成要素	機能 名詞／動詞		制約条件
業務A	適正な業社を	選定する	
業務B	〜を	〜する	3日以内
業務C	〜を	〜する	

(以下省略)

機能系統図　　　　　　　　　　　　　　　　　　　　　　　　　　4/18

機能分野A
必要な物品を入手する ― 〜を〜する

機能分野B

(以下省略)

3章　問題解決デザイン技術を実践する

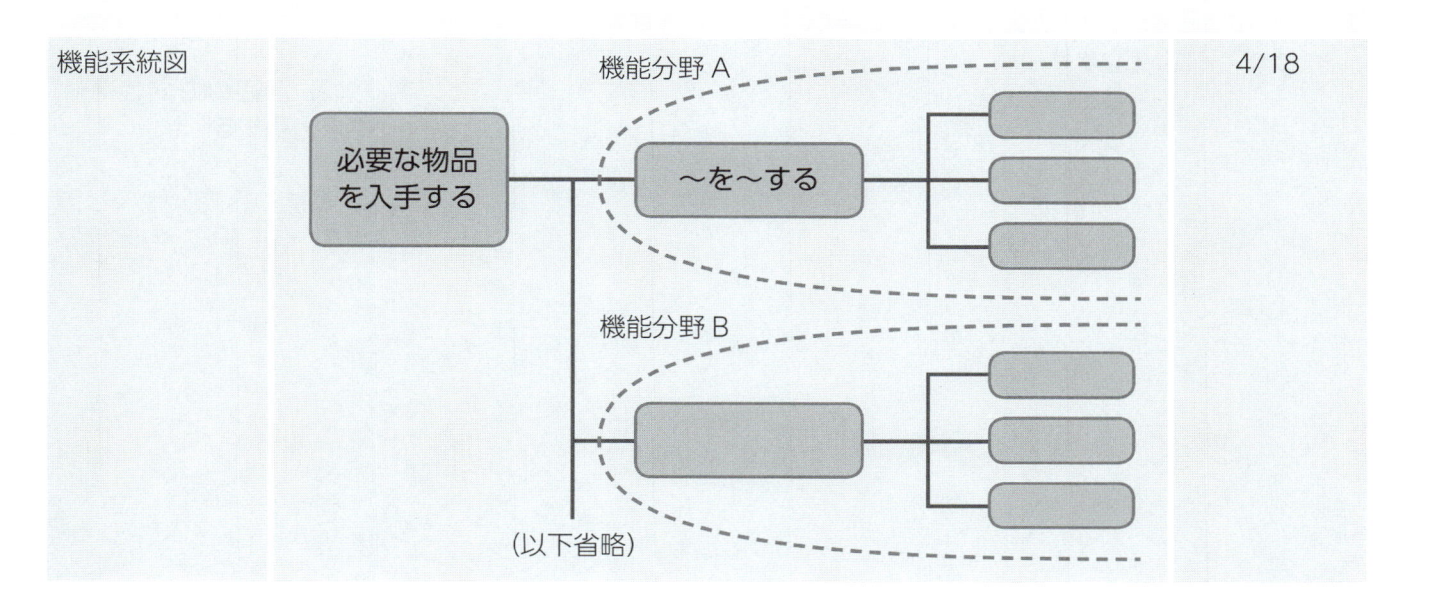

プロセス設計事例説明文

●活動のストーリー

3．機能の価値の把握
　機能系統図から明確になった機能分野に対して検討の優先順位を決めます。そのために現状工数と目標工数を比較し価値を求め、CPを考慮して取り上げる優先順位を決めます。
　1）先に把握してある業務ごとの工数を機能分野に配賦します。このとき貢献度による配賦計算を行います。またCPがどの機能と係わりがあるかを明確にしておきます。
　2）念のため機能に対する性能や品質面からの要求とコスト（工数）面からの要求があるかどうかを確認しておきます。性能や品質面については現状と同等レベル、コスト面については短縮の方向があることを確認しました。なお、用いる手法には特に名称がないために記述していません。

活動手順	活動内容
3.機能の価値の把握	1）機能別にコストを把握する 業務ごとの工数をから機能にかかわっている工数を把握（配賦）する。
	2）評価の方向性を確認する 機能の達成レベルと工数（コスト）の低減の方向性を確認する

用いる手法	アウトプットイメージ					納期・期間
						4/8
貢献度による配賦	構成要素	CP	コスト/工数	～を～する	～を～する	～を～する	4/18
	A	○	24		10	14	
	B		67	67			
	C		75	50	25		

(以下省略)

機　能	性能向上	コスト低減	納期・期間
			4/18
～を～する	→	↓	
～を～する	→	↓	
～を～する	→	↓	

プロセス設計事例説明文

●活動のストーリー

3．機能の価値の把握
3) 目標工数の 250 工数を各機能分野に対して DARE 法を用いて配賦します。
4)、5) 現状の工数と目標の工数を比較し、差が大きいもので、CP と関連があるものから優先的に取り上げるように機能分野に対して優先順位をつけます。

☆マイルストーンの設定
　ここで、結果を上司に報告し方向性に問題がないか（これまでの活動結果および取り上げる機能分野の優先順位）を確認するマイルストーンを設定します。

活動手順	活動内容
	3) 機能を評価する 目標工数を機能に配分する
	4) 機能ごとに価値の程度を把握する 5) 改善着手機能を決める 価値の程度（F/C）やコスト低減余地（C-F）などから改善着手機能を決める
3)-⑤-d マイルストーンを設定する	

用いる手法	アウトプットイメージ	納期・期間
DARE法	機能 / Ri / Ki / Wi / 配分 / 修正 / 仮評価 のテーブル（下記参照）	4/18
		4/18

機能	Ri	Ki	Wi	配分	修正	仮評価
～を～する	1.0/2.0	1.0	0.4	100	-20	80
～を～する	1.0/0.5	0.5	0.2	50	+10	60
～を～する	1.0	1.0	0.4	100	+10	110
合計		2.5	1.0	250	0	250

機能	仮評価	F	C	F/C	C-F	順位
～を～する	80	80	120	0.67	40	1
～を～する	60	60	100	0.6	40	2
～を～する	110	110	180	0.61	70	3
合計	250	250	400		150	

プロセス設計事例説明文

●活動のストーリー

4．改善案作成

　最初から良い改善案を狙うのではなく、創造性を発揮し数多くのアイデアを発想した後、可能性のあるアイデアから順次、実施できるように育てていきます。

1) 機能分野の優先順位にしたがって、創造技法も活用しながらアイデアを発想します。通常は機能分野の最上位の機能◯にたいして行いますが、場合によって順次レベルを下げて◯アイデアを発想します。

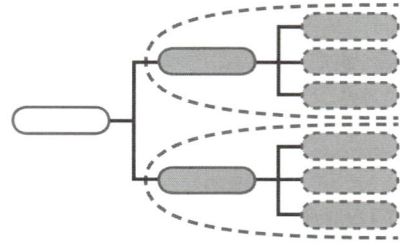

2) アイデアは通常たくさん出るので、以後の検討のために粗ぶるいを行います。粗ぶるいは実現性、製造、品質などの技術面、経済面に分けて行い、最終的に今後の検討があるかどうか採否を判断します。

　ここで、結果を上司に報告し方向性に問題がないか（改善案がおぼろげにみえてくる）を確認するマイルストーンを設定します。

3) 採否で残ったアイデア（採用されたアイデア）をもとに少し具体化します。
4) 具体化したアイデアについて実施上の問題点である欠点とすぐれている点の利点を検討します。
5) 欠点を克服する方法（欠点克服アイデア）を検討します。
6) 欠点克服アイデアで欠点が克服できるかどうかを検討し、評価します。

活動手順	活動内容
4．改善案作成	1) アイデア発想 分析段階で決定したアイデア発想観点ごとにアイデアを発想する。 2) 概略評価 発想したアイデアを技術性、経済性（効果性）で評価し、具体化するアイデアを決める。
	3) アイデアの具体化 具体化の優先順位に従いアイデアを具体化する。 4) 利点・欠点分析 具体化したアイデアを実施することを想定して、利点と欠点を列挙する。 5) 欠点克服アイデアの発想 欠点1項目ごとに欠点克服のアイデア発想や情報収集を実施する。 6) 欠点克服アイデアの評価 欠点克服アイデアが欠点を克服できるかを◯、×、△で評価する。

3)-⑤-d マイルストーンを設定する

用いる手法	アウトプットイメージ							納期・期間
								6/8
ブレインストーミング								4/19
	NO.	アイデア	概略評価			優先順位		4/19
			技術	経済	採否			
	1	…………	○	○	○	1		
	2	…………	○	×	×			
	3	…………	○	○	○			
	(以下省略)							
利点欠点分析								4/20
	NO.	具体化したアイデア	利点	欠点	欠点克服アイデア	評価		
	1		1.………	1.………	1-1.………	○		
					1-2.………	×		
			2.………	2.………	2-1.………	○		
					2-2.………	○		4/20
				3.………	3-1.………	○		
	(以下省略)							
								4/20

プロセス設計事例説明文

●活動のストーリー

4．改善案作成
　このあたりから改善案の内容によって進め方は変わる可能性があります。たとえば帳票が変わるようなアイデア、手続きが変わるアイデア、使うツールが変わるアイデアなどによって進め方は違います。今回は代表的なケースで進めています。

7）具体案に欠点克服アイデアを盛り込んでやることで、欠点がなくなってきます。欠点がなくなるように先ほど作成した具体化したアイデアを修正します。

　　具体化したアイデア ＋ 欠点克服アイデア ＝ より具体化したアイデア

8）機能分野別に優先順位をつけて検討してきました。すばらしい案が出来上がってきているはずです。しかし、全体を考えたときにそれぞれの案に矛盾が生じる可能性があります。また現状に組み込むことができない可能性があります。その問題が起きないように機能分野別具体案を組み合わせて全体案を作成します。

活動手順	活動内容
	7）具体案の修正 前に作成した具体案に、欠点を克服できることが確認できた欠点克服アイデアを加えて新しい具体案を修正・作成する。
	8）具体案の総合化 観点別に作成した具体案を組み合わせて解決案の全体像を明らかにする。

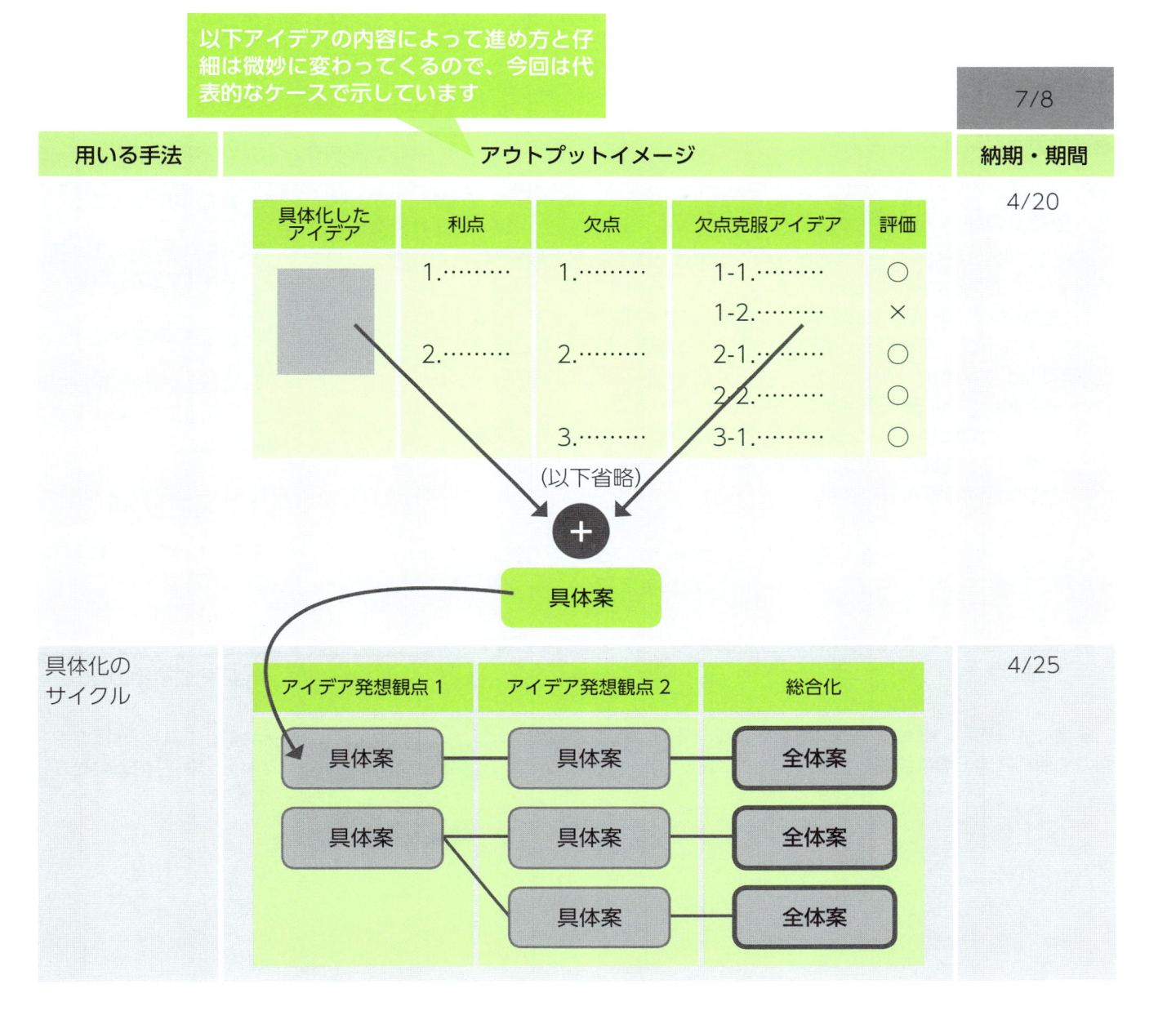

用いる手法	アウトプットイメージ					納期・期間
	以下アイデアの内容によって進め方と仔細は微妙に変わってくるので、今回は代表的なケースで示しています					4/20
	具体化したアイデア	利点	欠点	欠点克服アイデア	評価	
		1.………	1.………	1-1.………	○	
				1-2.………	×	
		2.………	2.………	2-1.………	○	
				2-2.………	○	
			3.………	3-1.………	○	
	(以下省略) → ＋ → 具体案					
具体化のサイクル	アイデア発想観点1		アイデア発想観点2		総合化	4/25
	具体案 — 具体案 — 全体案					
	具体案 — 具体案 — 全体案					
	具体案 — 全体案					

プロセス設計事例説明文

●活動のストーリー

５．改善案の評価・決定
　実施上の問題が無いように検討を進めてきましたが、ここで最終的な判断を行い、最終成果物に仕上げます。
　1) 全体案を評価するための評価項目を決めます。実現性、製造、品質などの技術面、経済面そして期待されている成果（目標）などが評価項目となります。
　2) 評価項目ごとに評価基準を決めます。
　3) 全体案を評価基準に照らし合わせて評価を行い、実施しても問題がないことを確認します。複数の案が存在する場合には評価結果から実施する案を決めます。

　ここで、結果を上司に報告し方向性に問題がないか（改善案と評価結果がみえてる）を確認するマイルストーンを設定します。

　4) 採用となった案をベースにして最終成果物としての業務手順書を作成します。

　最後に活動内容、活動手順の負荷を検討し、活動の納期を明確にし右側の納期・期間の欄に設定します。

活動手順	活動内容
5. 改善案の 評価・決定	1) 評価項目を決める 代替案の評価に適した評価項目を設定する 2) 評価基準を決める 代替案の評価に適した評価項目に対する評価基準を設定する 3) 代替案の評価 成果を比較し、実施する改善案を決める 3)-⑤-d マイルストーンを設定する 4) 最終成果物の作成 目標記述書に記載されている最終成果物を作成する

用いる手法	アウトプットイメージ	納期・期間
		8/8
	<table><tr><th>評価項目</th><th colspan="2">内容</th><th>A案</th><th>B案</th></tr><tr><td rowspan="7">目標の達成</td><td>期間 基準：3日</td><td>現在の期間</td><td>5</td><td>5</td></tr><tr><td></td><td>代替案の期間</td><td>3</td><td>4</td></tr><tr><td></td><td>成果</td><td>2</td><td>1</td></tr><tr><td>工数 基準：400</td><td>現在の工数</td><td>400</td><td>400</td></tr><tr><td></td><td>代替案の工数</td><td>240</td><td>350</td></tr><tr><td></td><td>成果</td><td>160</td><td>50</td></tr><tr><td></td><td>（以下省略）</td><td></td><td></td></tr><tr><td>優先順位</td><td></td><td>1位</td><td>2位</td></tr></table>	5/1 5/1
	業務手順書 業務フロー	5/15

3章　問題解決デザイン技術を実践する

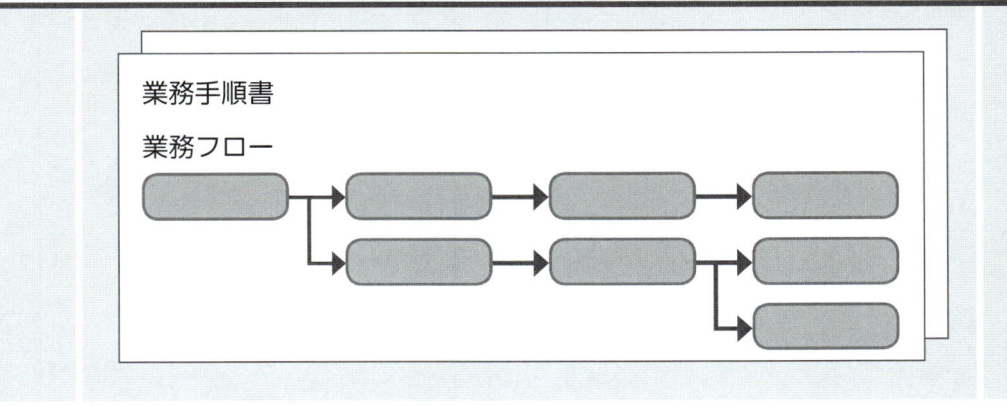

4章 問題解決のデザイン技術の適用事例

この章では、問題解決デザイン技術適用事例の紹介を行います。
　全ての事例をお読みいただく必要はありません。ご興味の湧く分野についてお読みいただくと良いだろうと思います。

事例1） 製品企画での事例
　　　　　デジタルカメラの製品企画

事例2） 製品開発／改良での事例
　　　　　「修正テープ」の新製品開発／
　　　　　「エアフィルター」（既存製品）の改良

事例3） 工程設計での事例
　　　　　レイアウトの設計

事例4） 情報システムでの事例
　　　　　顧客満足の向上に資するVOC管理システムの設計

事 例 製品開発／改良での事例

1 製品企画

　新製品が失敗する原因の40％は製品コンセプトのまずさにある※1と言われています。継続的に新製品を開発し市場に投入する製造業にとっては、"良い製品コンセプト"をつくることは重要な企業課題の1つです。

　製品企画は、中・長期の経営計画や技術／製品の開発を計画したロードマップ等の企業戦略に基づいて、顧客に受け入れられ利益が確保できる製品のコンセプトをつくることが目的です。製品企画は、プロダクト・マネジャーが中心になって、製品コンセプト、グレード（等級）、生産量、設備投資計画、開発予算などが決められ、製品企画書（製品構想書）にまとめられます。

　しかし、製品企画という活動には大まかな流れはあるものの、個々の検討を行うための具体的な実行プロセスは明確でない場合があり、試行錯誤的に進められることも少なくありません※2。そのため、しっかりとした議論が行われないまま企画を進めてしまい、検討の手戻りが発生し、大幅に検討時間がかかり、その結果開発スピードが低下してしまうこともあります。

　製品企画に参加するメンバーは、企画部門、営業部門、開発・設計部門、品質評価部門、製造部門などの多岐に渡る場合があるため、部門間の調整や合意形成を効率的に行えるよう、「製品企画を実行するプロセス」を設計しておくアプローチが特に有効です。ここでは、製品企画に問題解決のデザイン技術を適用した例をご紹介しましょう。

※1） Len Rogers.1990."Pricing for profit". Basil Blackwell.より
※2） 産業能率大学の調査（P041）に基づく

(1) 製品企画における課題の明確化

製品企画活動を始める前に、対象とする製品企画の課題を明確にしておくことが重要です。これは、プロセス設計を実施する上で、課題を取り上げた理由や、期待される成果、活動メンバー等を明確にすることで、製品企画活動に取り組みやすい状態をつくるねらいがあります。

①製品企画実施の背景・理由

これまでの自社・他社製品に関する分析や、需要動向・技術動向など、この製品が開発されることになった理由を簡潔に記述します。たとえば、競合による製品投入や、売れ筋製品の変化など、この製品企画を行ううえで知っておくべき情報を明らかにします。

②期待される成果

新製品企画においては、定量目標と定性目標の双方を大切にします。定量情報という面では、企画する製品の達成目標を具体的な数字で明らかにします。たとえば、市場ごとの販売台数、売上高や利益額などの情報を記述します。これらは、推定して求めることになりますが、根拠のある数字でなければなりません。

一方、定性目標は「新商品分野の開拓」「新市場の開拓」「製品ラインの拡充」などの新製品に託された戦略的意味をしっかり表現する必要があります。

③活動メンバー

参加するメンバーは製品企画を主導する製品企画部門や、研究・開発部門、設計部門などからメンバーが選ばれます。製品企画にはマーケティング的な要素が重要なタイプや、技術的な要素が重要なタイプ、その中間のタイプ等があり、それらに応じて必要なメンバーを選びます。大規模な製品の場合は主査やプロダクト・マネジャーといった名称の製品全体を統括する責任者を設けることがあります。

上記の内容は、課題記述書に記載します。次ページの図表1はデジタルカメラの製品企画における課題記述書の例です。

図表1 「デジタルカメラの製品企画」の課題記述書《例》

課題記述書

課題名	作成年月日	20××年9月1日
「デジタルカメラ」の製品企画	所属	DC企画室
	氏名	田中 一郎
取上げた理由	昨今、新方式の通信セキュリティを導入した新製品の市場が成長している。我が社もこの市場への参入を決定したが、市場ではX社がこの製品について先行しており、後発で参入し収益を確実に得るために、X社と同等の機能を実現するとともに、低価格で高収益を実現する大幅な原価低減の目標値（原価率＊＊％）が掲げられている。原価率＊＊％を実現するためには従来と異なる発想で根本から製品の構造を見直す必要があり、製品企画の段階において、通常よりも開発設計部門と製造部門の連携を強化した体制が求められている。	
①期待される成果	〈目標販売台数〉 ＊＊千台/年 〈目標原価率〉 ＊＊％ 新商品分野への参入とシェア拡大	
②成果物	製品企画書	
③活動の前提 (前提となる情報、資源、予算や時間・工数（納期）など)	20××年3月 製品企画完了　　20××年9月 量産試作移行審議 20××年4月 設計移行審議　　20××年12月上旬　発売 20××年6月 詳細設計移行審議	
(活動形態) ①．通常業務 2．プロジェクト活動 3．委員会方式 4．コーディネータ方式	(主な活動メンバー) ・Aさん　Bさん（マーケティング室） ・田中 一郎（DC企画室） ・Dさん（M1設計室）　　・Eさん（E3開発室） ・Fさん（PM)(E3開発室）・Gさん（S2開発室） ・Hさん　Iさん（製品技術部）・Jさん（設計管理部） ・Kさん（生産技術部）・Lさん（第2調達課）・Mさん（品質保証課）	

(2) 製品企画のステップ

製品企画の進め方は、対象とする製品の種類や企業の業種・業態によって異なりますが、ここでは最も一般的な次の5つのステップで製品企画を進める場合を想定します。

〈製品企画のステップ〉
ステップ1　製品企画活動の準備
ステップ2　事業課題・顧客ニーズの把握と分析
ステップ3　コンセプトのアイデア出しと具体化
ステップ4　採算性の評価
ステップ5　製品企画書の作成

ステップ1　製品企画活動の準備

製品企画活動を開始する前に、製品企画活動を行う背景や、前提条件を確認します。これは、製品の背景やねらいについてメンバーで認識をあわせ、活動を効率的に進めるために不可欠な行為です。製品企画はプロジェクトで行うことが少なくありませんが、参加メンバーが初めて顔を合わす場合には、このような準備が有効です。また、事前に参加するメンバーの経験や能力も明らかにしておきます。

①前提条件の確認

対象の製品に関する、経営目標・経営戦略や、関連する自社の資源・技術・市場、また経営上の課題について明らかにしておくべき前提条件を事前に確認します。

デジタルカメラの事例では、「新方式の通信セキュリティ」という新機能を搭載するため、関連する情報として、市場ロードマップに加え、製品や技術のロードマップの資料を用意し、新機能の技術的要件や自社の技術力等の前提条件を明らかにします。また、中期経営計画や事業計画等の資料から、目標とする販売台数や価格等の新製品におけるさまざまな制約を明らかにしておきます。これは最終的に採算性を判断する上で必要となる情報です。

前提条件は、戦略や状況によって異なりますが、特に現行製品の派生製品（マイナーチェンジ）か、新規開発製品（フルモデルチェンジ）かによって、開発の期間や関わる人数等の制約は大きく異なります。

②メンバーのスキル調査

参加メンバーがどの程度の経験やスキルを保有しているのかを定量的に把握しておきます。これは、メンバーが必要な能力を有して

いるかどうかの判断を、いつでもすぐにできるようにするためです。たとえば、新機能のアイデア出し等で、必要な知識・経験を持ったメンバーがいない場合は、他からの協力をあおぐ必要があります。スキル調査をしておくと、このような判断をしやすくなります。

具体的な手法には、専門技術や項目ごとにメンバーの業務経験やスキルを一覧化する「スキルズインベントリー」という手法があります。

ステップ2　事業課題・顧客ニーズの把握と分析

ステップ2では製品を取り巻く事業の分析と顧客の分析を通じて、外部環境を明らかにします。

①事業環境の調査分析

事業環境の分析には、市場・他社・技術の3つの分析があります。

市場調査の情報源には製品カタログや、製品展示会などの情報、官庁・団体による調査報告書、調査機関の報告書などの一般公開情報のほかに、専門家、取引先、業界団体などへのヒアリングや調査依頼などによる情報があります。

他社情報は、官庁や調査機関等による調査報告書や、統計・年報、有価証券報告書や、製品カタログ、会社案内、展示会、特許広報などの一般公開情報のほかに、調査機関への依頼による取得があります。

技術情報は、専門家、取引先などへのヒアリング、他社製品を分解して、構造別、機能別に自社と優劣を比較する、ティアダウンによる情報があります。

これらの情報は、3C分析、SWOT分析などのフレームで整理し、重点的に検討する項目を洗い出します。

②顧客ニーズの調査分析

製品は顧客の顕在ニーズ・潜在ニーズを満たす手段であるため、それらを把握するための拠り所となる調査は欠かせません。顧客ニーズの調査方法は、製品の課題に応じて決める必要があります。デジタルカメラの例では、「新機能を追加して競合と同等の機能を維持しつつ、より低価格で販売する」ことが課題であるため、特に顧客の要求する潜在的な新機能を把握することと、製品の価格に関する調査が重要になります。

製品の調査方法には、インタビューによる方法、アンケートによる方法、行動観察によ

る方法等があります。

インタビューによる方法は、社員やユーザーへインタビューする方法があります。社員へのインタビューは、研究・開発・営業・製造などの経験豊富な有識者に現在の製品についての利点、欠点、問題点等について、時間を取って聞き取りができ、他社への情報漏洩の懸念が少ないメリットがありますが、得られる情報にはある程度限界があります。

アンケートによる方法は、時間や場所の制約がなく、低コストで大量のデータが得られるメリットがありますが、個別のユーザーに対応した聞き方ができないため、ある程度調査内容が限定的になるデメリットがあります。

行動観察による方法は、ユーザーが製品を使用している状況を観察し、製品の不具合や、当たり前不便などの潜在ニーズを発見する方法です。その他にも、記録しているクレーム情報や、顧客からの問い合わせ情報等を用いる方法もあります。

ステップ3　コンセプトのアイデア出しと具体化

ステップ2の調査結果を踏まえて、製品を通じて実現する顧客のベネフィット（便益）を明確に表現した製品コンセプトを構築し、具体化するためのアイデアを出します。アイデアは段階的に絞り込んで具体化し、設計案を数値で表した設計特性値（スペック）に落とし込みます。

①顧客要求のシナリオ化

ステップ2の調査から得られた事業環境や顧客ニーズから、製品のコンセプトを定義します。製品コンセプトは、顧客が製品を利用しベネフィットを得る一連のシナリオを描いた上で、ターゲット（顧客層）、ベネフィット、主な機能の内容を2〜3行の簡潔な文章で記述します。これは、顧客への訴求点を明確にすることがねらいですが、製品企画以後の開発・設計・製造・販売のそれぞれの段階でも、関与する社員が製品の思想を共有できるということが特に重要です。顧客要求のシナリオ化を支援する方法には、シナリオライティングという方法があります。

②設計機能・性能のアイデア出しと特性値への収束

製品コンセプトに記述するベネフィットの提供を実現するために、実現手段のアイデアを出して設計案をつくります。アイデアを具体化する方法は目的に応じてさまざまありま

すが、代表的な方法としてQFDがあげられます。このQFDには目的に応じたさまざまな使い方があります。

たとえば、デジタルカメラの例では、目標原価率達成のため大幅なコストダウンが求められますが、そのためには根本的な設計方式の変更が必要になるため、QFDの品質表から品質機能展開を実施して、さらに機能系統図を用いてVEに展開するのが効果的です。これにより、顧客要求のレベルを維持しながらも、コストダウンを実現する新しい設計方式について、アイデアを出しやすくします。

既存の製品を改良する製品企画では、出てくるアイデアの多くは既知のものや実現性や効果に難があることが多いため、アイデアの数を求めて質を高めることが重要です。ここでたくさんのアイデアを出すためには、創造技法を用いることが有効です。特に、製品企画におけるアイデア出しには、自由連想によるブレインストーミングやTRIZの技術システムの進化のパターンを用いた強制連想が有効です。

このようにして段階的に、製品コンセプトを具体的な設計特性値（スペック）に落とし込みます。

ステップ4　採算性の評価

製品コンセプトがある程度数値化されたら、概略の採算性を求めます。目標販売価格、目標販売量と設計特性値から予測した原価情報を用いて、利益がどれほど得られるかを確認します。目標となる利益が得られない場合は、再度ステップ3に戻り、製品コンセプト・設計特性値の見直しを行います。

デジタルカメラの例では、特に価格が優先されるため、コストに影響する生産方式や、生産地、材料などの変更によるコストダウンの可能性について、この段階でシミュレーションしておくことが重要になります。これらの要因を決定するにはさまざまな調整が必要なため、設計段階に入って図面が完成してからでは、大幅な変更ができなくなるからです。

この段階でコストを算出する方法には、製品スペックから重回帰分析などの統計的手法を用いて概略で算出する方法があります。

これらの情報は、製品のライフサイクルを想定した投資採算性のシミュレーションを行い、利益の出せる目標売価、目標販売量、目標原価、製品スペックになるまで検討を繰り返します。

ステップ5　製品企画書の作成

　ステップ4までに実施した内容を、製品企画書としてまとめます。

　製品の目標値（販売量、価格、利益）、方針、市場調査の結果、製品コンセプト、ターゲット、製品構想案（ラフスケッチ）、スケジュール等の情報を整理して記述し、開発・設計段階への移行審議に必要な書類としてまとめます。

　製品企画は試行錯誤的な活動であり、必ずしもステップ1～4を一度検討すれば終わるとは限りません。そのため、製品企画段階において、機能・性能・品質を維持し、実行のスピードを落とさないためには、このようなステップの節目で状況をレビューしていく体制が欠かせません。

> **コンサルタントの眼**
>
> 　問題解決デザインを効果的に行うには、各手法の「やり方」「見方」「使い方」に熟達することが大切です。たとえば時間研究の場合、観測用紙をどのように記入するのかが「やり方」、平均値やバラツキに注目するなどが「見方」、そしてどのような場面で時間研究を行うのが良いかが「使い方」です。これらの観点が身についてくると、問題解決デザインが一層的確に、そしてスムーズになります。

プロセス設計シート
課題名:「デジタルカメラ」の製品企画

(現状否定型)　現状肯定型

活動手順	活動内容	用いる手法	
1．製品企画活動の準備	1．前提条件を確認する資数の入手		
	2．メンバーの調査 メンバーの経験・スキル・投入可能工数を把握し、能力の過不足を検討する	スキルズインベントリー	

	作成年月日	20**年10月1日	
	所属	DC企画室	1/5
	氏名	田中 一郎	

アウトプットイメージ	納期・期間
・満足度調査結果の集計表 ・中期経営計画、製品ロードマップ、技術ロードマップ、現行製品の製品企画書・設計仕様書、構成部品表、部品原価表、現行製品の顧客満足度調査資料等	10/1～6
・スキル項目と経験年数をリスト化 メンバーの業務経験（年） 	業務	事業企画	マーケティング	機械設計	電気設計	……
---	---	---	---	---	---
Aさん	5	7			
Bさん			8		
Cさん				12	
Dさん					
……					
合計							10/7～10

4章 問題解決のデザイン技術の適用事例　　083

活動手順	活動内容	用いる手法	
2．事業課題・顧客ニーズの把握と分析	1．事業環境の調査分析	3C 分析	

アウトプットイメージ	納期・期間
・製品を通じて顧客へ提供する価値と、他社比較による製品の機能・性能・品質の優位性およびコスト優位性を明らかにする。	10/1〜30

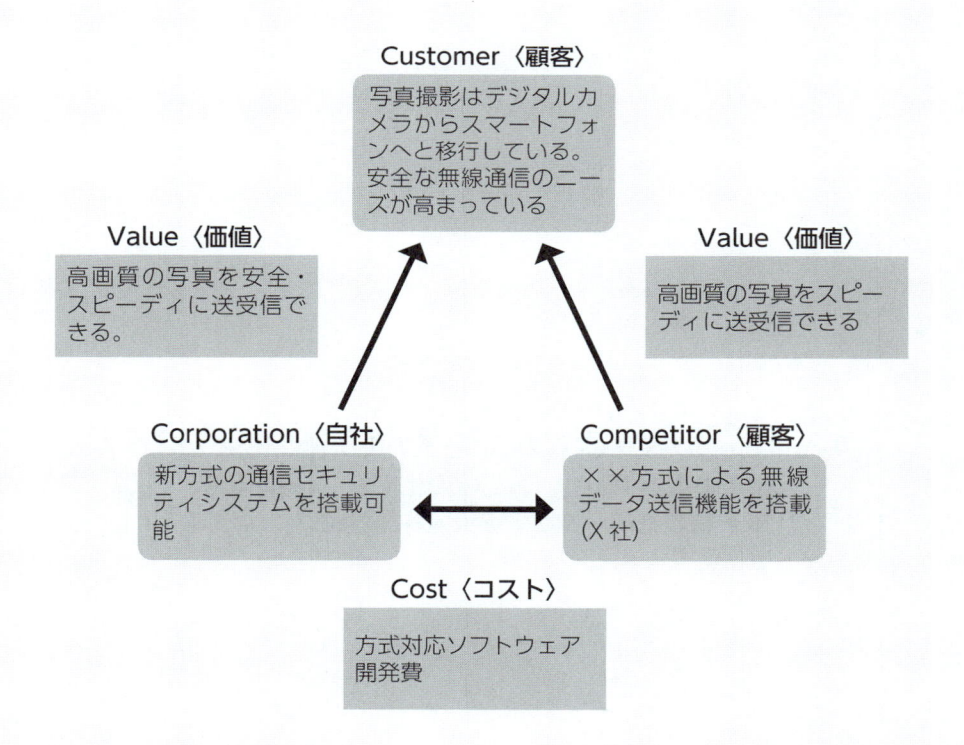

Customer〈顧客〉
写真撮影はデジタルカメラからスマートフォンへと移行している。安全な無線通信のニーズが高まっている

Value〈価値〉
高画質の写真を安全・スピーディに送受信できる。

Value〈価値〉
高画質の写真をスピーディに送受信できる

Corporation〈自社〉
新方式の通信セキュリティシステムを搭載可能

Competitor〈顧客〉
××方式による無線データ送信機能を搭載（X社）

Cost〈コスト〉
方式対応ソフトウェア開発費

活動手順	活動内容	用いる手法	
	2．顧客ニーズの調査分析	コンジョイント分析	
	3．価格調査（顧客の値ごろ感調査）価格の需要弾力性（価格の変化に対する購入確率・シェア変化の程度）を把握する	PSM／二点見積法（購入確率モデル）	

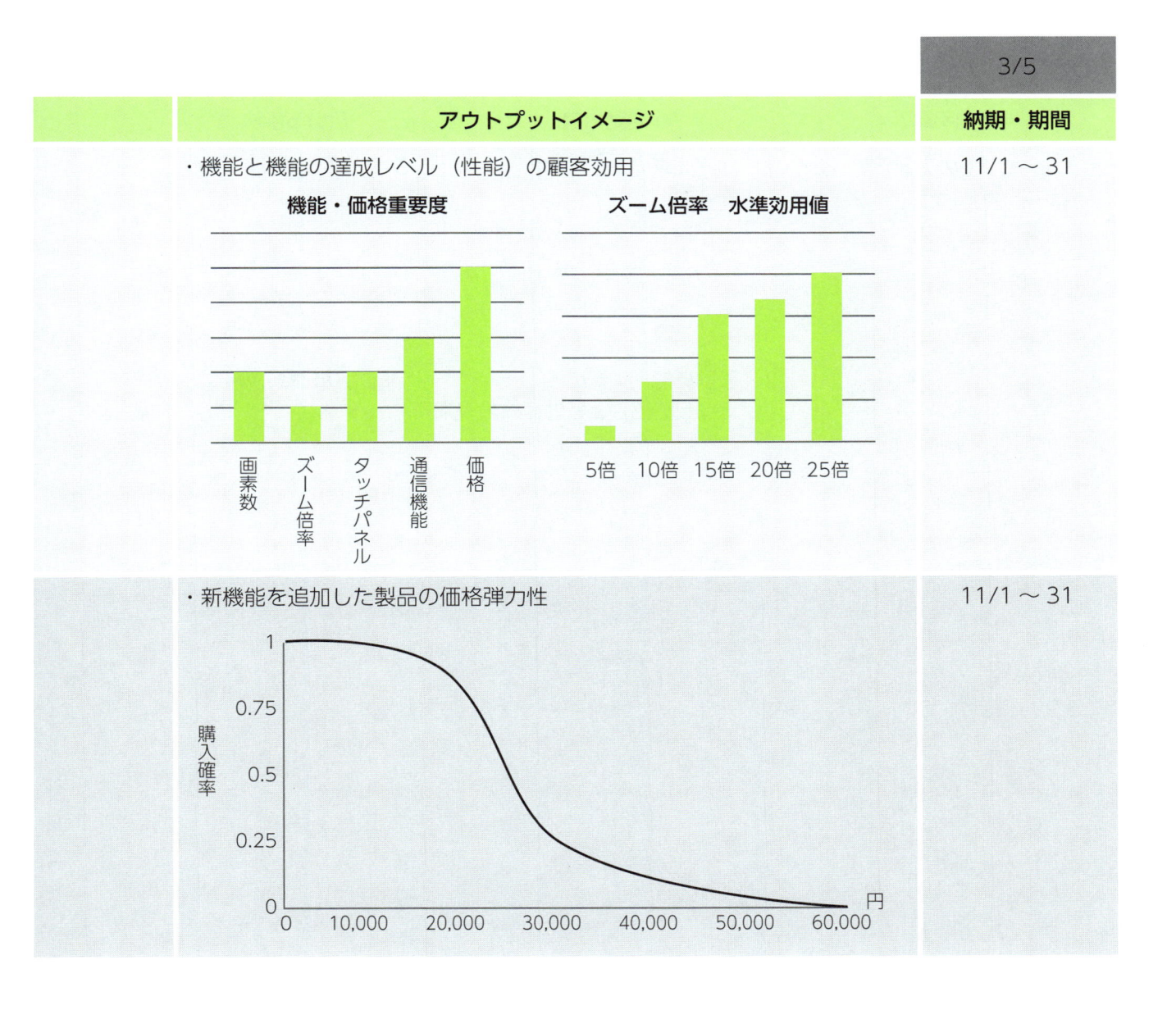

アウトプットイメージ	納期・期間
・機能と機能の達成レベル（性能）の顧客効用 機能・価格重要度（画素数／ズーム倍率／タッチパネル／通信機能／価格） ズーム倍率　水準効用値（5倍／10倍／15倍／20倍／25倍）	11/1～31
・新機能を追加した製品の価格弾力性 （購入確率 対 円：0～60,000）	11/1～31

活動手順	活動内容	用いる手法	
3．コンセプトのアイデア出しと具体化	1．顧客要求のシナリオ化	シナリオライティング	
	2．設計機能・性能のアイデア出しと特性値への収束	QFD／機能系統図	

	アウトプットイメージ	納期・期間
	・顧客に提供するベネフィット（便益）を文章で記述し、顧客要求をシナリオにする	12/1 〜 12/18
	・品質表 新機能の要求品質と品質特性の関係を明らかにする	12/19 〜 1/31

品質表:

要求品質展開表			品質要素展開表			構造的要素						…	能力的要素
			一次			寸法			重量		形状		…
			二次										
一次	二次	三次	三次			高さ	長さ	幅	本体	付属品	外観形状	モニター面積	
…													
旅行時の使いやすさ	携帯のしやすさ	移動時にかさばらない				○	◎	○			△		
		移動時に重くない				△	△	△	◎	○			
		カバンへの収納が容易					○				◎		
		…					○						
	使用・便宜性	撮影時の持ちやすさ				◎	△	○	○		◎		
		…											
	…												
丈夫で長持ちする	…												

活動手順	活動内容	用いる手法
4．採算性の評価	1．採算性の試算とコンセプトの修正	シミュレーション
		投資採算性分析
5．製品企画書の作成	1．製品企画書の作成	製品企画書フォーマット

アウトプットイメージ	納期・期間
・コストシミュレーション （設計方式、製造方式、使用材料、生産地等） 〈コストテーブルを用いたコストシミュレーション〉 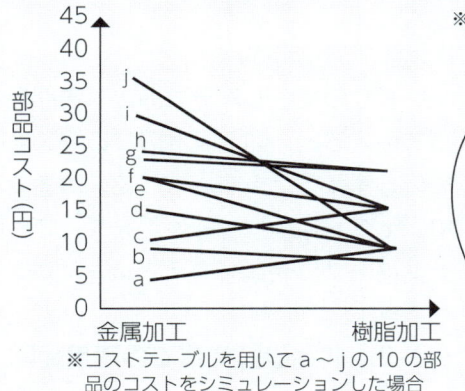 部品コスト（円）：j=35, i=30, h=25, g=22, f=20, e=18, d=15, c=10, b=8, a=5（金属加工→樹脂加工） ※部品ごとに詳細なコストを計算できない場合は、以下のように統計的手法を用いて、スペックから製品やユニットの概略コストを見積もることもあります。 ・統計的手法を用いた概略見積 $y1 = b0 + b1x1 + b2x2 + b3x3$ $y1 =$ 予測原価　　$b0 =$ 切片 $b1 =$ 液晶モニター（型）偏回帰係数 $b2 =$ 最大ズーム倍率（倍）偏回帰係数 $b3 =$ 手振れ補正機能（0,1）偏回帰係数 ※コストテーブルを用いて a〜j の10の部品のコストをシミュレーションした場合	2/1 〜 2/25
製品別原価計算に基づく収益シナリオ作成 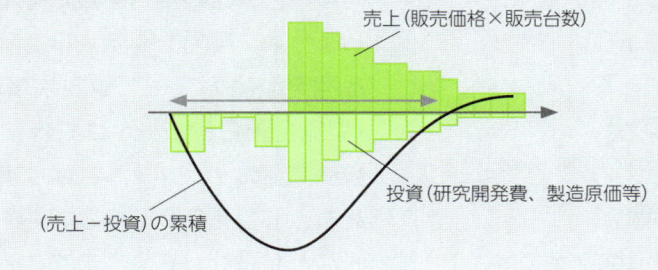 売上（販売価格×販売台数） 投資（研究開発費、製造原価等） （売上－投資）の累積	2/1 〜 2/25
製品企画書の作成	2/26 〜 31

事例 2 | 製品開発／改良での事例
「修正テープ」の新製品開発／「エアフィルター」（既存製品）の改良

　企業活動において、「製品開発／改良」とは開発設計の業務であり、顧客の満足を得られる製品やサービスを生み出すための企業の競争力の源泉となる業務です。

　そこで、顧客を満足させる価値の高い製品やサービスを開発するために、開発設計の効果的・効率的なプロセスを組み上げて行くというアプローチが有効です。ここでは、"価値ある製品やサービスを生み出す開発設計業務"の実現を目指して問題解決のデザイン学を適用する例を考えてみましょう。

（1）開発設計業務の現状

（1）-1. 開発設計の業務形態

　開発設計の業務形態には、第2章で紹介したように「通常業務型」「プロジェクト活動型」「委員会型」「コーディネーター型」の4種類があります。

　いずれの場合も対象製品、対象部品を軸として捉えると、開発設計のプロセスは同様のものと考えられます。そこで、本書では「プロジェクト活動型」の事例を通して、開発設計業務のプロセスを考えていきます。

（1）-2. 開発設計業務での適用範囲

　プロセス設計の手法を開発設計業務に適用する場合、どの業務範囲で考えれば良いのでしょうか。製品を開発する場合、企画部門から開発製品のニーズや要求事項が示された「製品企画書」が提示されます。これが開発設計業務のインプットとなります。その情報をもとに製品の必要な機能や条件、構造や意匠などを設計していきます。その設計の結果は「製品図面や製品仕様書」という形で作成され、これが開発設計業務のアウトプットと

なります。
　つまり、開発設計業務のプロセス設計を行うにあたっては、「製品企画書」をもとに「製品図面や製品仕様書」作成に至るまでのプロセスを範囲として設計するのです。

(1)-3. 開発設計業務での適用場面
　開発設計業務での適用場面を考えると、「新規製品の開発」と「既存製品の改良」という2つの適用場面があります。この適用場面によって開発設計のプロセスは異なるため、2つに分けて考えていきます。

(2) 新製品の開発場面への適用

(2)-1. 目標の明確化
① 問題・課題・目標を明確にする
　「製品企画書」により新規開発製品への要求事項を明確にします。主な項目としては以下のような項目があげられます。
　　・ターゲットとなる顧客
　　・使用される環境や場面
　　・製品の要求される機能、性能、耐久性
　　・目標価格
　　　など

② ゴールを明確にする
　ゴールを明確にするには、「成果」と「成果物」を明らかにする必要があります。
イ) 成果
　成果とは目標のことを指し、新製品開発においては、開発期間内に顧客に満足を与える製品を目標コスト内で作り上げることになります。
ロ) 成果物
　成果物とは目標を達成するためにその業務におけるアウトプットとなります。開発設計業務における新製品の開発においては、「製品図面」、「製品仕様書」、「意匠図」などが成果物となります。

③ 前提を明確にする
　前提には、インプットとなる「製品企画書」と、活動に使える資源（開発予算、開発期間、開発人員）になります。

(2)-2. メンバー選定
① 目標達成に必要な固有技術を確認する
　開発する新製品に求められる必要な固有技術を洗い出す必要があります。例として、意匠設計（デザイン）、機構設計、回路設計、電気設計などがあります。

② 活動形態を決める

　プロジェクト活動型として考えます。他の形態で進める場合も開発設計のプロセスは基本的に同様です。

③ メンバーを選定する

　必要な固有技術とプロジェクト活動型の活動形態から、前提条件の範囲内にてメンバーを選定します。

④ メンバーの保有する固有技術を確認する

　選定したメンバーの保有技術と必要な固有技術がマッチするか確認します。

(2)-3. 製品開発におけるプロセス設計の必要性

　近年、消費者ニーズの多様化により製品ライフサイクルの短命化、品種の多様化が進み、企業にとっては継続的に新製品を開発しなければならない競争環境にあります。そのような環境の中、製品開発に従事する担当者は、厳しい開発期間の中で、負荷の増す製品開発を進めなければなりません。既に触れたとおり、多くの企業では、開発設計の基本プロセスは定められているが、「方法論や適用する手法は個人によって違う」、「細かな設計の手順は個人任せ」というような状況が見受けられます。このような業務の進め方では、ライフサイクルの短命化に対応するスピーディーな製品開発はできません。

　つまり、個人の経験に基づいた開発設計業務からプロセス設計の考え方を取り入れた組織内で共通化できる開発設計を進めていくことが重要になります。

(2)-4. 開発期間短縮に対応する新製品のプロセス設計

　ライフサイクルが短命化し開発期間が短縮される商品は、大衆消費者向け商品の「消費財」が中心です。消費者のニーズを確実につかみ、それが変化する前にタイムリーに、他社に先駆けて新製品を市場に出すことが求められます。

　この節では、消費財の一例として文字を書き間違えたときに修正を可能にする「修正テープ」の新製品開発を題材としてプロセス設計の事例を紹介します。

図表1 「修正テープの製品開発」の課題記述書《例》

課題記述書

課題名	作成年月日	20××年3月24日
「修正テープ」の新製品開発	所属	第一開発部
	氏名	産能 次郎
取上げた理由	要求される開発期間の中で顧客のニーズを開拓するような新たな製品開発したい。	
①期待される成果	目標原価：新機能を盛り込み1個200円以下	
②成果物	修正テープの製品仕様書 意匠図	
③活動の前提 (前提となる情報、資源、予算や時間・工数（納期）など)	20××年6月30日までに成果物を完成	
(活動形態) 1. 通常業務 ②. プロジェクト活動 3. 委員会方式 4. コーディネータ方式	(主な活動メンバー) ・産能 次郎（第一開発部） ・等々力 次郎（機構設計部） ・目黒 花子（デザイン部）	

プロセス設計シート
課題名：「修正テープ」の新製品開発

(現状否定型) 現状肯定型

活動手順	活動内容	用いる手法	
1．要求機能の把握	1．製品企画書の内容把握 製品企画書の要求事項をマーケティングの視点で整理・把握する（市場ニーズを把握する）。	マーケティング（STP）	
	2．要求事項の整理 ターゲット・ポジショニングを意識し、要求事項や条件を文章として表し、使用者の使用場面を想定する。	要求事項シナリオ作成 マーケティング（STP）	
	3．要求機能の定義 要求事項シナリオの文章から機能を抜き出し、製品に必要な機能を定義する。また、制約となる条件も抽出する。	機能の定義	

	作成年月日	20××年3月24日	1/6
	所属	第一設計部	
	氏名	産能 次郎	

アウトプットイメージ	納期・期間
開発目的：新機能を盛り込んだ修正テープを開発する ターゲット顧客：学生、事務スタッフ 製品のポジショニング：高性能製品 要求機能：確実に消せすぐに修正できる 目標価格：200円／個以下	4/5
「要求事項シナリオ」 「修正テープ要求シナリオ」 提出期限の迫ったレポートを学生が徹夜で作成している。 あわてて作成しているため書き間違いが発生する。 そのようなとき、修正テープを取り出し間違えた部分を さっと消し、すぐに書き直せる……	4/10
「修正テープの機能の定義／制約条件」 〈機能の定義〉　　　　〈制約条件〉 修正を可能にする　　　紙と同色 文字を見えなくする 書き直し可能にする　　2秒以内	4/15

4章　問題解決のデザイン技術の適用事例　　097

活動手順	活動内容	用いる手法	
	4．要求機能の整理 定義した要求機能を「目的 - 手段」の相互関係により整理する。	機能系統図（系統図法）	
2．開発設計コスト目標の設定	1．機能分野の設定 作成した機能系統図から新規開発製品に必要となる機能（機能分野）を明確にする	機能系統図（系統図法）	

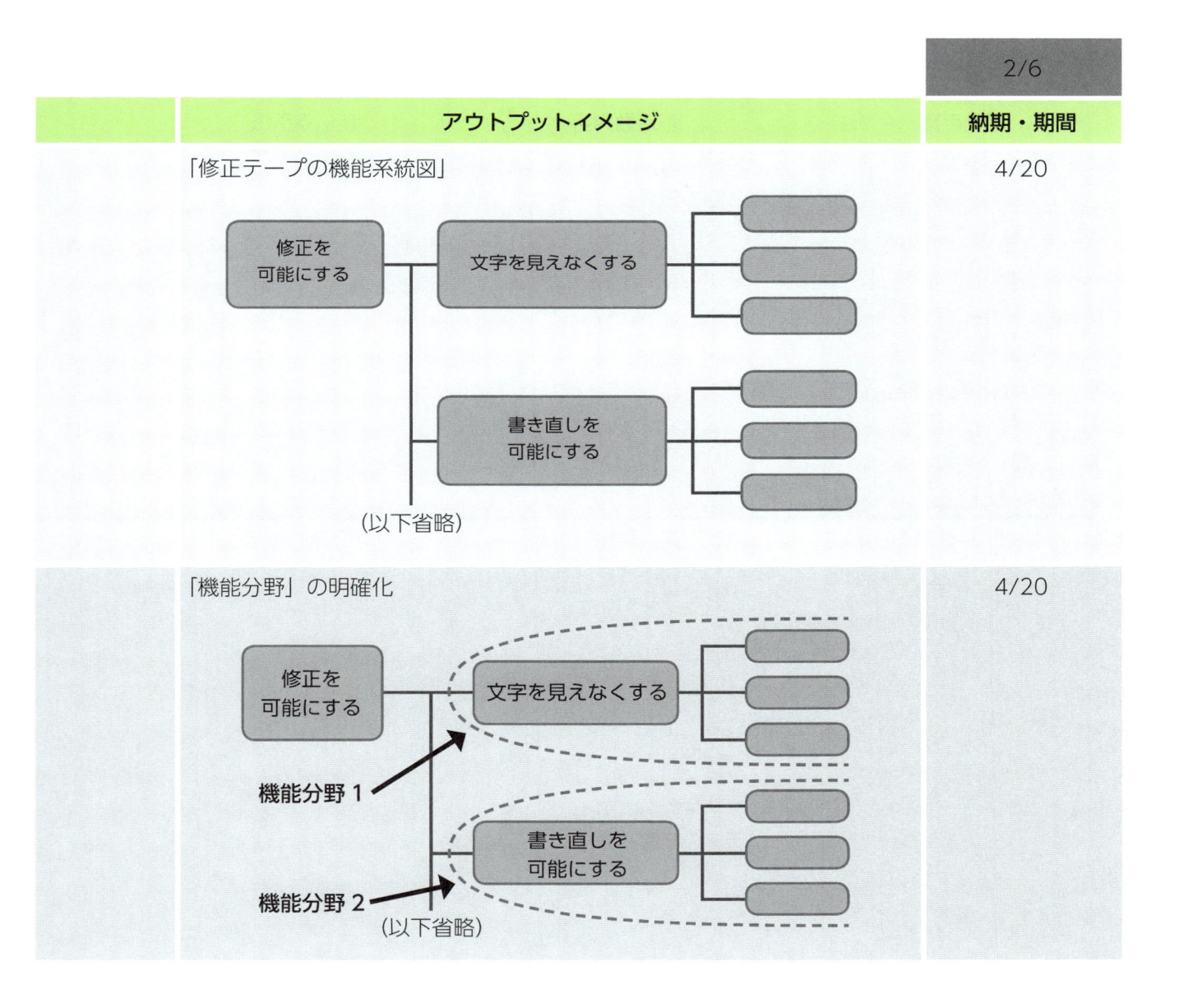

アウトプットイメージ	納期・期間
「修正テープの機能系統図」 修正を可能にする — 文字を見えなくする — (3項目) 　　　　　　　　　— 書き直しを可能にする — (3項目) （以下省略）	4/20
「機能分野」の明確化 修正を可能にする — 文字を見えなくする ← 機能分野1 　　　　　　　　　— 書き直しを可能にする ← 機能分野2 （以下省略）	4/20

活動手順	活動内容	用いる手法	
	2．機能分野別のコスト目標の設定 機能分野の重要度にもとずき目標コストを機能分野別のコスト目標として配賦する。	DARE 法	

マイルストーン

活動手順	活動内容	用いる手法	
3．基本構想アイデアの発想	1．アイデアの発想 要求される機能を達成するためのアイデアを発想する	アイデア発想技法	
	2．アイデアの略図化 アイデアの略図を作成し少し具体化する	略図法	

	アウトプットイメージ	納期・期間
		3/6

「機能分野別コスト目標の設定」 4/30

No.	機能分野	Ri		Ki	Wi	機能重要度による コスト目標	修正値	機能評価値 (コスト目標)
F1	文字を見えなくする	1.5		2.0	0.360	72.00		72.00
F2	書き直しを可能にする	1.0	1.1	1.3	0.240	48.00		48.00
F3	○○を××する		1.0	1.2	0.218	43.64	3.36	47.00
F4	○○を××する			1.0	1.0	0.182	36.36	-3.36	33.00
	合計			5.5	1.000	200.00	0.00	200.00
	目標コスト	200		円/個				

「アイデアの発想」 5/10

機能分野2 「書き直しを可能にするには」

機能分野1 「文字を見えなくするには」
アイデア1. 膜で覆う
アイデア2. インクを吸収する
アイデア3. ………

「アイデアの略図化」 5/15

アイデア1
　略図/イメージ図

4章　問題解決のデザイン技術の適用事例　　101

活動手順	活動内容	用いる手法
	3．アイデアの整理 アイデアを観点別に整理し、どのようなアイデアが発想されたかを把握する。	親和図法／系統図法
4．基本構想アイデアの評価	1．アイデアの概略評価 技術的可能性、経済的可能性の評価基準でアイデアを評価し具体化すべきアイデアを選定する	概略評価
5．基本構想案の具体化・構成化	1．アイデアの組合せ 概略評価にて採用になったアイデアの組合せを検討する	

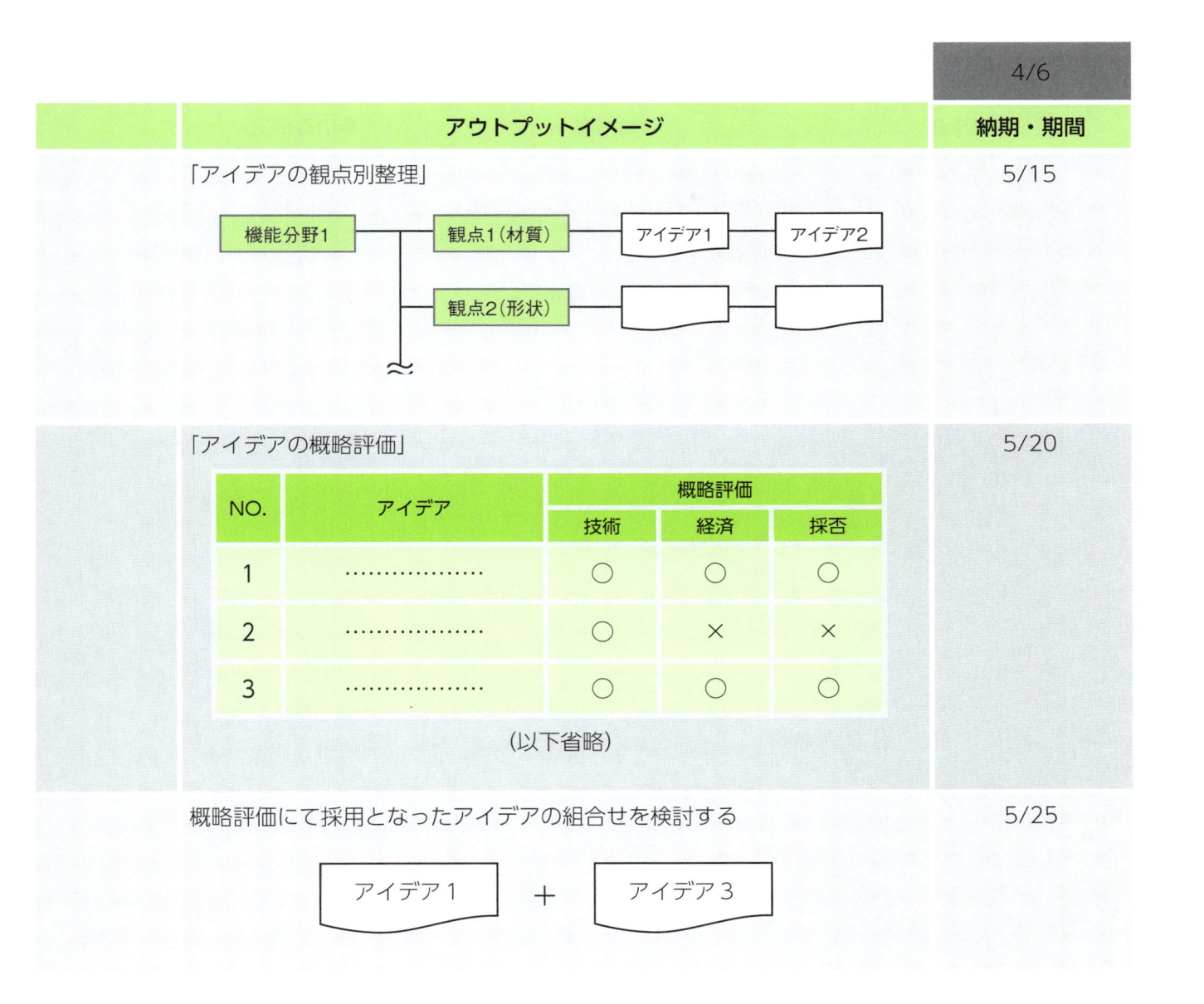

	アウトプットイメージ	納期・期間
	「アイデアの観点別整理」 機能分野1 ─ 観点1（材質） ─ アイデア1 ─ アイデア2 　　　　　└ 観点2（形状） ─ □ ─ □	5/15
	「アイデアの概略評価」 | NO.	アイデア	概略評価		
		技術	経済	採否
1	………	○	○	○
2	………	○	×	×
3	………	○	○	○ | （以下省略）	5/20
	概略評価にて採用となったアイデアの組合せを検討する アイデア1 ＋ アイデア3	5/25

4章　問題解決のデザイン技術の適用事例

活動手順	活動内容	用いる手法
	2．組合せ案の具体化・洗練化 組み合せたアイデアの欠点を抽出し克服アイデアを考える。 克服アイデアが出にくい場合には、TRIZ強制発想法を活用する。	アイデア洗練化法 TRIZ（強制発想法）
	3．全体構成案の作成 具体化した案をさらに組合せし、「修正テープ」の全体案を作成する。	
6．全体構成案の評価	1．全体構成案の洗練化 高性能製品のポジショニングを達成するために、FEMA手法により事前に不具合対策を行い、品質の向上を図る。	FMEA （設計FMEA／工程FMEA）

	アウトプットイメージ	納期・期間
		5/6

組み合わせたアイデアの欠点を抽出し克服アイデアを考える。　　　　　5/30

NO.	具体化したアイデア	利点	欠点	欠点克服アイデア	評価
1	アイデア1 ＋ アイデア2	1.……… 2.………	1.……… 2.……… 3.………	1-1.……… 1-2.……… 2-1.……… 2-2.……… 3-1.………	○ × ○ ○ ○

(以下省略)

欠点克服アイデアを徹底的に出す。

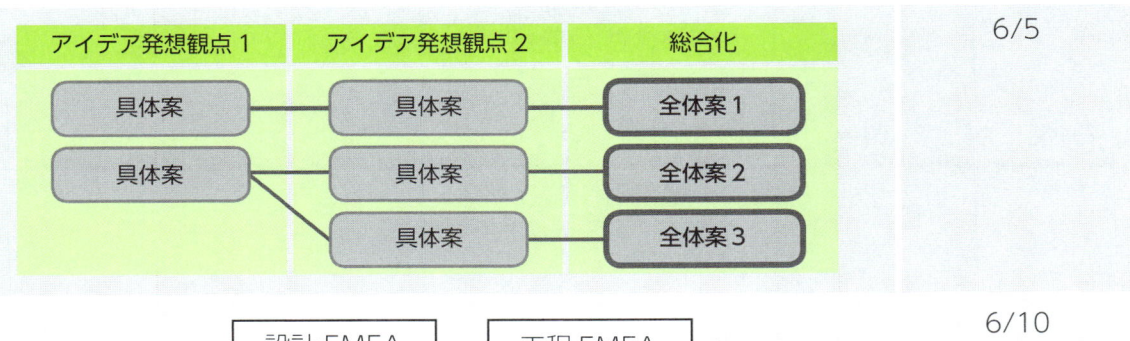

アイデア発想観点1	アイデア発想観点2	総合化
具体案	具体案	全体案1
具体案	具体案	全体案2
	具体案	全体案3

6/5

設計FMEA　工程FMEA
↓
全体案1の洗練化

6/10

活動手順	活動内容	用いる手法	
	2．全体構成案の評価 全体案を「技術的可能性」「経済的可能性」の観点で評価し、優先順位をつける。	詳細評価	
7．開発設計仕様書の検討立案	1．採用する構成案の決定		
	2．基本構想図の作成 採用案の基本構想を明らかにする。		
	3．意匠図の作成 採用案の意匠デザインを行う。		
	4．機能仕様書の作成 採用案の機能を明確にする。		

マイルストーン

	アウトプットイメージ	納期・期間
		6/6
「技術的可能性評価」「経済的可能性評価」		6/10

案	技術的評価 ○○	技術的評価 ××	技術的評価 △△	優先順位	案	経済的評価 ○○	経済的評価 ○×	経済的評価 △×	優先順位
全体案1	◎	◎	◎	1	全体案1	◎	◎	◎	1
全体案2	○	○	○	2	全体案2	○	○	○	2

詳細評価の結果から、採用案を決定する 採用案……「全体案1」		6/11
「基本構想図」	基本構想図	6/30
「意匠図」	意匠図	6/30
「機能仕様書」	機能仕様図	6/30

(3) 既存製品の改良場面への適用

(3)-1. 目標の明確化

① 問題・課題・目標を明確にする。
　対象となる「既存製品」を明確にし、現状の問題点、改善目標を明確にします。

② ゴールを明確にする
イ）成果
　既存製品の改良において、現在よりも価値の向上する製品とします。
ロ）成果物
　既存製品の改良

③ 前提を明確にする
　既存製品の改良の場合には、生産設備、部品在庫、予定生産数量などが前提条件となります。

(3)-2. メンバーの選定

① 目標達成に必要な固有技術を確認する
　既存製品に求められる必要な固有技術を洗い出す必要があります。例として、機構設計、生産技術、樹脂成型技術、組立技術、などがあります。

② 活動形態を決める
　プロジェクト活動型として考えます。

③ メンバーを選定する
　必要な固有技術とプロジェクト活動型の活動形態から、前提条件の範囲内にてメンバーを選定します。

④ メンバーの保有する固有技術を確認する
　選定したメンバーの保有技術と必要な固有技術がマッチするか確認します。

(2)-3. 既存製品の改良におけるプロセス設計の必要性

　商品ライフサイクルの短命化は主に消費財にて起こっていますが、企業によっては生産財が主な商品となる企業も多く存在します。「生産財」とは、一般消費者ではなく企業が顧客となり企業間で取引する製品になります。顧客企業が製品を生産するための原材料や部品、生産設備などが該当します。これらの製品は、消費財と違い製品ライフサイクルが長く、高価な製品が多いために、顧客企業から継続的なコストダウンが要求されます。それに対応するため、製品を改良し、機能や品質は維持した上でコストを削減することが

図表2 「エアフィルター既存製品の改良」の課題記述書《例》

課題記述書			
課題名 「エアフィルター」 （既存製品）の改良	作成年月日	20××年3月24日	
	所属	第三製造部	
	氏名	産能 三郎	
取上げた理由	来年度の生産予定が10％増加に伴い、顧客企業から5％のコストダウン要求がきている。製品改良によりコストダウン対応を図る。		
①期待される成果	目標原価　475円／個以下（5％コストダウン）		
②成果物	既存製品の製品仕様書（5％コストダウン案）		
③活動の前提（前提となる情報、資源、予算や時間・工数（納期）など	生産設備の変更はしない／機能・品質は維持する 2015年6月30日　改良案の作成		
（活動形態） 　1．通常業務 　②　プロジェクト活動 　3．委員会方式 　4．コーディネータ方式	（主な活動メンバー） ・産能　三郎（第三製造部） ・○○○○（調達部） ・○○○○（第三設計部）		

求められます。製品改良においても、顧客の要求に迅速に対応するため、担当者個人の経験だけで対応するのではなく、プロセス設計の考え方を取り入れた組織内で共通化できる製品改良を進めていくことが重要になります。

(2)-4. 顧客要求に対応する製品改良のプロセス設計

　ライフサイクルの比較的長い生産財が対象となります。継続的に購入するため顧客企業からコストダウンの要求が出され、対応していくことが必要となります。

　この節では、生産財の一例として「エアフィルター」の既存製品の改良を題材としてプロセス設計の事例を紹介します。

プロセス設計シート
課題名：「エアフィルター」の改良

(現状否定型) 現状肯定型

活動手順	活動内容	用いる手法	
1．改良対象品の把握	1．改良対象品の情報収集 技術情報、コスト情報を中心に情報を収集する。	────	
	2．構成要素を明確にし、 　　機能を定義する 必要な制約条件も明確にする。	機能の定義	

作成年月日	20××年3月24日	1/6
所属	第三製造部	
氏名	産能 三郎	

アウトプットイメージ	納期・期間
改良対象品：エアフィルター A-021 目標コスト：475円/個 など 要求機能：0.5μm以上の異物を取り除く 耐久性：○○年保証 部品構成：アウターケース、カバー、1次フィルター、… 現行コスト：500円/個 生産数量：300個/月	4/10

「機能の定義」

No.	構成要素	機能		制約条件
1	アウターケース	外観を	形成する	
		フィルターを	保持する	
2	カバー	フィルターを	保持する	
		ゴミの進入を	防ぐ	
3	1次フィルター	ゴミを	取り除く	0.5μm以上
		空気を	通過させる	流速 5m/s
4	固定金具	フィルターを	ズレを防ぐ	
5	……	……	……	

4/15

活動手順	活動内容	用いる手法
	3．機能の整理 定義した構成要素の機能を「目的－手段」の相互関係により整理する。	機能系統図（系統図法）
	4．現状の問題点抽出 既存製品の問題点を抽出し対策を検討することで、機能の向上、コスト削減につなげ製品価値の向上を図る。	TRIZ（PF）
2．改良対象品の機能評価	1．現在のコストの把握 構成要素のコストを把握し、機能別にコストを配賦する	機能別コスト分析
	2．機能達成のための 　コスト目標の設定	機能の評価
	3．改善すべき機能の優先順位化	機能の価値評価

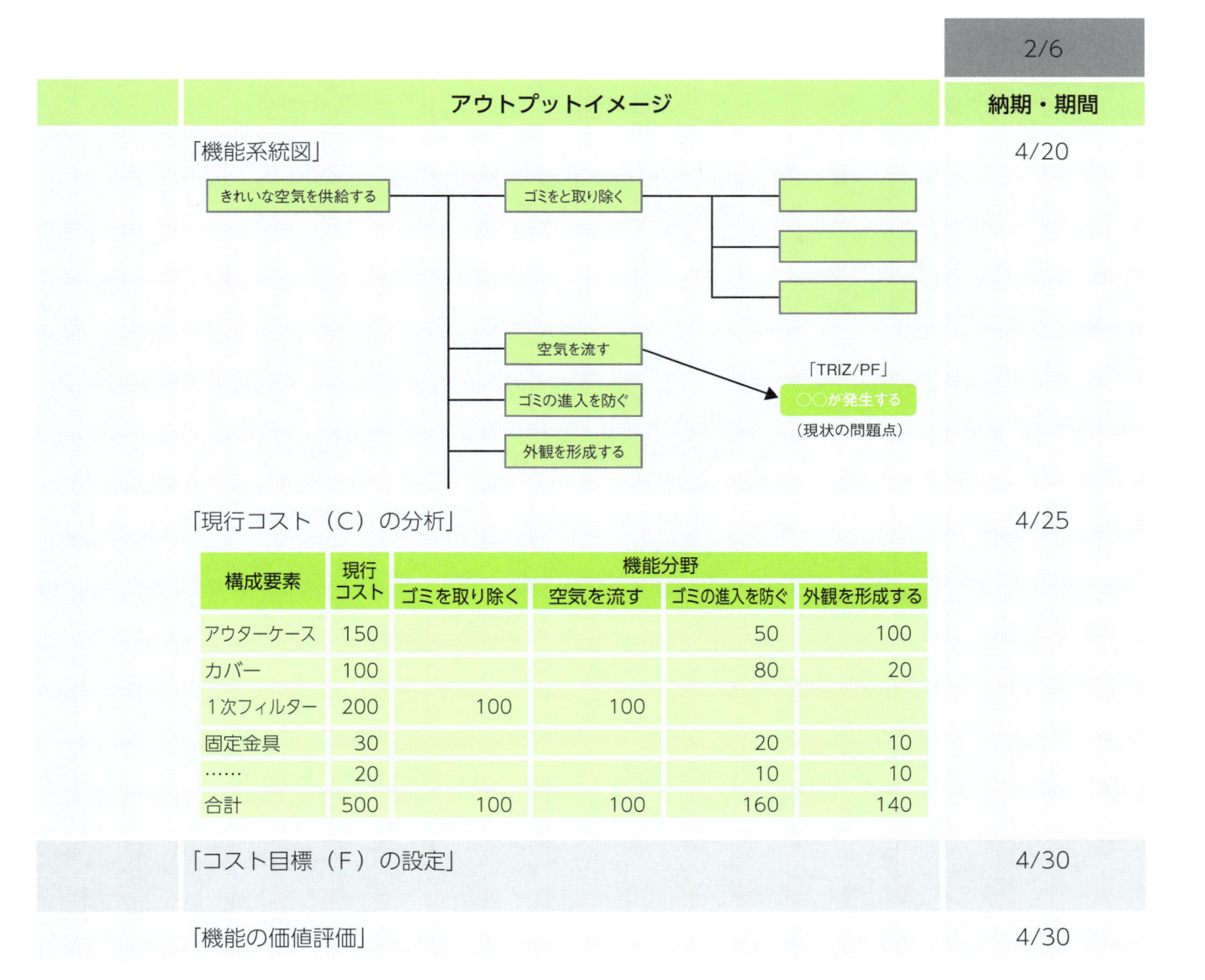

	アウトプットイメージ	納期・期間
「機能系統図」		4/20
「現行コスト（C）の分析」		4/25
「コスト目標（F）の設定」		4/30
「機能の価値評価」		4/30

機能系統図：
- きれいな空気を供給する
  - ゴミを取り除く
  - 空気を流す →「TRIZ/PF」○○が発生する（現状の問題点）
  - ゴミの進入を防ぐ
  - 外観を形成する

現行コスト（C）の分析：

構成要素	現行コスト	機能分野			
		ゴミを取り除く	空気を流す	ゴミの進入を防ぐ	外観を形成する
アウターケース	150			50	100
カバー	100			80	20
1次フィルター	200	100	100		
固定金具	30			20	10
……	20			10	10
合計	500	100	100	160	140

活動手順	活動内容	用いる手法	
	現行コスト（C）とコスト目標（F）の結果から、機能の価値（F/C）、コスト低減余地（C-F）を算出し、改善の優先順位をつける。		
3．代替案の作成	1．アイデアの発想 1) 既存機能を達成するためのアイデアを発想する。 2) 問題点を解決するためのアイデアを発想する。	アイデア発想技法 TRIZ（強制発想）	
	2．アイデアの略図化 アイデアの略図を作成し少し具体化する	略図法	
	3．アイデアの整理 アイデアを観点別に整理する	親和図法／系統図法	

	アウトプットイメージ					納期・期間
						4/30

機能分野	現行コスト(C)	コスト目標(F)	機能の価値(F/C)	コスト低減余地(C-F)	改善の優先順位
ゴミを取り除く	100	95	0.95	5.0	2
空気を流す	100	95	0.95	5.0	2
ゴミの進入を防ぐ	160	150	0.94	10.0	1
外観を形成する	140	135	0.96	5.0	3
合計	500	475			

「アイデアの発想」　　　　　　　　　　　　　　　　　　　　　　　　　　　5/10

「ゴミを取り除くには」

「ゴミの進入を防ぐには」
アイデア1．膜で覆う
アイデア2．風圧をかける
アイデア3．……

「アイデアの略図化」　　　　　　　　　　　　　　　　　　　　　　　　　　5/15

アイデア1
　　略図／イメージ図

「アイデアの観点別整理」　　　　　　　　　　　　　　　　　　　　　　　　5/20

ゴミの侵入を防ぐためには ─┬─ 観点1（材質）─ アイデア1 ─ アイデア2
　　　　　　　　　　　　　└─ 観点2（形状）─ アイデア1 ─ アイデア2

活動手順	活動内容	用いる手法	
	4．アイデアの概略評価 技術的可能性、経済的可能性の評価からアイデアを評価し、既存製品の価値向上が期待できるアイデアを選定する。	概略評価	
	5．アイデアの組合せ 評価にて採用となったアイデアの組合せを検討し、総合化を図る。		
	6．組合せ案の具体化・洗練化 組み合わせたアイデアの欠点を抽出し克服アイデアを考える。	アイデア洗練化法	

	アウトプットイメージ	納期・期間
		5/30

NO.	アイデア	概略評価		
		技術	経済	採否
1	…………	○	○	○
2	…………	○	×	×
3	…………	○	○	○

(以下省略)

評価にて採用となったアイデアの組合せを検討する　　　　6/5

　　　　アイデア1　＋　アイデア3

組み合わせたアイデアの欠点を抽出し克服アイデアを考える。　　6/10

NO.	具体化したアイデア	利点	欠点	欠点克服アイデア	評価
1	アイデア1 ＋ アイデア3	1.……… 2.………	1.……… 2.……… 3.………	1-1.……… 1-2.……… 2-1.……… 2-2.……… 3-1.………	○ × ○ ○ ○

(以下省略)

活動手順	活動内容	用いる手法	
	7．全体代替案の作成 組合せ案を選択し、全体案を作成する（機能別・観点別の案を組み合せる）。		
	8．全体案の洗練化 代替案の実施を確実にするため、全体案の欠点を漏れなく抽出し、克服案を考えることで全体案を洗練化する。克服案がでない場合は、TRIZ強制発想法を活用する。	アイデア洗練化表 TRIZ強制発想法	
	9．全体案の評価 技術的可能性（技術性）、経済的可能性（経済性）の評価基準にて全体案を詳細評価する。提案すべき全体案を決定する。 「技術性」の評価では必要な機能を確実に果すことを評価する。	詳細評価 「技術性の評価」	

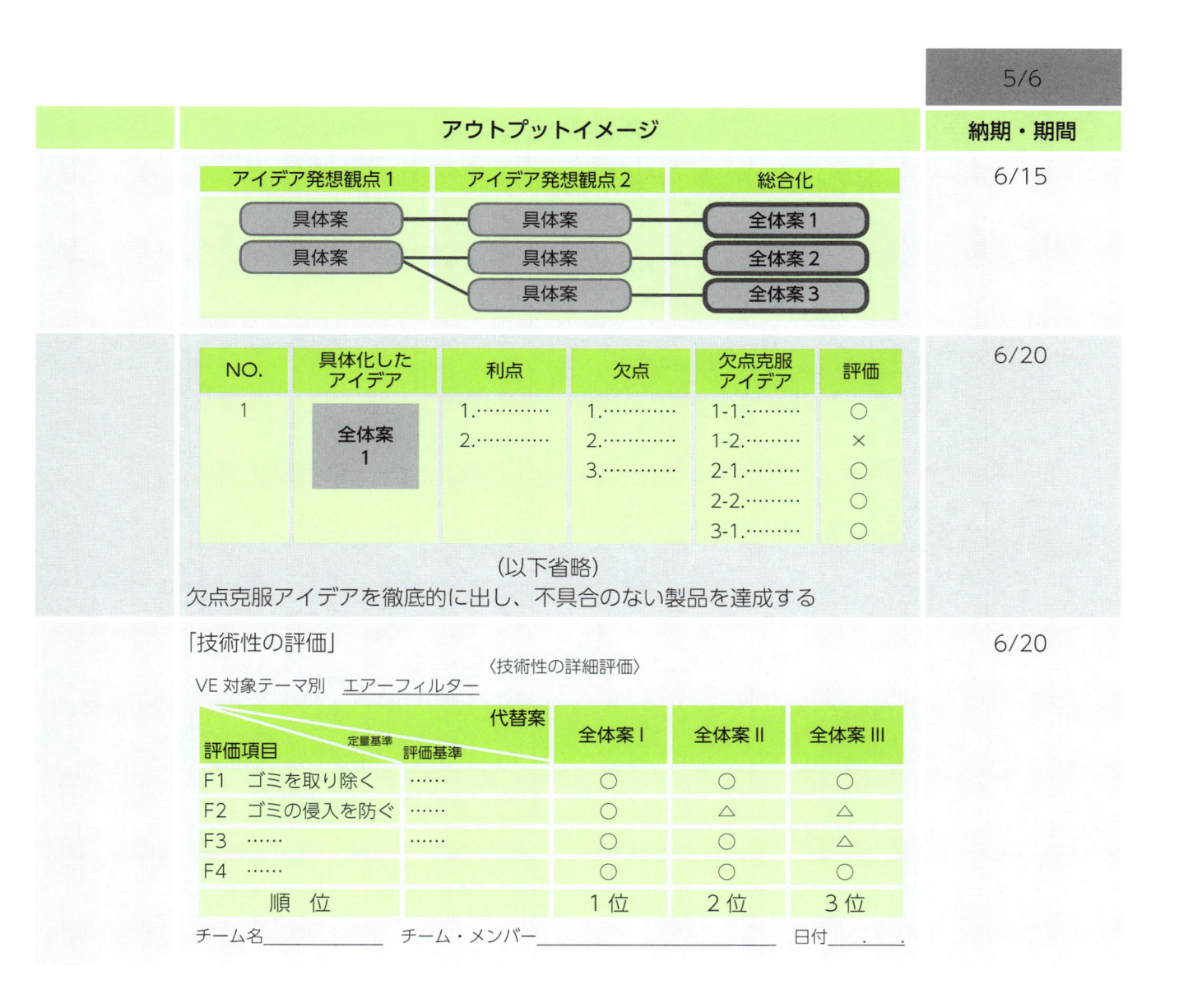

	アウトプットイメージ	納期・期間

アイデア発想観点1	アイデア発想観点2	総合化	6/15
具体案 — 具体案 — 全体案1			
具体案 ╳ 具体案 — 全体案2			
具体案 — 全体案3			

NO.	具体化したアイデア	利点	欠点	欠点克服アイデア	評価	6/20
1	全体案1	1.……… 2.………	1.……… 2.……… 3.………	1-1.……… 1-2.……… 2-1.……… 2-2.……… 3-1.………	○ × ○ ○ ○	

（以下省略）

欠点克服アイデアを徹底的に出し、不具合のない製品を達成する

「技術性の評価」

〈技術性の詳細評価〉

VE対象テーマ別　エアーフィルター

評価項目	定量基準	評価基準	代替案	全体案Ⅰ	全体案Ⅱ	全体案Ⅲ
F1 ゴミを取り除く	……			○	○	○
F2 ゴミの侵入を防ぐ	……			○	△	△
F3 ……	……			○	○	△
F4 ……				○	○	○
順　位				1位	2位	3位

チーム名_____　チーム・メンバー_____　日付____．____

6/20

活動手順	活動内容	用いる手法	
	「経済性」の評価では、年間正味節約額を算出する。 「技術性」「経済性」の評価から提案する案を決定する。	「経済性の評価」	
	10. 提案 提案書にまとめ、関係者を説得する。	提案	

6/6

アウトプットイメージ

納期・期間

「経済性の評価」　〈経済性の詳細評価〉

対象テーマ別　エアーフィルター

6/20

評価項目	代替案	全体案Ⅰ	全体案Ⅱ	全体案Ⅲ
①現行コスト		500	500	500
②代替案のコスト	材料費	470	450	475
	労務費	—	—	—
	経費	—	—	—
	計	470	450	475
③年間適用数量		3,600	3,600	3,600
④年間総節約額（①-②）×③		108,000	180,000	90,000
⑤経常外コスト		10,000	20,000	30,000
⑥年間正味節約額（④-⑤）		98,000	160,000	60,000
順位		2位	1位	3位

チーム名＿＿＿＿　チーム・メンバー＿＿＿＿＿＿＿　日付＿＿．＿．

「提案書」

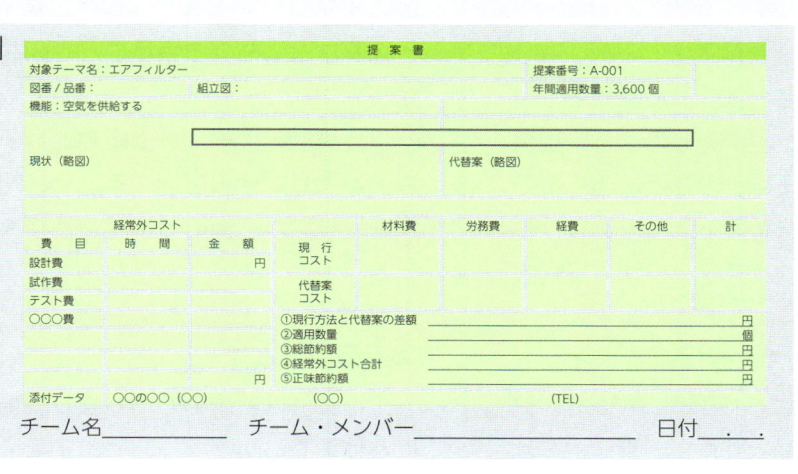

6/30

提案書

対象テーマ名：エアフィルター　　　　　提案番号：A-001
図番／品番：　　　　組立図：　　　　　年間適用数量：3,600個
機能：空気を供給する

現状（略図）　　　　　　　代替案（略図）

経常外コスト			材料費	労務費	経費	その他	計
費目	時間	金額					
設計費		円	現行コスト				
試作費							
テスト費			代替案コスト				
○○○費							

①現行方法と代替案の差額 ＿＿＿＿ 円
②適用数量 ＿＿＿＿ 個
③総節約額 ＿＿＿＿ 円
④経常外コスト合計 ＿＿＿＿ 円
⑤正味節約額 ＿＿＿＿ 円

添付データ　○○の○○（○○）　　（○○）　　（TEL）

チーム名＿＿＿＿　チーム・メンバー＿＿＿＿＿＿＿　日付＿＿．＿．

4章　問題解決のデザイン技術の適用事例

事例 3 ものづくり現場での事例
工程設計・改良

　これまでは製品企画および製品開発について、問題解決デザインの適用のしかたを見てきました。ここでは、製品の開発（設計）と並行して進める工程設計への適用方法についての紹介を行いましょう。

(1) 工程設計・改良とは

①工程設計とは

　工程設計とは、開発・設計した製品を工場でどのように作るのか、またどのように検査するのか、さらに出荷などの物流部門へどのように払い出すのかを考えることであり、主に生産技術者とよばれるスタッフが、工程設計の役割を担います。

　工程設計には、5Mと呼ばれるポイントがあります。5Mとは、作業者（Man）、機械・設備・治工具（Machine）、原材料・仕掛品（Material）、製造方法（Method）、測定（Measurement）を指し、工程設計は、この5Mについて、製品企画、製品開発および品質保証部門、また工場や協力企業などと連携を取りながら、現場における物と情報の流れを設計して、工程のレイアウト設計をするのです。また、電源・エアー・LANなどのインフラの工事や、設備の搬入・設置・テストなどにも立ち会うことも少なくありません。

　工程設計の仕事は、上記の通り多くの関係者と連携して仕事を進めるため、関係者の合意を取りながら進めていくことが大切となります。

②工程改良とは

　工程設計は新規のものづくり現場を立ち上げる仕事でしたが、一方で、すでに稼働して

いる現場（工程）も存在します。工程設計段階においてどんなに緻密に検討しても、5Mが当初の想定から変化して、期待するQCD（品質・コスト・納期）が得られないことは決して少ないことではありません。

そこで既存の現場（工程）を改善・改良していくことを、工程改良とよびます。QCDのあるべき姿と現状を把握して、不足している点を補強していきます。たとえば、ライン作業で仕掛在庫が大量発生してしまう場合は、工程ごとのサイクルタイム（所要時間）を測り、作業移管によって時間の均一化を図って、物の流れをスムーズにさせます。

工程改良を行うには、場当たり的にQCDへ対処するのではなく、工程設計の思想やコンセプトを理解して、それに基づいて一貫性を持った取り組みとすることが求められます。工程設計を行った生産技術者が人事異動によって担当を外れていることもよく起こります。そこで、工程設計の記録を振り返り、どのような検討を行ったのかを知ることが大切です。

（2）工程設計を取り巻く環境変化

工程設計の現場でよく言われていることは、昨今は仕事に求められるスピードが非常に速くなったということです。製品のライフサイクルが極端に短くなり、継続的に新製品を発売し続けなければ競争に勝ち残れないという状況となっています。まさにスピードが経営の鍵を握っています。その中で研究部門や開発設計部門が創造力を発揮して、新製品を作り上げることに成功したとしても、製造現場において迅速な立ち上げが滞ると、市場へタイムリーに製品を供給することができません。

また、工程設計の現場が、日本国内よりも海外にシフトしている企業も増えています。市場に近い場所での製造や安価な労働力活用による製造などを背景に、海外工場において製品の立ち上げが行われる場面が増えています。主担当の生産技術者は駐在または出張で海外におり、日本国内の本部とこまめにやり取りをしながら業務を進めます。海外という異文化における仕事は、日本の常識が通用しないこともあり、思わぬトラブルが発生することもしばしばです。

このように工程設計は、今まで経験が無いような課題や難易度・困難性の高い目標に直面することが多いのです。

(3) 工程設計における問題解決デザイン技術の必要性

　以上のように、工程設計・改良を行う生産技術者は、多くの課題を抱えていることがわかりました。

工程設計の進め方	多くの関係者の合意を取りながら進めていく
工程改良の進め方	工程設計のプロセスを振り返り、過去にどのような検討を行ったのかを知る
工程設計の変化	今まで経験が無いような課題や難易度・困難性の高い目標を克服する
人材育成	現在検討している課題について上長と合意を得る

　これらはいずれも1章に示したプロセス設計の「効果的な活用場面」に該当します。プロセス設計を実施することで、工程設計・改良を行う生産技術者の仕事の質を高めることができるのです。

(4) 工程設計への適用

(4)-1．目標の明確化
①問題・課題・目標を明確にする。
　対象となる「工程」を明確にし、現状の問題点、改善目標を明確にします。この事例では、生産量の増減が予想される新製品の工程設計を課題にしています。

②ゴールを明確にする
　イ）成果
　　製品の生産量の増減に対する追随性の高い工程の実現
　ロ）成果物
　　レイアウト図面

③前提を明確にする
　製品企画書、図面、類似工程の工程図などが前提条件となります。

(4)-2．メンバーの選定
①目標達成に必要な固有技術を確認する
　試作グループや工程が置かれる中国工場スタッフ、そして工程設計や生産技術センターなどから専門家を集めます。

②活動形態を決める
　専門家を集めたプロジェクト型として考えます。

③メンバーを選定する

　必要な固有技術とプロジェクト型の活動形態から、前提条件の範囲内にてメンバーを選定します。

④メンバーの保有する固有技術を確認する

　選定したメンバーの保有技術と必要な固有技術がマッチするか確認します。

図表1　「レイアウトの設計」の課題記述書《例》

課題記述書

課題名	レイアウトの設計	作成年月日	20××年2月2日
		所属	生産技術センター
		氏名	伊勢原 五郎
取上げた理由		台数の増減バラツキに柔軟に対応できるような工程を設計したい。	
①期待される成果		最大24台／日の製造 （製品企画台数は12台／日だが、企画部門は販売台数のバラツキを懸念している）	
②成果物		レイアウト図面	
③活動の前提 （前提となる情報、資源、予算や時間・工数（納期）など）		前提となる情報：製品企画書、図面（総図、部品図）、 　　　　　　　類似工程の工程図 スケジュール：20××年5月末レイアウト図面の納期 以降各種工事手配 20××年10月6日にレイアウト工事 20××年11月2日より製造開始 20××年12月9日に発売	
（活動形態） 　1．通常業務 　②．プロジェクト活動 　3．委員会方式 　4．コーディネータ方式		（主な活動メンバー） ・Aさん（工程設計チーム） ・伊勢原 五郎（生産技術センター） ・Cさん（試作班） ・Dさん（中国工場）	

プロセス設計シート
課題名：レイアウトの設計

現状否定型・(現状肯定型)

活動手順	活動内容	用いる手法	
1．製品の把握	1．製品企画書、図面（組図、部品図）の入手	マトリックス図法	
	2．組立工数を把握する	時間研究	
	3．使用工具を把握する	マトリックス図法	

		作成年月日	20××年2月2日	1/3
		所属	生産技術センター	
		氏名	伊勢原 五郎	

	アウトプットイメージ	納期・期間
	・製品仕様の表 ・ストラクチャー型部品表	2/2～5
	試作の様子をビデオ撮影する	2/8～12
	ビデオをもとに工程別の工数を求める	2/15～23

回数 要素	単位：	1	2	3	4	5 (上段：個別)	6	7 (下段：読み)	8	9	10	合計 回数	平均	記事 (改善着眼など)
1														
2														
3														
4														
5														
6														
7														
8														
9														
10														
														(整理欄)
例外①														
②														
③														

	・対応表（工程×工具） 　試作および類似製品からリスト化	2/24～26

活動手順	活動内容	用いる手法	
2．中国工場の視察	1．製造スペースの実測	レイアウト図	
	2．類似製品の工程把握	作業分析 時間研究 動作分析	
3．レイアウト検討のための予備調査	1．検査機の仕様把握	人・機械分析	
	2．工程分割案の作成	ラインバランス分析	

	アウトプットイメージ	納期・期間
	・各種寸法（平面、天井高さ） ・出入口や周辺設備（部品倉庫、出荷場、トイレなど）の位置 ・電気容量	3/1～2
	・サブ組工程 ・総組立工程 ・検査工程 ・梱包工程	3/3～10
	試作室にて人と検査機のタイミングを調べる 人・機械図表（製品名／作業名／作成年月日／検討メンバー／検査作業者：作業内容・時間・記号／検査機：作業内容・時間・記号／作業内容・時間・記号）	3/14～18
	試作時の組立工数および検査工数のデータを用いて、工程分割を検討する。 ・製品企画台数 12 台／日の場合 　サブ組工程、総組立工程は作業台を各 1 台体制、検査工程、梱包工程は1 名で兼任とする。 ・2 倍の台数（24 台／日）の場合 　サブ組工程、総組立工程は作業台を各 2 台体制、検査工程、梱包工程は各 1 名とする。 ・0.5 倍の台数（6 台／日）の場合 　サブ組工程、総組立工程は作業者を兼任、検査工程、梱包工程は 1 名で兼任とし、空き時間はサブ組工程を手伝う。	3/21～25

活動手順	活動内容	用いる手法	
	3．運搬台車の寸法把握	図面	
	4．作業台の設計	図面	
	5．生産管理システムの把握	事務工程分析	
4．レイアウトの設計	1．レイアウト図面の作成	レイアウト図	
	2．レイアウトの検証	流れ分析	

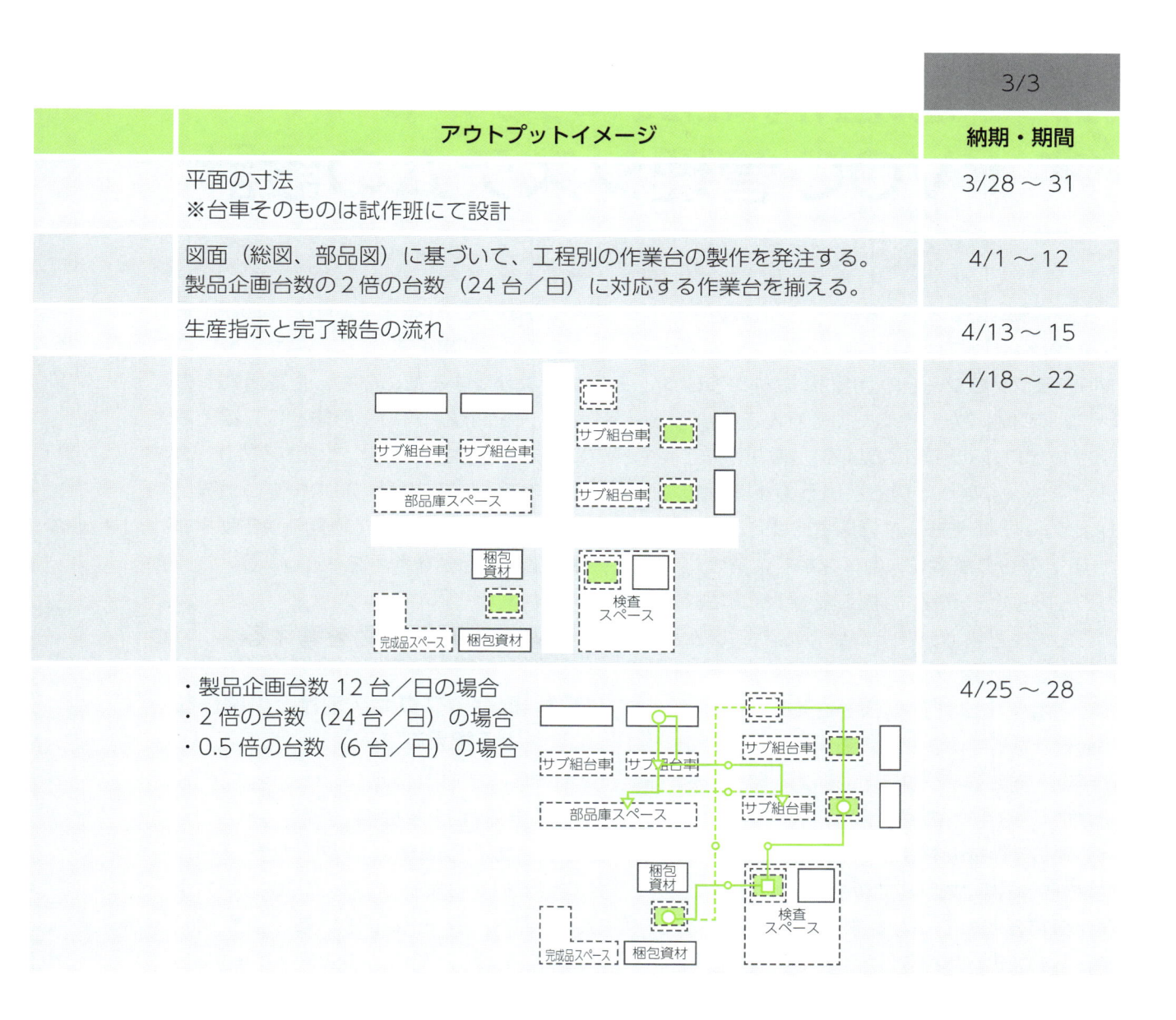

	アウトプットイメージ	納期・期間
	平面の寸法 ※台車そのものは試作班にて設計	3/28〜31
	図面（総図、部品図）に基づいて、工程別の作業台の製作を発注する。 製品企画台数の2倍の台数（24台／日）に対応する作業台を揃える。	4/1〜12
	生産指示と完了報告の流れ	4/13〜15
		4/18〜22
	・製品企画台数 12台／日の場合 ・2倍の台数（24台／日）の場合 ・0.5倍の台数（6台／日）の場合	4/25〜28

4章　問題解決のデザイン技術の適用事例

事例 4 | 情報システムでの事例

顧客満足度に資する VOC 管理システムの設計
(Voice of Customer)

　企業活動において、「情報」という資源をマネジメントするための IT（インフォメーションテクノロジー）の活用は、もはや珍しいことではなくなりました。それどころか、IT を抜きにして組織における日常の業務遂行が語れなくなっているというのが実態でしょう。ネットモールや通信キャリアといった IT そのものが事業の中核をなす企業はもちろんのこと、一般的な製造業や小売業においても、生産管理システムや POS システムに代表されるような、さまざまな情報システムの活用なしには日々の業務さえ成り立たない時代となっています。情報システムは、企業活動を支えるインフラともいえる存在感を持つに至っているのです。

　しかし、企業における情報システムの実態を批判的な視点で眺めてみると、「システムが十分に使われていないまま放置されている」、「システムが投資したコストに見合う効果を生み出していない」といった事態が見受けられることも事実です。こうした事態に陥らないようにするためにも、企業活動への IT の導入を問題解決の一形態として捉えてプロセスを組み上げて行くというアプローチが有効です。ここでは、"真に役立つ情報システム"の実現を目指して問題解決デザイン技術を適用する例を考えてみましょう。

(1) 有効な適用場面を考える

(1)-1. 既存のプロセス定義との関係をどう捉えるか

　IT の導入プロセスというと、独立行政法人情報処理推進機構（IPA）のソフトウェア・エンジニアリング・センターが公開している『共通フレーム 2013』および、そのベースとなっている『国際規格 ISO/IEC 12207:2008（JIS(日本工業規格)

X0160:2012)』を思い浮かべる方も多いことでしょう。『共通フレーム』は、「ソフトウェア、システム、サービスの構想から開発、運用、保守、廃棄に至るまでのライフサイクルを通じて必要な作業項目、役割等を包括的に規定した共通の枠組み」[※1]であり、ITの導入プロセスを考える上で、絶好の参照先であると言えます。

　このようなプロセス定義が既にあるのだから、改めて問題解決プロセスとして設計する必要はないのでは、と考える人がいるかもしれません。しかし、『共通フレーム2013』を読んでみると、テーラリング（修整）を前提としていることが分かります。つまり、個々の組織やプロジェクトの特性に応じて、共通フレームで定義されているタスクやアクティビティを取捨選択したり、組み替えたりすることを考慮すべきだということです。また、共通フレームはウォーターフォールか、プロトタイピングか、アジャイルか、といった開発モデルに依存していません。そのため、プロジェクトの特性に応じた開発モデルを選択し、共通フレームにあるタスクを組み立てる必要があります。

　ここに、問題解決デザイン技術を適用する余地が出てきます。つまり、共通フレームのような公開された既存のプロセス定義は枠組みの全体像とプロセスを組み立てる部品を提示しているものとみなして、個別具体的なプロセス設計はその時々の課題に応じて（問題解決プロセスの設計として）行う、という捉え方ができるのです。

(1)-2. IT領域での適用場面

　前章までに述べてきたプロセス設計の手法を、IT領域で活用するとして、どのような場面を想定すれば良いでしょうか。ここで、1章に示した「適切な活用場面」を思い出して下さい。

① 今まで経験がないような課題や目標の困難性が高い場合
② これまでと同じ取り組み方では望む結果が期待できない場合
③ 課題検討の進め方について上司、あるいはメンバーの合意を得ておきたい場合

　こうしてみると、「組織で規定された標準プロセスをそのまま適用すれば事足りるような、過去に類似の開発を経験済みのIT導入

[※1) 独立行政法人情報処理推進機構の「SEC BOOKS 共通フレーム2013」書籍概要より

案件」といったようなものは、プロセス設計の手法を適用することの効用を感じにくいと言えそうです。また、「大規模な情報システムを、従来から慣れ親しんでいるウォーターフォール型の開発モデルで構築する」というような場合も、膨大な過去実績に裏打ちされた"望ましい進め方"が長い時間を掛けて検討されていますから、改めてゼロベースで"プロセス設計"するメリットは多くないと考えられます。適切な参考文献や資料にあたれば、それで十分に必要なプロセスを見定めることができるでしょう。

すると、IT領域での活用場面としては、当該組織にとって始めて取り組む固有性の高い小・中規模の情報システムの設計であったり、定常的な保守プロセスではカバーしきれないようなシステム環境の変化への対応といったようなシーンが浮かび上がってきます。

固有性の高い小・中規模の情報システムを構築する場合、大規模な開発を前提としたフレームワークに定義されていることを全て実施しようとすると、マネジメントコストが掛かりすぎることが容易に想像できます。必要なタスク／アクティビティを慎重に選ぶ必要があるでしょう。また、スタート時点（システムの企画段階）では開発モデルをどうするのかについても決まっていないことが多いと推測できますので、テーラリングの余地が非常に大きいと考えられます。

大幅なテーラリングが施されたプロセスに従って物事を進めていくのであれば、当然、上司やメンバーといった主要な利害関係者に"検討方法や進め方についての合意"を得ておく必要が出てくるでしょう。すると、上記の②、③にもあてはまってくることが分かります。

次項以降、"こうした"修正場面でのプロセス設計について、3章での説明に従って述べていくことにします。

(2) システム設計場面での適用

では、情報システムを設計する場面にプロセス設計の手法を適用することを考えてみましょう。

ここでは、『VOC管理のシステムを導入する』という想定で述べたいと思います。ここでいうVOCとは、Voice of Customerの略であり、企業によせられるさまざまな顧客の声（苦情・アンケート／インタビューの結果など）を指すものとします。

システムの企画段階では、ゼロベースから自社独自のシステムを開発するのか、パッケー

ジとして売られているCRMシステム[※2]を導入すれば必要な機能が揃うのか、不明であるという前提を置いて考えます。特定のCRMパッケージをそのまま導入すれば十分であることが分かっている場合には、プロセス設計の手法を適用するメリットがあまり無いと想像できるでしょう。

では、そうした前提を置いた上で、「目標の明確化」⇒「メンバーの選定」⇒「プロセス設計」の手順を追ってみることにしましょう。

(2)-1. 目標の明確化

① 問題・課題・目標を明確にする。

想定した『VOC管理のシステムを導入する』という具体例に従って、システム導入前の問題点を仮定してみると、以下のような項目を挙げることができます。

・現状では、顧客の声は部署ごとにバラバラに蓄積されており、一元管理ができていない
・顧客の声は、一部が紙媒体、一部が電子媒体で保管されており、保管部署や情報の種類によってその書式もバラバラで統一されていない
・情報量も増えてきたので、人の手による整理・保存が限界を迎えている
・こうした管理不全状態により、顧客の声をスピーディに全社共有したり、定量的に分析したりということができない
・それゆえ、顧客から寄せられる電話・メール・ハガキ、また現場で聞かれる指摘やご意見を製品・サービスの価値向上につなげられない
・結果として、せっかく寄せられた顧客の声を経営に活かすことができないでいる

これらの問題を解決し、あるべき姿を実現するには、ITを活用してシステムを構築してそれを運用して行くことが有効です。そこで、VOC管理システム導入、という話になるのですが、ここで留意すべきことがあります。それは、「システム導入そのものが目的化してしまってはいけない」ということです。システムをつくることが目的ではなく、そのシステムを通じて、より高い次元で顧客満足を獲得し、競合優位性を高めて行くことが目的であるはずです。そこで、この例における課題表現を「顧客満足の向上に資するVOC管理システムの設計」としたいと思います。

② ゴールを明確にする

ここでは、問題解決した結果として期待さ

※2) CRM (Customer Relationship Management) システムとは、顧客と企業の良好な関係を強化／維持していくためのプロセスを支援するソフトウェアのこと。

れているものは何かを明確化しなければなりません。想定している VOC 管理システムの例では、導入した結果、どのような企業活動へのインパクトがあるのかを定性的・定量的に表現することが求められます。

イ）成果

まずは、定性的な成果としてたとえば「顧客から寄せられた声が、社内各部署に横断的かつ統一的にフィードバックされ、一ヶ月未満のサイクルで製品・サービスの価値向上に反映される状態を実現する」を置くとしましょう。

では、この状態が実現していることを示す定量的に把握可能な指標は何でしょうか。たとえば、顧客から寄せられた声の一ヶ月内での処理率を指標とするのは、妥当性が高いと考えられます。寄せられる声の中には中・長期的なスパンで取り組むことが相応しいものもあるでしょうから、ここでは暫定的に「一ヶ月内処理率 90％以上」を定量的成果とします。

ロ）成果物

ここで取り上げている例では、設計までがカバー範囲であり、ソフトウェアの実装そのものは対象外としています。よって、仕様書や設計書と、それに先立つシステム企画書が成果物ということになります。

③ 前提を明確にする。

この問題解決をスタートするために用いる情報としては、まず、前述にあるような現状の問題に関するものが考えられます。また、活動に使える予算や時間・工数（納期）も明らかにしておきます。表現例としては、図表1（P139）に載せた「課題記述書《例》」をご覧ください。

(2)-2. メンバーの選定

① 目標達成に必要な固有技術を確認する。

まずは、IT に関する知識が必要です。ソフトウェアの処理方式や開発環境に関する理解がなければ、システムの設計はできません。また、想定している例では CRM パッケージの導入も視野に入ってくるでしょうから、ソフトウェア・パッケージに関する知識および目利き（選定眼）の能力も必要です。

また、VOC を取り扱う現場の知識やそこでの業務への理解、VOC を自社の商品やサービスにフィードバックしていく現場の業務への理解も必要です。

② 活動形態を決める。

想定している例では、設計時点から部門横断的な取り組みが必要だと考えられますの

で、プロジェクト活動形態を採用することとします。

③ メンバーを選定する。
　前段で特定した固有技術とプロジェクト活動形態を採用することを前提に、活動するメンバーの人選を行います。例では、今回の設計の中心人物として情報システム部門から一人メンバーを選定しています。その他には、現場部門の代表者、および、経営のコミットを期待して、経営企画部門からもメンバーを選出することにしました。

④ メンバーの保有する固有技術を確認する。
　情報システム部門にいる人員だからといって、ITの全ての要素について詳しいとは限りません。例えば、個別具体的なソフトウェア開発環境については、その道のプロに助言をもらった方が安心である場合も多いかと思います。ここで採り上げている例では、客観的な目で見て妥当な設計となるように、社外からITコンサルタントにメンバーに入ってもらう想定としました。

(2)-3. プロセス設計
① 問題解決のアプローチを決める。

　3章で、問題解決を行うためには、現在の方法をベースに悪いところを改善していくというスタンス（現状肯定型アプローチ）と現在の方法は否定して新しい方法を考えていくスタンス（現状否定型アプローチ）のどちらが課題や目標にマッチしているかを考えて選択する旨を述べました。想定している例では、現状のVOC管理が限界に来ているし、経営の役に立っていないという現状認識から出発していますので、当然、「現状否定型アプローチ」を採用するのが自然です。

② 分析段階のプロセスを設計する。
　分析段階では、まず、経営上のニーズ、課題の確認を行う必要があります。これによってVOC管理に求められるものを把握した上で、活動の文脈とも言える事業環境、業務環境の調査分析を行うこととします。
　そして、改善の余地が多くあると見込まれる"現状"を分析するプロセスが必要です。現行業務、現行システムをレーンフロー・ダイヤグラムなどの手法を用いて調査分析します。
　また、システム化にあたってどのような情報技術を活用することができるのか、情報技術動向の調査分析も欠かせないでしょう。システム設計の場面では処理方式を決める必要

がありますが、ここでの調査分析結果が処理方式選択／決定において大きな役割を果たすことは言うまでもないでしょう。

③ **綜合化段階のプロセスを設計する。**

　綜合化段階では、対象となる業務の明確化をする必要があります。現行業務フローの全てをコンピュータシステムに置き換える、というのは非現実的です。どこの部分を電算化し、どこの部分を人間系として残すのか、見定めが必要です。この見定めを行った上で、新しい業務の全体像を描き、業務モデルを作成することにします。

　綜合化段階では、システムに盛り込まれるべき業務要件を整理するプロセスが欠かせません。各々の要件の種類や抽象水準を明確に表現したリストが成果物として必要です。業務要件と併せてソフトウェア要件の整理も必要でしょう。

　また、システムを構築した後の運用についても考えておかなければなりません。よって、この段階でサービスレベルとサービス品質に対する基本方針の明確化をすることとします。

④ **評価・決定段階のプロセスを設計する。**

　綜合化段階で得られた情報を元に、CRMパッケージを導入するのか、新しく自社オリジナルのシステムを開発するのかを決めます。ここでは、加重得点法などの評価手法を活用するとよいでしょう。

　オリジナルのシステムを開発する場合、システムの処理方式や利用するミドルウェアを決める必要もあります。既存の関連システムとの親和性なども考慮して決定します。

　また、パッケージを導入することに決まった場合も、どの程度のカスタマイズをするのか、全くカスタマイズをせずパラメータの調整だけで済ませるのかといった意思決定が必要です。これらの評価・決定を経て、以降に必要な一連の活動をWBSなどの手法を活用してまとめます。

⑤ **活動日程の設定**

　活動の個々の段階におけるインプット／アウトプットを意識して日程を組みます。特に要件定義のために利用部門の一般社員にヒヤリングをするようなプロセスは、こちら側の都合だけでスケジュールを決められませんから、余裕をもって日程確保をする必要があります。また、マイルストーンは、中間成果物の出来上がりのタイミングに着目して設定するのが一般的です。

図表1 課題記述書《例》

課題記述書

課題名	作成年月日	20××年2月20日
顧客満足の向上に関するVOC管理システムの設計	所属	情報システム部
	氏名	産能 太郎
取上げた理由	経営に役立つ情報として活用されるべき「顧客の声」が、体系的な管理の不在のため死蔵されている状態になっており、顧客満足の向上にほとんど寄与していないという現状を打破するため。	
①期待される成果	顧客から寄せられた声が、社内各部署に横断的かつ統一的にフィードバックされ、一ヶ月未満のサイクルで製品・サービスの価値向上に反映される状態を実現する 一ヶ月内処理率90%以上を実現し、維持する	
②成果物	システム企画書／要求仕様書／システム設計書	
③活動の前提 (前提となる情報、資源、予算や時間・工数(納期)など)	20××年4月30日　システム企画書 完了 20××年6月15日　要求仕様書 完了 20××年8月31日　システム設計書 完了 予算 nnn万円 その他については、「VOC管理についての問題点」参照	
(活動形態) 1. 通常業務 ②. プロジェクト活動 3. 委員会方式 4. コーディネータ方式	(主な活動メンバー) ・産能 太郎（情報システム部） ・産能 花子（コールセンター） ・等々力 次郎（商品開発部） ・湘南 一郎（経営企画室） ・代官山 光江（社外コンサルタント）	

プロセス設計シート

課題名:顧客満足の向上に資する VOC 管理システムの設計

(現状否定型) 現状肯定型

活動手順	活動内容	用いる手法	
1.ニーズ、課題の確認	1.経営計画の再確認	──	
	2.経営トップの意思確認	インタビュー法	
	3.事業環境、業務環境の調査分析	SWOT 分析	

		作成年月日	20××年2月20日	1/4
		所属	情報システム部	
		氏名	産能 太郎	

	アウトプットイメージ	納期・期間
	中期経営計画におけるVOCの位置づけ	4/4～4/5
	インタビューメモ	4/6
	インタビューメモを元にVOCに関する課題リストを作成	4/7～4/9

VOCに関する課題リスト　　作成者：産能 太郎
　　　　　　　　　　　　作成日：20xx年xx月xx日

No.	内容
1	関係する全部署で、VOC情報を統一フォーマットで管理／集積できるようにする
2	紙と人手に頼った管理を脱し、体系的にVOC情報を管理可能とする体制を築く
3	VOC情報を可及的速やかに精査し、製品／サービス開発に反映させる
…	…

| | VOCにまつわる強み／弱み／機会／脅威 | 4/7～4/10 |

		好影響	悪影響
内部環境		【Strength】 ・顧客の声をこまめに拾う職場風土がある ・外部志向の現場リーダーが多い 　…	【Weakness】 ・研究開発部門がシーズドリブンな仕事をしがち ・意思決定のスピードが遅い 　…
外部環境		【Opportunity】 ・丁寧なものづくりに対する消費者の好感度が非常に高い ・メーカーに対して意見を言うことに躊躇しない機運がある	【Threat】 ・カスタマーリレーションシップを一度失敗すると修復できないほどのイメージダウンを被ることが多い ・モンスタークレーマーが増加 　…

活動手順	活動内容	用いる手法	
2．現行業務の分析	1．現場部門の視察	FI分析	
	2．現行業務の可視化	レーンフローダイアグラム	
3．情報技術動向の調査分析	1．ITベンダへの情報提供依頼	RFI	
	2．提供された情報の整理	──	
4．要求仕様の策定	1．情報システム化範囲の特定	業務分析	

アウトプットイメージ	納期・期間
・VOC 情報の Input-Process-Output の流れ ・部門ごとの差異	4/11 ～ 4/15
（商品開発部／営業部／コールセンター／関連システムのレーンフロー図：顧客からの電話受付→文書管理システム→自動出力→クレーム月報、顧客要望伝達→Mail→月報資料化→改善課題リスト）	4/12 ～ 4/20
情報提供依頼書 ○○○株式会社 御中 情報提供依頼書（Request for Information） ◆目的：VOC システムの構築に向けての情報収集 ◆趣旨：当社では顧客の声を生かした商品開発／サービス開発を…… ◆システム要件および情報提供者の要件： 　・システム要件 　・情報提供者の要件	4/21 ～ 4/25
・CRM パッケージのスペック ・開発環境／ミドルウェアのスペック	4/26
レーンフローダイアグラム上での範囲確定	4/27 ～ 4/28

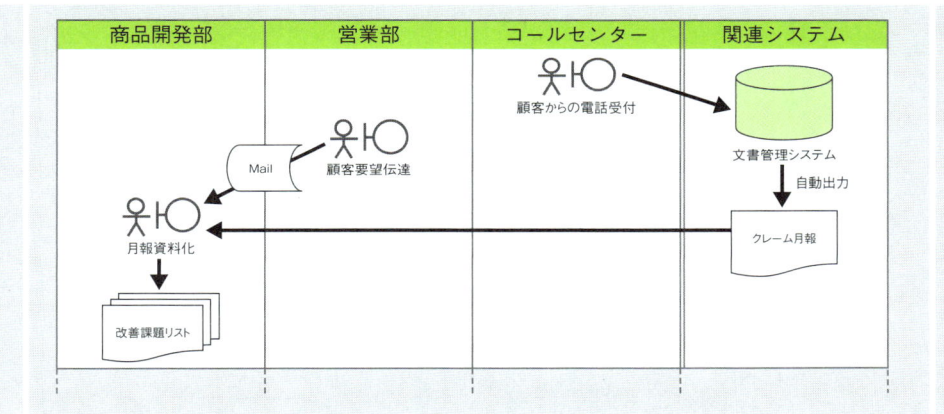

活動手順	活動内容	用いる手法	
	2．システム企画書作成	レーンフローダイアグラム	
		——	
	3．要件定義	USDM[※]	
	4．サービスレベルとサービス品質に対する基本方針の明確化	——	
	5．要求仕様書の作成	——	

マイルストーン

5．システム設計	1．IT ベンダへの提案依頼	RFP	

※ USDM = Universal Specification Describing Manner

	アウトプットイメージ		納期・期間
	更新版レーンフローダイアグラム		4/29
	システム企画書	システム企画書	4/21 ～ 4/30
	・業務要件リスト ・ソフトウエア要件リスト		5/1 ～ 5/31
	・サービスレベル要求水準 ・サービス品質要求水準		6/1 ～ 6/2
	要求仕様書	要求仕様書	6/3 ～ 6/15
	提案依頼書	○○○株式会社 御中 提案依頼書（Request for Proposal） ◆背景：先般よりVOCシステム構築へ向けての情報提供をお願いしており…… ◆目的：VOCシステムの構築に向けての発注仕様の詳細検討 ◆プロジェクトの概要： 　・システム要件 　・保守要件 　　　　　　　⋮	6/16 ～ 7/10

活動手順	活動内容	用いる手法	
	2．提案の比較検討	加重得点法	
	3．システム設計以降のスコープ確定	WBS	
マイルストーン			
	4．システム化の条件確定	――	
		――	
	5．システム設計書の作成	――	

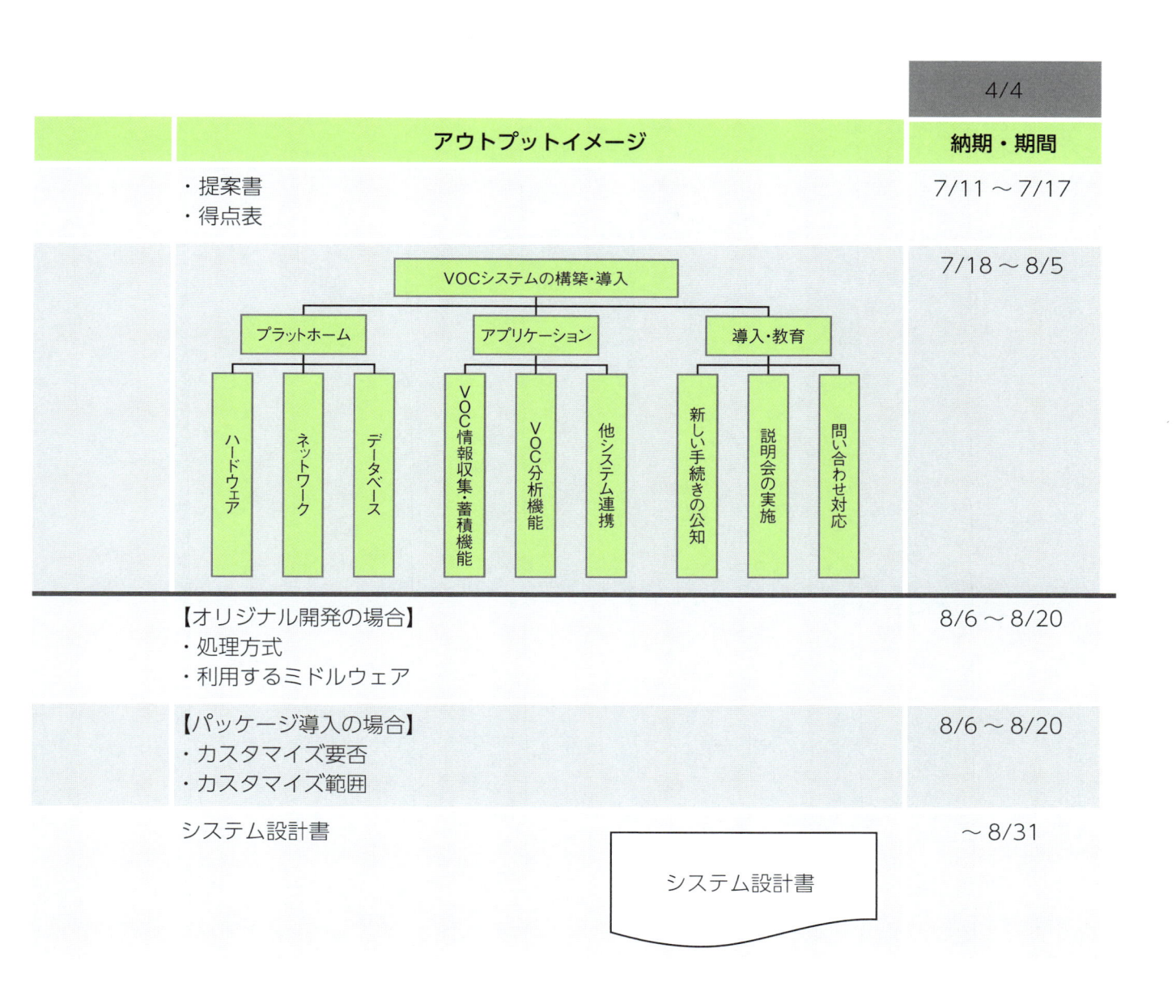

	アウトプットイメージ	納期・期間
		4/4
	・提案書 ・得点表	7/11 ～ 7/17
	VOCシステムの構築・導入 ├─ プラットホーム（ハードウェア／ネットワーク／データベース） ├─ アプリケーション（VOC情報収集・蓄積機能／VOC分析機能／他システム連携） └─ 導入・教育（新しい手続きの公知／説明会の実施／問い合わせ対応）	7/18 ～ 8/5
	【オリジナル開発の場合】 ・処理方式 ・利用するミドルウェア	8/6 ～ 8/20
	【パッケージ導入の場合】 ・カスタマイズ要否 ・カスタマイズ範囲	8/6 ～ 8/20
	システム設計書　　　　　　　　　システム設計書	～ 8/31

5章

問題解決デザイン技術と管理技術

1 あらためて管理技術とは

　本章では、問題解決デザイン技術と管理技術の関係についての整理を行います。1章（2項）で触れた管理技術と固有技術の定義を確認のうえ読み進めてください。

1．管理技術の発祥

　管理技術の発祥は、18世紀後半の産業革命期に遡ることができます。産業革命によって工業化社会の進展が始まり、企業にとっては、大量生産による生産性を激しく競う段階に入ったことを物語っていました。このような世相の中で労使間の対立が頻発し、経営者側の賃率の一方的な切り下げ、労働者側の組織的怠業といったことが後を立たなかったようです。

　科学的管理法を産み出したテーラー氏は、このような賃率・賃金を巡る労使間の対立の真の原因を「仕事の成果を客観的に測定するための基準がない」ことにあると考えたのです。そしてその克服のためにテーラー氏は、この基準を課業という概念に取りまとめ、「4つの管理原則」[※1]と「時間研究」を行い課業管理という考え方の確立を行ったのです。テーラー氏はこれを科学的管理法と名づけましたが、これが後にIEとして発展し、同時に科学的な管理技術の出発点となったのです。

　科学的管理法は、それまでのものづくりの技術が「ものを作るための技術＝固有技術」であったことに対し、「ものづくりの生産性（効率）を上げるための技術＝管理技術」という新

※1）4つの管理原則とは、「日々の高い課業」「標準的条件」「成功に対する高い支払い」「失敗に対する低い支払い」の考え方である。

しい考え方であり、方法の提案だったのです。

2．代表的な管理技術の特徴

1911年に科学的管理法が発表された以降、管理技術は、ものづくりの生産性（効率）を上げるための技術としての発展を続けています。既に触れたQC、VEなどはIEに続く管理技術として生み出されたものです。では、IEとQC、あるいはVE、あるいはその他の管理技術は、それぞれどのような特徴を持っているのでしょうか？

IEは、動きを改善するのが得意です。QCは、品質を改善するのが得意です。それぞれの技術には、それぞれの得手不得手があり、特徴があります。得手不得手は、どのような問題を解決するのが得意なのかということになりますし、特徴は、どんな進め方をするのかという点に違いがあらわれます。

世間一般に管理技術というとIE、QC、VE、そしてOR（オペレーションズ・リサーチ）の四つがあげられます。この四つについての比較を行ってみましょう。なお、この四つが個別バラバラに発展したというよりも、生産性をあげるための取り組みの進化の歴史として解釈をすると、その流れのなかから特徴が掴みやすくなるだろうと思います（図表1）。

（1）IE

IEは、テーラー氏の時間研究にギルブレス夫妻の動作研究を加えて体系として完成されています。その特徴は、時間・動作のムダ・ムリ・ムラの発見を通じた作業改善という点

> **COLUMN**
>
> **大量生産時代の幕開けと管理技術**
> 　大量生産を目的としたアセンブリーラインは、ブルネル氏のイギリス海軍用滑車装置の製造がスタートとされています。その後、1890年にはポープ氏が、アメリカで自転車製造のアセンブリーラインで流れ作業での生産を開始したとされています。そして1901年にはオールズ氏によって自動車生産でもアセンブリーラインによる流れ作業が取り入れられ、1914年にはT型フォードでベルトコンベアの導入がなされたのです。管理技術の発祥は、この時期と重なり、工業化、大量生産という社会要請の中で、生産を向上させるために必然的に産み出されたものと考えるのが自然なのだろうと思います。

にあります。つまり、「時間・動作」を評価尺度とし、検討対象を「現象」とします。現象とは、人や機械の動きのことを指しています。

つまり、IEは眼に見える動き－これを現象と呼んでいるのですが－を対象とした生産性向上への取り組みであったのです。

図表1　問題解決デザイン技術で活用する管理技術の特徴

名称	評価尺度	分析の対象	分析アプローチの特徴	代表的手法
IE (Industrial Engineering)	時間動作	現象 (人や機械、システムの動き)	ムダ・ムリ・ムラの発見と解消	方法研究 作業測定
QC (Quality Control)	品質	原因 (因果関係)	「なぜ？」を使った真の原因の発見と解決	統計手法 QC 7つ道具
OR (Operations Research)	最適解	運用	モデルを使った仮定と解決案の選択	線形計画 シミュレーション
VE (Value Engineering)	価値	機能・コスト (製品・サービスの目的)	「何のために？」を使った真の目的と再有利手段の決定	機能分析 機能評価法
TRIZ	理想性	矛盾	技術システムの進化過程と設計構造の有益機能と有害作用の関係性	PF (プロブレムフォーミュレーション)
マーケティング	顧客満足	ニーズ	セグメンテーション（市場細分化）による顧客ニーズのフォーカス	STP、4P/4C
創造技法	創造技法は、綜合化段階の技術であるため、この表の枠組みでの説明は困難である			自由連想法 強制連想法 類比思考
(TRIZ)	TRIZは、綜合化段階の技術としての側面も持つ			発想のオペレーター (各種発明原理)

COLUMN

日本における科学的管理法の普及

　科学的管理法の考え方は、テーラー氏によって1911年に発表されたあと、直ぐに上野陽一（現在の産業能率大学の創立者）によって日本に紹介されています。そして上野の手によって1920年には小林商店（現、ライオン株式会社）での「粉歯磨き製造作業の改善」、1921年には福助足袋での「足袋製造作業の改善」というコンサルテーションが実践され、IE理論を実践の場で生かし成功したケースとして知られています。つまり、日本企業での受け入れも早くに実現されたのです。

（2）QC

　大量生産を行う工場組織で、作業側面からの生産性向上の次に求められたのは、品質本位のものづくりでした。企業競争を考えると当然のことなのでしょうが、品質の良いものを作ることが、販売競争上不可欠になってきたのです。このような中から1924年にアメリカの統計学者であるシューハート氏によって「管理図の理論」が発表されました。この管理図の考え方は、過去のデータからの推測によって品質を管理しようとする統計学の考え方を援用しています。この管理図を活用した品質管理の活動のことをSQC（Statistical Quality Control：統計的品質管理）と呼んでいます。

　QCは、このSQCをスタートとして、統計学を援用しながら品質ばらつきの原因を因果という観点から探る方法としての発展を遂げていきます。つまりQCは、「品質」を評価尺度とし、検討対象を「原因」としているのです。IEとはまったく異なる見方での生産性向上へのアプローチです。

　前章で認識の創造の話に触れましたが、生産性向上というテーマに対し、IEでは「現象（動き）」に注目し、QCでは「原因」に注目するという、まさに認識の創造を地で行くような視点の転換があったのです。

　日本の製造業の取組みは特に熱心で、QCサークルや小集団活動などの組織開発的な活動と組み合わせられ、独自のQC活動が練り上げられていきました。現在では「QC」という言葉は、改善活動の代名詞としてのシンボリックな言葉にもなっています。

　手法もQC7つ道具、あるいは新QC7つ道具といった呼び方で親しまれるようになっていますし、「なぜ、なぜ…」と原因を問うアプローチは、かなり多くの企業で意識されているように思います。

（3）OR

　ORは、テクニカル・リサーチ（技術研究）に対するオペレーショナル・リサーチ（運用研究）としてその産声を上げました。

　運用研究というのは、「賢い使い方」を明らかにする方法の研究という意味です。たとえば生産工程を設計する際に、生産能力の異なる複数の装置を如何に組み合わせれば最も生産量が高くなるのかといった問題が典型的な運用の問題です。

　この研究の場は、残念なことに産業界ではなく軍事の場でした。1935年にイギリス空軍におけるレーダー[※2]の運用研究としてマ

※2）当時レーダーは、ラジオ・ロケーターと呼ばれた

ンチェスター大学教授のブラケット卿が中心になってその研究の端緒が開かれました。

ORの基本的な考え方は、現象の根本に存在する法則を数式で解明するというものです。そこからORの特徴が生まれています。それは、検討対象を選ばず企業活動全般を対象とし、数学や統計学を用いた分析でモデルに落とし込み、最適な運用方法を導き出そうとするのです。

ORは、運用という現象を対象としますのでIEに似ているとことがあります。しかし、その解決へのアプローチでは、統計学、あるいは数学を用いるという点ではQCに似ているといっても良いかもしれません。しかし導き出される解決案はモデルに基づく最適解であり、この部分はIEやQCとは似ても似つかない部分です。

また、数学を用いることから敬遠されがちでIEやQCのように身近な存在にはなりませんでした。しかし個別の手法として、ランチェスターの法則、あるいはシミュレーションやPERTなどの名前を聞くと、それなりに親しみを感じる方も少なくないのではないでしょうか。ORとしてよりも、個別の手法が親しまれているという特徴があります。

（4）VE

ORが軍事・戦争という歴史の暗部で発展してきたとすると、VEは戦後、戦争の影響によって生じた物資不足を補う必要性から生まれたものということができるかもしれません。

具体的にはGE社（米）の調達部門のマイルズ氏によってまとめられた論文（1948年）がスタートとされています。マイルズ氏の発表した論文では、VEは「VA（バリュー・アナリシス）[※3]」と表現されていました。これは、VEが価値を重視していることを示しています。

VEの特徴は、「価値」を評価尺度とし、検討対象を「機能」と「コスト」としていますので、価値は、機能とコストのバランスで決定する（価値＝機能／コスト）という考え方をとっています。つまり、価値を最大化するためには「機能：お客様の要求機能・購入や使用の目的」と「コスト：機能を実現する手段」を見直すことが不可欠です。その結果、VEでは従来とは抜本的に異なる改善案が出るのです。

※3）日本の企業の中では現在もVAと呼んでいる企業も少なくない。しかし、VAはその発展の過程でVEと呼ばれるようになっている。

COLUMN

アスベストの出来事とは……

第2次世界大戦後の物資不足の時代の出来事です。

アメリカの大手製造業であるGE社では、製品の塗装にコンベアを用いていました。しかし、塗装がコンベアを伝わって床に流れ落ちる状態でした。塗料は引火性の高い物質ですのでコンベアの下に「アスベストシート」を敷くことが社内火災防止規則（重役会の決定事項）で義務づけられていました。

しかし、物資難でアスベストシートがなかなか入手できませんでした。そこで購買担当者は、「アスベストと同じ効用を持つ他の材料で、さらに安い物はないか」という点に注目し、不燃材の専門業者の協力によりその代替品を探すことにしたのです。

その結果、代替品は見つかりました。しかし社内火災防止規則により、当初は、代替品の使用は許可されませんでした。そこで、購買課長であったL.Dマイルズ氏は、代替品の実験をおこなって、有効性を証明し、火災防止規則の改定へつなげ、ついに全面的に代替品の採用が認められたのです。

VEとは、このように目的を明確にし、その達成手段を創造し、実施にあたっては阻害要因を克服するという考え方と実践態度を大切にしています。

アスベストの出来事とVEの基本思想

アスベストの出来事	VEの基本的考え方
GE社購買担当　アスベストを購入したい 専門業者『何のために必要か？』	①目的本位（原点から）の思考 ＊『何のために使っているのか？』
GE社購買担当『延焼を防ぐため』 （機能） 専門業者『代替材（不燃紙）がある』	②専門知識の収集と活用 ＊チーム・デザインによる改善変更 ③代替案の創造に期待 ＊目的（機能）は一つでも手段（方法）はたくさんある
GE社購買担当 　　価値の高い不燃紙提案 GE社　当初は火災防止規則 　　によって不採用 　　裏付け調査後採用 　　火災防止規則の改定へ	④障害の克服 ＊改善には障害はつきもの、その克服には忍耐と説得性が必要

5章　問題解決デザイン技術と管理技術

ただ残念なことに、企業の実務のなかでは、価値改善の手法というよりもコストダウンの手法として知られているのが実情です。

IE、QC、OR、VEという管理技術の推移は、生産性の向上を図るための方法としての切り口の進化として見ることができるのです。

3．その他の管理技術

また、問題解決デザイン技術では、TRIZ、マーケティング、創造技法の3つについても管理技術に準ずるものとして取り扱っていますので、あわせて紹介を行いましょう。

（5）TRIZ

TRIZ（トゥリーズ：treez）は、ロシアのアルトシューラー氏によって発明の技術として開発されたものです。製品や技術の評価尺度を「理想性」とし、検討対象を「進化と矛盾」においています。技法としての特徴は、要求の矛盾と技術の矛盾を追究する方法論を持つことです。加えて、解決案を出す際のヒント集を持っていることです（発想オペレーターと呼びます）。このヒント集は、膨大な数の特許分析を行い技術システムの進化過程で繰り返し使われている工夫のパターンをまとめたものです。

つまり、矛盾を見つけ、その矛盾を解決するのにヒント集を用いてアイデア発想を行い、抜本的な改善アイデアの獲得を志向するというユニークな技法です。分析の手法という一面だけではなく、創造の技法というもう一面を持っているのです。問題解決デザイン技術における主な用途は、従来にない解決案、あるいはアイデアの発想です。

（6）マーケティング

マーケティングは、経営学の主要な研究領域となっています。それを管理技術としてしまうのは、矮小化とのそしりを受けるかもしれません。しかし、現代の企業活動においては、顧客志向は不可欠であり、それは技術活動においても、あるいは技術活動であるからこそ大切であるといっても過言ではありません。そこで問題解決デザイン技術では、マーケティングの考え方と主要な手法を管理技術と見做して活用しています。

マーケティングの評価尺度はもちろん顧客満足であり、検討対象は市場と顧客となります。

（7）創造技法

創造技法とは、アイデアを産み出し、それらのアイデアを実際につかえるものとして具体化して行く一連のプロセスで使われる技法です。一般にアイデア発想の力は、個人の生まれつきの力と思われがちなのですが、実は、アイデア発想にも技術が存在します。その技術の活用によって、より良いアイデア発想が期待できるのです。

そこで、問題解決デザイン技術では、この創造力を高度に活用し、よりレベルの高い解決案を追及するための技法として重視しています。

コンサルタントの眼

プロジェクトにおいて"やるべきことの範囲"をしっかりと見定め、それを着実に管理することは、重要なマネジメントのポイントです。良く知られたプロジェクトマネジメントの知識体系であるPMBOKでは この管理領域を"スコープマネジメント領域"と呼んで重視しています。気づかないところで"やるべきことの範囲"が拡大・縮小すると、プロジェクトの円滑な進行は期待できなくなります。特に、プロジェクトマネジャーが把握していないスコープの拡大を"スコープクリープ"といいます。スコープクリープを避けるためには、利害関係者間で"やるべきことの範囲"を共有し、スコープの変更は正式な手続きを経たうえ行うという合意を得ておく必要があります。

2 管理技術の詳細

では、ここで問題解決デザイン技術の中で用いる管理技術の一覧とその詳細について触れておきましょう。

1．問題解決デザイン技術における管理技術

問題解決デザイン技術では、図表2に示す「7つの管理技術」を用います。

表中では、技法の選択にあたっての利便性を考え、企画・開発・製品設計・工程設計・製造というものづくりのプロセスにおける重点化を行いましたが、目安に過ぎません。たとえばIEを○のついていない開発で用いたということがあっても構いません。

なお、本章での技法の紹介では、技法に含

図表2 問題解決デザイン技術の7つの管理技術

手法名称	ものづくりのプロセス				
	企画	開発	製品設計	工程設計	製造
1. IE				○	○
2. QC		○	○		○
3. OR		○	○	○	○
4. VE		○	○		
5. TRIZ		○	○	○	
6. マーケティング	○	○			
7. 創造技法	○	○			○

まれる手法は割愛していますので、手法レベルでの理解は、6章を参照してください。[※4]

1 IE【Industrial Engineering】

1．目的

IEは、テーラー氏の科学的管理法が発祥とされ、仕事を科学的定量的に捉え、改善していくことを目的としている考え方です。もともとは製造現場での作業を対象に用いられてきましたが、最近ではサービス業などでも取り入れられています。IEは、人・物・金・時間といった経営資源の有効活用を行うための考え方とも言い換えることができます。

2．考え方

1）IEの基本

IEには複数の分析手法がありますが、IEを効果的に実践するにはこれらの手法を系統的に適用することが大切です。つまり手法の使い方には順番があるということです。たとえば、工程の流れを把握した後、単位作業レベルで人や機械の動きを調べます。気になる単位作業については要素作業レベルへ分解し、問題点が見つかった場合はさらに動作レベルまで詳細に調査します。

このように、個々の分析の結果（アウトプット）が以降の分析のインプットとなるため、プロセス設計によって手順を計画することがIEの実践にとって大切です。

IEは、現状を把握するための手法が多く準備されており、「現状肯定型アプローチ」の問題解決に多く適用されます。

2）IE分析手法の体系

IE分析手法には大きく分けて、人や機械の動きや物の流れを調べる「方法研究」と、時間や稼働率などを定量的に把握する「作業測定」とで構成されます。実務上は、調査の目的に照らし合わせて、該当する手法を選定していきます。

また、方法研究の中にも「人・機械の動き」を調べる手法、「物の流れ」を調べる手法、「情報の流れ」を調べる手法があります（図表3）。

図表3　IE分析手法の体系

IE分析手法 ─┬─ 方法研究 ─┬─ 人・機械の動き
　　　　　　│　　　　　　├─ 物の流れ
　　　　　　│　　　　　　└─ 情報の流れ
　　　　　　└─ 作業測定

※4）産業能率大学総合研究所のホームページには、問題解決技法や手法の紹介ページが準備されています。http://www.sanno.ac.jp/

3．IE の進め方

1）対象の選定
　対象テーマを選定します。
2）現状調査
　・工程、作業プロセスを方法研究の手法により把握します
　・現状の工程や作業時間を作業測定の手法により測定します
3）改善案の作成
　・現状を5W1H[※5]の観点で検討し、改善の着眼点を発見します
　・着眼点をどう変えるかを検討し、アイデアを発想します
　・発想したアイデアを実施できるように具体化します
4）改善案の評価
　・技術面と経済面から実施の可能性を評価します
　・実施する改善案を決めます
　・実施結果を確認し、良ければ標準化します

2　QC【Quality Control】

1．目的

　QCとは、シューハート氏を起源とする統計的品質管理に代表されるように問題を数値化して捉えることを中心とした品質面の検討をする手法です。モノの品質だけではなく、業務の品質の検討にもQC手法は活用が可能であり「QCストーリー」という問題解決のプロセス、「QC 7つ道具」「新QC 7つ道具」といった手法があります。QCもIE同様、現状を把握するための手法が多く準備されており、「現状肯定型アプローチ」の問題解決に多く適用されます。

2．考え方

　QC手法は、問題の現状を把握することに特徴があり、以下のような検討が可能になります。

1）重点化
　　問題の発生状況や発生件数などを整理し、どの問題に取り組むべきか、どの要素が重要かなどの問題解決のステップにおける重点化をすることが可能になります。

※5）ここでは5W1H、改善案作成段階では、How much（いくら）は考えない。

2）層別
重点化する上での問題現象やデータのグルーピングをする視点を提供してくれます。

3）原因追求
問題の解決策を考えるには、その原因を追求することがポイントとなります。QC手法はその原因追求の手法を提供してくれます。

4）統計的考え方
QC手法は数値データを扱うことを得意としています。統計的手法を用いて、少ないデータで全体を把握する手法を提供してくれます。

3．QCの進め方

QCは、QCストーリーと呼ばれるステップを持っています。なお、このQCストーリーには、「問題解決型」「課題達成型」「施策実行型」という3つのタイプがありますが、ここでは「問題解決型」のQCストーリーを紹介しましょう（図表4）。

図表4　問題解決型QCストーリー

1. 現状の把握 ……これから解決する問題をはっきりさせることからスタートします。
2. 要因の解析 ……解決する問題に対し、なぜその問題が発生したのかその原因を考えます。
3. 対策の立案 ……どうしたらその原因がつぶせるかを検討します。
4. 対策の実施 ……「だれが」「どこで」「いつ」実施するのかを決めます。計画を作り実行します。
5. 効果の確認 ……効果があったかどうかを確認します。
そのためには、対策の実施前後のデータを比較します。
6. 歯止め ……実施した対策に効果があることを確認したら、同じ問題が再び発生しないように歯止めをかけます。もとに戻らないようにすることが歯止めです。指示書やマニュアルによる標準化がその例です。

3 OR 【Operations Research】

1．目的
　数学的アプローチを用いて、さまざまな計画に際して最も効率的になるよう諸資源の配分を決定する技法です。代表的な手法として、線形計画法、日程計画法、待ち行列などあります。

2．考え方
(1) ORの歴史

　ORは、既に触れた通り第二次世界大戦を機会に誕生したものです。そのきっかけは、レーダーの開発にありました。イギリスでは、レーダーの原理は1930年代には把握されており、課題はいかに実用化にむすびつけていくかでした。

　1936年にはレーダーステーションが完成し、レーダーでの要撃演習が行われましたが、残念ながら演習は失敗に終わりました。これは、レーダーの技術的な問題よりも運用が原因であると考えられました。そこで運用面からの研究のために技術者が基地に配備されました。

　1937年に入るとレーダーステーションの数も増え、英国に向かう民間航空機を仮想敵機とみなした要撃訓練が繰り返されました。この訓練の特徴は、レーダーを要撃システムの一要素としてとらえ、レーダーでとらえた情報をもとに、戦闘機が要撃のために飛び立つという要撃システム全体の運用研究を軍人の中に混じって学者、技術者が進めたことにありました。この様な研究の進め方（＝オペレーショナル・リサーチ）が成果を上げてきたことで、この方法に対する要望が高まりました。

　運用研究のリーダーであったブラケット卿は、照準用レーダーを使いこなせないという問題に対して、運用システムの改善をし、また、対潜水艦に対するシステム改善など部隊から部隊へと移りながら改善を進め成果をあげる彼等を、英軍ではブラケット・サーカスと名付け称賛したそうです。

　アメリカでは、NDRC (National Defence Research Committee) 主導の元に、対潜戦グループ、陸軍航空グループなどのORグループが次々に誕生しました。

　戦争は終了し、イギリスでは戦争の傷跡である産業や貿易に関する諸問題に対してORを活用するようになります。1948年オペレーショナル・リサーチ・クラブが結成され情報交換の場を設けました。そして、研究活

動としての OR を形成していきました。

一方、アメリカでは、最強の軍事力を維持していくという使命を持つ軍の支援のもとで OR は発展していきました。そして、1952 年に OR 学会が設立しました。

次に OR の特徴を理解するために、代表的な手法を紹介します。

（2）線形計画法

問題をモデル化して解くという意味では、OR の代表的な手法です。次のような問題を解く方法です。なお、達成したい目標を数式化して表現します。

A と B の 2 種類の製品を生産するときの利益最大を考えます。A を生産するのに 3 人、B を生産するのに 2 人の人員が必要で、工場には 200 人の人員がいます。また A を生産するのに 35kg、B を生産するのに 25kg の材料が必要ですが、月 2,000kg までしか確保できません。利益は、A では 30 万円、B では 20 万円が 1 個生産するごとに得ることができます。A を x 個、B を y 個生産するとき、A、B を何個生産するのがもっとも利益がでるでしょうか？

目的関数
　利益 f ＝ 30 x ＋ 20 y　→　最大
制約条件
　　3 x ＋ 2 y ≦ 200
　　35 x ＋ 25 y ≦ 2,000
　　x ≧ 0，y ≧ 0

（3）日程計画法（PERT）

複数の作業が存在するプロジェクトは納期管理が難しく、単純なガントチャートだけでは効果的な管理はできません。ネックになっている工程（クリティカル・パス）が問題なのであり、それを重点に管理する必要があります。PERT（Program Evaluation and Review Technique）とは、プロジェクトを納期どおり完了させるには、どの作業をいつから開始していつまでに完了させればよいか、日程管理上の重点となる作業は何かなどを求める方法です。

（4）待ち行列

客が窓口に到着したときに、すぐにサービスが受けられるか、前の人が終わるまで行列の後ろに並ぶとどのくらいの時間待たされるのか、また窓口はどのくらい忙しいのかなどを計算する方法です。

3．ORの進め方

（1）問題の目的を明確にする

問題を解決するに当たり、何を達成したいのかを明確にする必要があります。たとえばコストを最低にしたい、最短コースを見つけたいなど、組織として、個人として解決したい問題を明確にします。その上で達成したい目標を設定します。これが目的変数となります。さらに目的変数に影響を与える可変的要素（変数）を選択します。

（2）問題をモデル化する

問題と目標が明らかになったならば、実際の問題状況を線形計画、待ち行列など最適な数式モデルに表現します。モデルを構築するのに注意しなければならないのは、現実をよく反映したモデルを設定することです。

（3）数学的な手法で最適解を得る

最適解を得るためにはコンピューターを通常活用します。そのアウトプットから数式モデルの最適解を求めます。数式モデルから最適解が求められた後で、実際の問題状況に置き換え、最適解を解釈していきます。その解をどのように実際の場面に適用し、どのように解釈するかが重要です。

4　VE【Value Engineering】

1．目的

VE（Value Engineering）は、主に開発設計や購買においてコストダウンを検討する際に、製品やサービスの品質や機能を確実に維持・向上しながらコストを下げるために用いられる技法です。VEは製品やサービスの価値の程度を、機能（働き）とコストの比率（機能／コスト）の式を用いて定量的に表すことにより、価値改善のマネジメント（計画、実施、評価、改善）を行い、製品やサービスの機能向上やコストダウンを進めることができます。

VEでは、この価値と機能、そしてコストの関係を $V = F/C$（価値＝機能／コスト）という概念式で示します。

VEの手順はVE実施手順と呼ばれる10のステップに集約されています。

2．考え方

VEは以下の5つの基本的な考え方に基づいています。

1）使用者優先の原則

VEでは、製品やサービスを使用する顧客（使用者）の満足を得ることを目的

としています。顧客は、製品やサービスが必要な機能を確実に果たし、しかも、それを取得・使用し、廃棄するまでのコストが最小であることを期待しています。VE の基本的な態度は、常に顧客の立場に立って考えることです。

2）機能本位の原則

顧客が求めているのは構造や形ではなく、製品やサービスが果たす機能です。機能とは、製品やサービスの果たす働きのことで、目的を実現する機能は同じでもそれを果たす手段は多数考えられます。VE では、顧客の要求する機能を第一に考え、その機能を達成するための最善の手段を考えます。

3）創造による変更の原則

必要な機能を最小のコストで達成するためには、機能を達成する手段についてできるだけ多くのアイデアを発想する必要があります。そのためには、創造力の発揮が不可欠です。VE では、創造力を発揮して、これまでの慣習や固定観念を打破し、製品やサービスの価値向上のための新しい着想を生み出します。

4）チーム・デザインの原則

価値の高い製品やサービスを生み出すためには、対象テーマに関する多くの分野の情報が必要です。また、関連するさまざまな分野の知識と経験を結集することで、価値向上のための最善策を決定することが必要です。VE では、関連分野の専門家を結集したチームによって活動を行います。

5）価値向上の原則

顧客の満足を得るためには、高い価値の提供を実現することが必要です。VE では、機能とコストで製品やサービスの価値の程度を評価します。

3．VE の進め方

1）機能定義

ステップ①　VE 対象の情報収集

改善のために必要な対象に関する情報を収集し、理解を深めます。これにより、対象に精通するとともに、チームメンバーが共通の知識的基盤に立つことができ、その後の活動が行いやすくなります。

ステップ②　機能の定義

製品やサービスが持つ機能を、構成要

素（部品）ごとに『名詞＋動詞（〜を〜する）』で簡潔に定義し、製品・サービスの個々の構成要素が持つ設計意図を明確にします。この作業は次のステップ③以後を実施するためにも必要な作業です。

ステップ③　機能の整理
　ステップ②で定義した、構成要素ごとの機能を「目的-手段」の関係性で階層構造に整理します。この作業により、製品・サービス全体の設計思想への理解を深めるとともに、チームメンバーとその認識を共有します。このステップで作成する機能系統図は、この後のステップにおいて検討の作業台となります（図表5）。

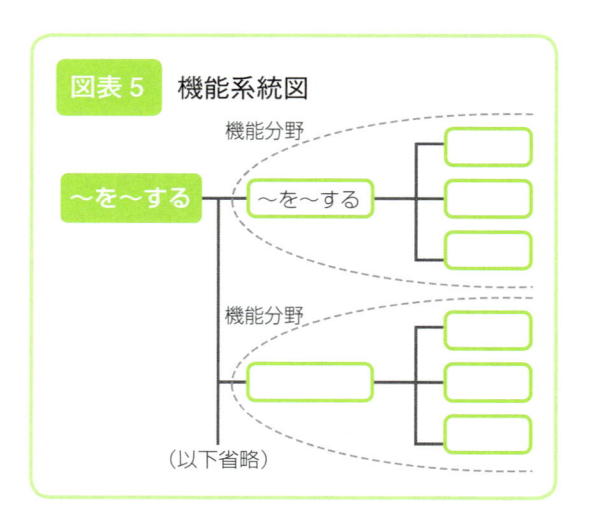

2）機能評価
ステップ④　機能別コスト分析
　ステップ③で作成した機能系統図を用いて、構成要素（部品）ごとに集計されているコストを、機能のまとまり（機能分野）ごとに振り分けていきます。機能を達成するためのコストを算出します。これはF/CのCの値に相当します。

ステップ⑤　機能の評価
　ステップ④でコストを振り分けた、機能のまとまり（機能分野）ごとに機能の評価値を金額で求めます。機能の評価値は、顧客が求める機能に対して顧客が支払ってもよいと考える対価としての金額であり、「あるべきコスト」とみなせます。これはステップ④で求めた現状の機能コストに対して、目標の機能コストとなります。これは、F/CのFの値に相当します。

図表5　機能系統図

ステップ⑥　対象分野の選定
　ステップ④とステップ⑤で求めた、CとFの値を用いて、機能分野ごとにVの値を算出することで、価値の低い機能分野を明らかにします。またコストの低減余地C-Fを求めることで、「相対的に価値が低く、またコストの低減余地のある機能」を明らかにし、改善に取り組む対象となる機能分野を選定します。

3）代替案作成
ステップ⑦　アイデア発想
　ステップ⑥で改善対象として選定した機能を実現する代替案をつくるためのアイデア発想を行います。ここではモノではなく機能からアイデアを発想することで、抜本的・本質的なアイデアを求めます。また「アイデアは、量が質を生む」という考えの基に、発散的に大量のアイデアを出すようにします。

ステップ⑧　概略評価
　ステップ⑦で得られた大量のアイデアのうち、価値向上が期待できるものを選択するための概略的な評価をします。次のステップ⑨にかけてアイデアを徐々に収束していくことで、価値向上の可能性を探ります。

ステップ⑨　具体化
　ステップ⑧で価値向上が期待できると評価されたアイデアを組み合わせて具体的な代替案を作成します。またその過程ではアイデアを実現するうえでの障害を克服するアイデアを繰り返し追加しながら、価値向上が期待できる代替案として洗練化していきます。

ステップ⑩　詳細評価
　ステップ⑨で作成した代替案を実現可能性とコストダウン効果額の観点から、定量的に評価し、作成した代替案が価値を向上し提案可能であることを保証します。

5 TRIZ【トゥリーズ】

1．目的

　TRIZとは、treez（トリーズ）と読み、ロシアのゲンリフ・サウーロヴィッチ・アルトシューラー氏によって1940年代末に開発が始まり、今なお弟子たちによって開発が続けられています。

　TRIZの目的は、抜本的な解決です。抜本的という意味はトレードオフ的な解決ではないという意味です。TRIZの専門家は、イノベーションを起こすための技法であると言っています。TRIZでは、イノベーションと呼べるような抜本的な解決を行うために、技術進化／矛盾／発明原理と資源といったTRIZ独特の考え方に基づいた手法を生み出しています。

　技法としての特徴は、抜本的な解決を行うための分析の仕方とアイデア発想の仕方に特徴があります。なお、問題解決技法のなかで、アイデア発想の手順と"ヒント集"をもった技法は、他に見ることはできません。

2．考え方

　TRIZには、1）技術システムは進化する、2）技術の問題とは矛盾である、3）発明原理と資源を活用した解決案の生成（アイデア発想）の支援という三つの考え方があります。

1）技術システムは進化する

　TRIZでは、技術システムの進化という考え方を用いた分析とアイデアの発想を行います。技術の進化の究極を理想性（Ideality）と呼び、この理想性は、有益機能（Usefull Effect）の総和と有害作用（Harmfull Effect）の総和のバランスと考えます（図表6）。

　TRIZでは、技術が理想性に向かって行く進化のプロセスを、特許の分析に基づき8つのパターンに整理をしています。私たちは、現在までの技術の進化状況、そして今後の技術進化の洞察に、この技術システムは進化するという考え方とパターンを用いることができるのです。

図表6　理想性の概念式

$$Ideality = \frac{\Sigma\ UE}{\Sigma\ HE}$$

2）技術の問題とは矛盾である

TRIZの最も特徴的でポピュラーになっている考え方です。技術の構造的な分析を行っていくと、技術者が意図した機能を発揮するための手段が、その技術システムの有害作用の原因になっているという考え方です。

たとえば、扇風機を取り上げてみましょう。涼しくするために、風力をあげる目的で技術者が羽根を大きくしたとします。すると風きり音が大きくなります－つまり、騒音（＝風きり音）という有害な作用が強まってしまうのです（図表7）。

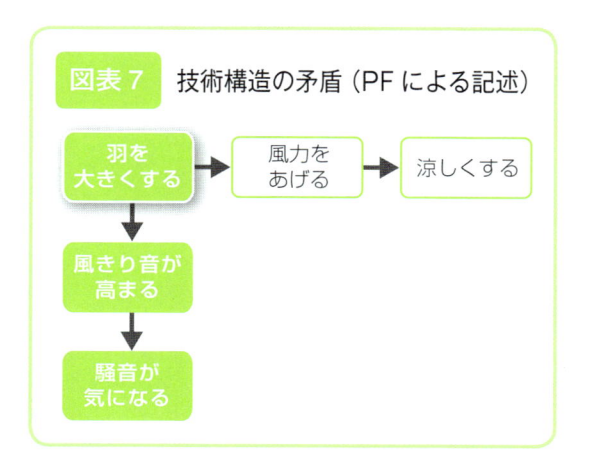

図表7　技術構造の矛盾（PFによる記述）

羽を大きくする → 風力をあげる → 涼しくする
↓
風きり音が高まる
↓
騒音が気になる

TRIZでは、有益機能と有害作用、そして目的－手段、結果－原因という観点での技術構造の分析を行い、そこに発生している矛盾を見つけだします。この扇風機の場合、「風力をあげる」ということと、「風きり音が高まる」という間には、相関関係がありますが、TRIZでは、この相関関係をなくすアイデア発想を志向します。

3）発明原理と資源を活用し解決案を生成する

TRIZは、より優れた解決アイデア発想のために、特許の分析から、技術者が問題を解決する際に用いる考え方のパターンの導出を行い、アイデア発想のためのヒント集を作成しました。特許からの解決案の考え方のパターンの導出は、頻度を基本としています。

イフェクツ、40の発明原理、分離の原則、76の標準解と呼ばれる発明原理（解決アイデア発想のヒント集）がつくられています。これらの発明原理は、現在は「オペレーター」と呼ばれています。TRIZでのアイデア発想は、このオペレーターを用いた強制連想で

行われます。
　加えて、解決案の実現において、対象システムに内在している資源や周囲の環境から得られる資源を最大限に活用するという特徴的な方法論を持っています。

3．TRIZの手順

　TRIZは、大きく「問題分析の手法」と「解決アイデア発想の手法」の二つから構成されています。問題分析の手法は、既に説明した矛盾を発見するためのものであり、PF（プロブレム・フォーミュレーション）と呼ばれる手法を用います。一方、解決アイデア発想の手法は、オペレーターを用いた強制連想となります。
　TRIZの活用手順は以下のとおりです。

1）対象テーマの選定
　取組む課題を設定します。
2）理想の設定
　課題についての「理想的状態」と、理想的状態に基づく「現在の目標」の設定を行います。
3）既存方法の整理
　「現在の目標」を実現する既知の方法を一覧化し、具体例を確認します。
4）既存の方法の欠点明確化
　3）で列挙した方法を採用した場合の欠点を検討します。
5）矛盾の特定
　4）で明らかにした欠点を「矛盾」という形に定式化します。また、この矛盾を解決すると1）で設定した現在の課題が達成できるかを確認します。
6）矛盾解決のアイデア発想
　アイデア発想のオペレーターを用いて解決アイデアの発想を行います。
7）資源の探索
　6）で発想した解決アイデアを実現するための「資源」の探索を行います。資源を活用して解決アイデアの実現を具体化します。

6 マーケティング【Marketing】

1．目的

マーケティングとは、顧客（消費者）を満足させながら利益を得ようとするさまざまな活動やそのしくみです。市場、顧客や使用者に関して十分に知り理解することで、提供する製品やサービスを市場・顧客に適合させ、顧客の満足を得て売上が増大し、利益につながるような戦略を立てます。なお、ドラッカー氏はマーケティングの理想を、これらの努力のうえで「ひとりでにものが売れてしまうようにすること」と言っています。

2．考え方

マーケティングには、マーケティング・リサーチの手法がさまざまありますが、ここでは開発設計技術者にとって不可欠となる考え方である「STP」と「4P/4C」についての解説を行いましょう。

1）STP の考え方

STP とは、セグメンテーション（Segmentation：市場細分化）、ターゲティング（Targeting：標的市場の決定）、ポジショニング（Positioning：標的市場の顧客の心に購買の理由を植えつける）のことです。

開発設計あるいは製品企画者にとっては不可欠な知識となります。顧客を深く理解し、顧客自身が気づいていないニーズを明らかにし、気づかせ、その解決策を提供することを理想と考えてください。

2）4P/4C

4P とは、商品（Product）、価格（Price）、チャネル（Place）、プロモーション（Promotion）のことです。それぞれを具体化することで STP を実現させ、利益をあげるためのマーケティングの手段となります。

なお、4C とは、マーケティングの手段である 4P をお客様視点で捉えたものとなります。

3．活用方法と事例

1）STP

①セグメンテーション（Segmentation）

セグメンテーションとは、顧客や市場を細分化し、共通のニーズ、行動、態度によって顧客をグループ分けします。どのグループ（セグメント）にどのようなニーズがあるかを特徴が表れるように細分化し、企業としてどのセグメントを対象としていく

か、どのセグメントを無視するかを決定する素材を提供します。

②ターゲティング（Targeting）
　ターゲティングとは、マーケティング対象となる新製品をどのセグメントに的を絞り考えていくかを選択することです。今後の需要の伸びやニーズの適合性を考慮し検討します。

③ポジショニング（Positioning）
　ポジショニングとは、顧客、競合企業、自社の現在の力関係、位置づけから、マーケティング対象となる新製品を市場においてどのような位置づけで戦っていくかを選択することです。

2）4P/4C
　4Pとは、商品（Product）、価格（Price）、チャネル（Place）、プロモーション（Promotion)の頭文字をとったものです。ポジショ

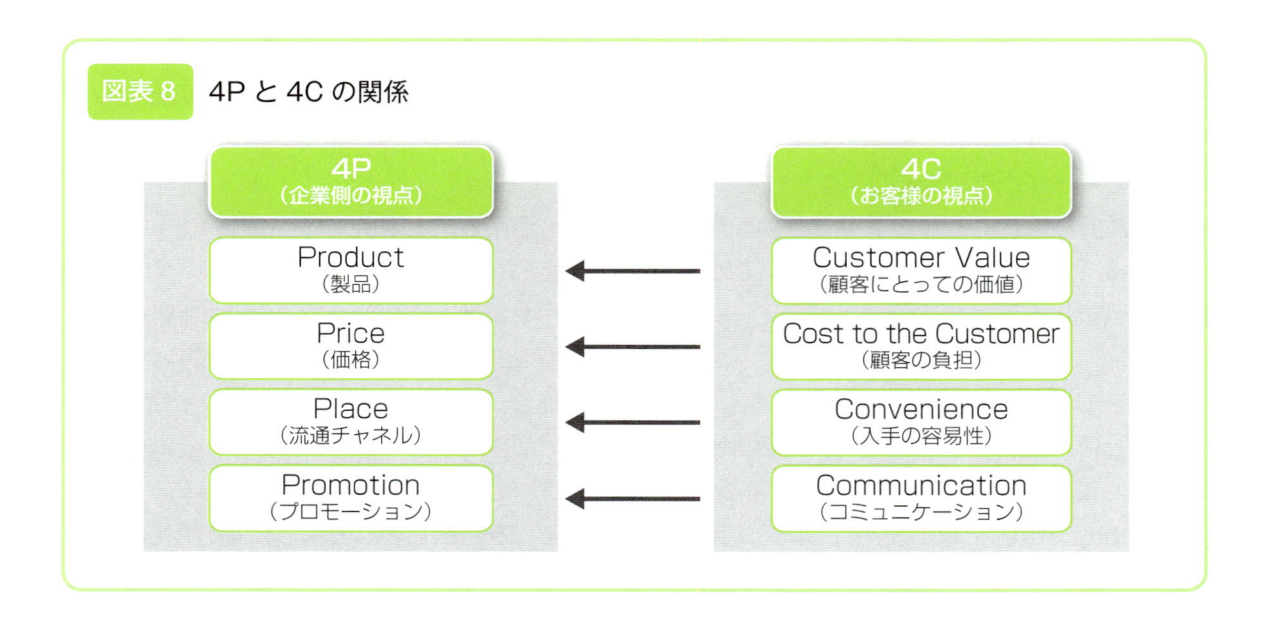

図表8　4Pと4Cの関係

4P（企業側の視点）	4C（お客様の視点）
Product（製品）	← Customer Value（顧客にとっての価値）
Price（価格）	← Cost to the Customer（顧客の負担）
Place（流通チャネル）	← Convenience（入手の容易性）
Promotion（プロモーション）	← Communication（コミュニケーション）

ニングを実現するためには、この4Pを組み合わせることから、マーケティング・ミックスとも呼ばれます。4Pは、対象製品のポジショニングを実現するための具体策となります。

一方、4Cとは、Customer value（顧客にとっての価値）、Cost to the Customer（顧客の負担）、Communication（コミュニケーション）、Convenience（入手の容易性）の頭文字をとったものです。この4Cの視点は、ポジショニングを具体化する際に不可欠なものとなります（図表8）。

なぜなら、商品を考える際には顧客にとっての価値やベネフィットを考える必要があるからです。価格を考える際には顧客の負担としてコストを考えなければなりません。その場合には、取得のためのコストだけでなく、ランニングコストも含めたライフサイクルコストを考慮する必要があります。流通チャネルを考える際には顧客が利用できる販路の利便性を考える必要があります。プロモーションを考える際には、顧客との双方向コミュニケーションが重要になります。顧客に宣伝するだけでなく、顧客の声も聞くことが大切です。そこでこれらをしっかり押さえるために4Cを意識する必要があるのです。

7　創造技法

1．目的

問題解決のデザイン技術では、創造力を駆使するということを重視しています。この創造力には、第2章で、認識の創造、目的の創造、手段の創造という3つの創造力があることの解説を行いました。つまり、問題を創造的に捉える、創造的な解決案を創出する、この二つが創造技法活用の目的となります。

2．考え方

創造力研究の草分け的存在としてギルフォード氏という研究家をあげることができます。ギルフォード氏は「創造における偉人」の研究を行い、創造力に優れた人たちの共通的な資質を以下の六つにまとめています。創造技法は、この六つを助け、凡人にも豊かな創造を行うための手助けをしようというものです（図表9）。

3．創造技法の使い方

創造技法の使い方は、創造技法に含まれる数多くの手法を適切に選ぶということが重要です。そのうえで、各手法の背後にある考え方を理解し、手順どおりの使い方をすること

が大切です。そこでここでは、創造技法の体系を示しますので、創造技法の選択の仕方を理解してください。

創造技法は、問題解決の段階からすると、発散的思考の段階で用いるものと収束的思考の段階で用いるものとに大別されます。

発散段階で用いられる創造技法は、アイデア発想のメカニズムという観点からは、連想的手法と類比的手法の2つに大別されます。連想的手法は、アイデア発想を行う人が持っている知識・経験をアイデアとして取り出すための方法で、自由連想法と強制連想法に分かれます。自由連想法はブレインストーミングが代表的手法です。また、強制連想法は、焦点法などが比較的有名ですが、技術的な問題を解決するためのアイデア発想では、TRIZの発想オペレーターを用いた方法が有効です。

一方で類比的手法とは、"似た機能を持っているもの"をアイデア発想のヒントにしようというものです。ゴードン法やシネクティクス法、そしてNM法が有名です。

これらは全て発散的思考と呼ばれるものであり、アイデアを沢山出すために使われます。

収束段階とは、発散段階で得られた沢山のアイデアを解決案に向かって具体化してゆくプロセスです。そのプロセスでは、まとめる技術と判断を助ける技術が必要になります。アイデアをまとめる手法としては、アイデア体系図や具体化のサイクルなどがあります。判断を助ける技術にはDARE法などのORの手法が役立ちます（図表10）。

図表9　ギルフォードの創造的天才の六つの資質

(1) **問題への感受性**
問題を解決するにあたって、問題点や改良点を敏感に読み取る能力

(2) **思考の流暢性**
一定時間内にアイデアを大量に生み出す能力

(3) **思考の柔軟性**
さまざまに異なる角度からアイデアを出す能力

(4) **独創性**
新奇でユニークなアイデアを出す能力

(5) **綿密性**
具体的に完成・工夫する力

(6) **再定義性**
ありふれた方法とは異なる方法で認識し直す能力

図表10　創造技法の体系

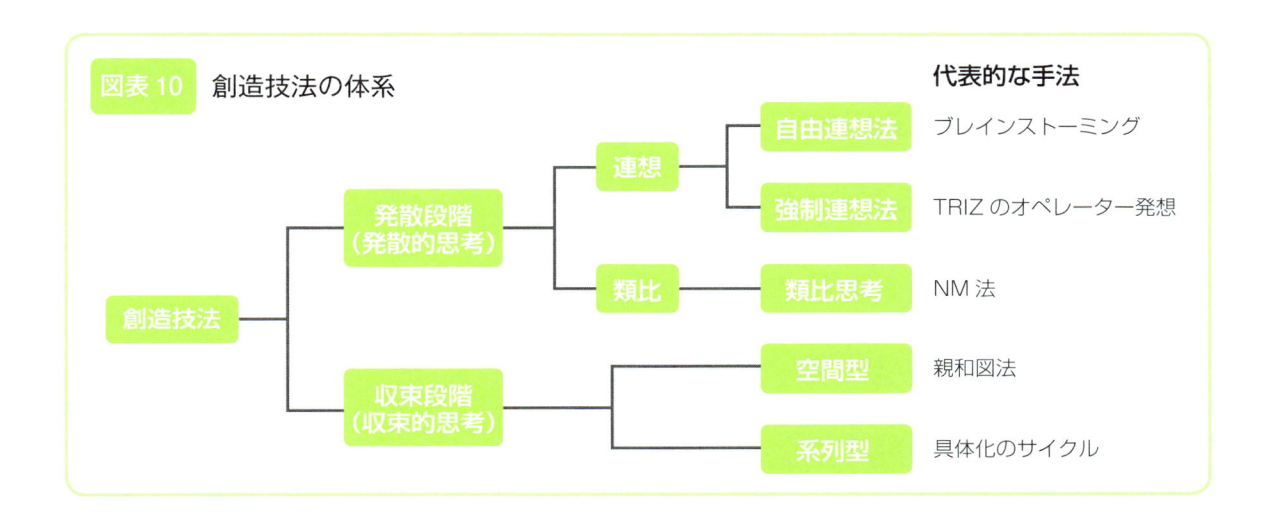

```
                                      ┌─ 自由連想法 ── ブレインストーミング
                    ┌─ 連想 ──────────┤
        発散段階     │                 └─ 強制連想法 ── TRIZのオペレーター発想
        (発散的思考)─┤
創造技法─┤          └─ 類比 ────────── 類比思考 ── NM法
        │
        │            ┌─ 空間型 ── 親和図法
        収束段階 ────┤
        (収束的思考) └─ 系列型 ── 具体化のサイクル
```

代表的な手法

コンサルタントの眼

　問題解決を進めて行くうえでの「コミュニケーション」には三つのポイントがあります。一つめは、正確な情報の交換・意思の伝達ということです。二つめは、説得力や共感性といった、いわゆる"ヒューマンスキルの発揮"ということです。そしてもう一つは、"情報流通の仕組み"の整備ということです。これは、コミュニケーションマネジメントと呼ばれ、プロジェクトリーダーの重要な仕事です。

　「いつ／どこで／誰から／どんな様式で／どのような情報を収集し、いつ／どこで／誰に／どのような様式で／どのような情報を伝達すするか」ということが主要なマネジメントポイントであり、具体的には、会議体の設置や進捗報告の方法・頻度などによってマネジメントを行います。

6章

問題解決デザイン技術でよく活用する手法

1 問題解決デザイン技術における問題解決手法の概要

5章までは主に管理技術レベル、つまり技法を中心とした紹介をしてきました。そこで本章では、問題解決デザイン技術でよく使う手法レベルの紹介を行います。

（1）問題解決デザイン技術で用いる問題解決手法の一覧

問題解決デザイン技術では、IE、QC、VE、ORといった管理技術に含まれる手法を含めかなり多くの手法を活用します。手法が多いとその選択に迷うものですが、手法選択のポイントは、「目的に応じた選択」ということにつきます。

具体的な選択は、ものづくりのプロセスと目的のマトリクスからあたりをつけ、そのうえで手法の概要解説[※1]を確認することで決定してください。

なお、問題解決デザイン技術に用いる問題解決手法のなかで、開発設計、生産技術の担当者に特に知っておいていただきたい7つの手法について★印をいれています（図表1）。

COLUMN

本書では、「技法と手法」という言葉を使い分けています。手法は、それ以下の要素に分解できない水準の技術を指しています。さしづめ要素技術と呼んでもよいかもしれません。一方、技法は複数の手法からなるものです。つまり、管理技術は技法と呼ぶこともできるのです。

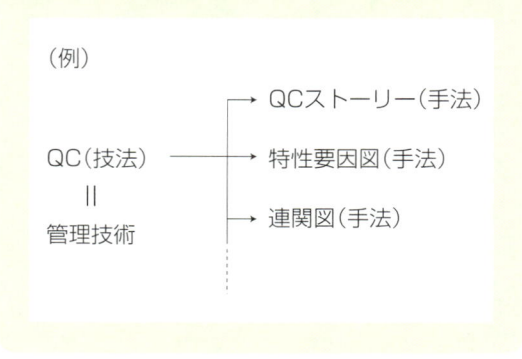

（例）

```
                    → QCストーリー（手法）
QC（技法）    ───→ 特性要因図（手法）
   ‖
管理技術            → 連関図（手法）
```

[※1] 産業能率大学総合研究所のホームページには、問題解決技法や手法の紹介ページが準備されています。http://www.sanno.ac.jp/

図表1　問題解決デザイン技術の手法一覧

目的	手法名称	ものづくりのプロセス				
		企画段階	開発段階	製品設計段階	工程設計段階	製造段階
1. 市場・顧客理解の手法	11. SWOT分析	○				
	12. 3C分析	○				
	13. セグメンテーション	○				
	14. プロダクトポートフォリオマネジメント（PPM）	○				
	15. 生活研究	○				
2. 仕事内容の視覚化	21. 製品工程分析				○	○
	22. 作業者工程分析				○	○
	23. 事務工程分析				○	○
	24. 機能情報関連分析			○		
	25. QC工程図				○	○
	26. 複式活動分析				○	○
	27. 動作分析				○	○
3. データの収集	31. チェックシート					○
	32. ワークサンプリング					○
	33. 生活分析					○
	34. 時間研究				○	○
	35. PTS法（WF法）				○	○
	36. 標本調査法			○	○	○
4. データの解析	41. グラフ					○
	42. パレート図					○
	43. ヒストグラム					○
	44. 検定・推定			○	○	○
	45. 分散分析			○	○	○
	46. 実験計画法			○	○	○
★47. タグチメソッド				○	○	○
	48. 多変量解析	○	○	○	○	○
	49. ポートフォリオ分析	○				

6章　問題解決デザイン技術でよく活用する手法

目的	手法名称	ものづくりのプロセス				
		企画段階	開発段階	製品設計段階	工程設計段階	製造段階
5．構造化の手法	51．特性要因図					○
	52．連関図			○		○
	★53．品質機能展開（QFD）		○	○	○	○
	54．機能系統図		○	○	○	○
	55．マトリックス図法		○	○	○	○
	56．FTA		○	○	○	○
	57．FMEA			○	○	○
	★58．WBS（ワークブレークダウンストラクチャー）		○	○	○	○
	★59．PF（プロブレム フォーミュレーション）		○	○		
6．解決案の創出	★61．ブレインストーミング	○	○	○	○	○
	★62．親和図法	○	○	○	○	○
	★63．NM法		○	○	○	
	64．TRIZのオペレーター発想	○	○	○	○	○
	65．技術リレーション分析					
	66．具体化のサイクル			○	○	
	67．アイデア体系図	○	○	○	○	○
	68．利点欠点分析	○	○	○	○	○
7．意思決定支援	71．決定論的評価法		○	○	○	○
	72．AHP法			○	○	○
	73．DARE法		○	○	○	○
8．プロジェクト管理	81．スキルズインベントリー	○				
	82．ガントチャート	○				
	83．PERT	○				
	84．PDPC法 （プロセス ディシジョン プログラム チャート）	○				

2 問題解決デザイン技術における問題解決手法紹介

（1）開発設計者・生産技術者の7つの重要手法

　問題解決デザイン技術を使っていくうえでタグチメソッド、品質機能展開、親和図法、NM法、WBS、PF、ブレインストーミング、の7つの手法は、特に有用性が高いので、やや詳しい手法解説を行いましょう。

★47 タグチメソッド【TM】

1．目的

　タグチメソッドは、主に開発設計において品質を作りこむ際に、少ないばらつきで設計の目標値に数値を合わせていくために用いられる技法です。タグチメソッドは品質工学とも呼ばれ、品質を作りこむための統計的手法を用いた技法です。

2．考え方

　品質を安定させるために、設計段階で外乱（制御を乱すような外的な作用）に強い設計にするという考え方があります。そのためタグチメソッドでは平均値よりもばらつきを改善する方法をとります。ばらつきの改善には、SN比というばらつきの尺度を表す概念を用いて設計を行います。
　タグチメソッドは以下の3つの状況を想定した方法で構成されています。

1）開発設計段階の品質工学

　タグチメソッドは開発設計段階で、品質を作りこむことを重視しているため、その中心的な考え方になるのが、「パラメータ設計」の考え方です。パラメータ設計の特徴は、2段階設計という考え方にあり

ます。2段階設計とは、第1段階でばらつきを最小にするパラメータを設定し、第2段階で平均値を目標値に近づけるパラメータを設計する方法です。

　図表2のように目標値に対して平均値が点線の、ある特性値の頻度の分布が得られた場合、まずは、図表3のようにバラツキが最小になる様に設計パラメータを選択します。バラツキが最小になったなら、次に図表4のように、平均値と目標値を近づけるパラメータを選択します。

　また、具体的にパラメータを設定するための方法には、実験計画法という、実験を行う上で、実験の因子（機能・性能・寸法などの特性）と水準（特性の値のレベル）の組み合わせの数を最小限にする方法を用います。

　ここで、ばらつきを改善するためSN比を用いて、ばらつきが最小になる条件の組み合わせを選び（第1段階）、次に平均値が最小になる条件の組み合わせを選ぶ（第2段階）ことで、目標値を達成する条件を探します。

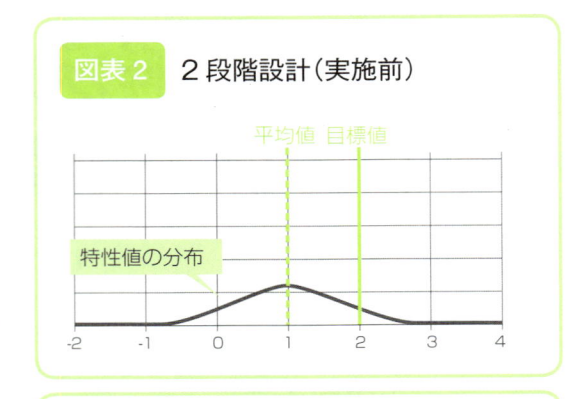

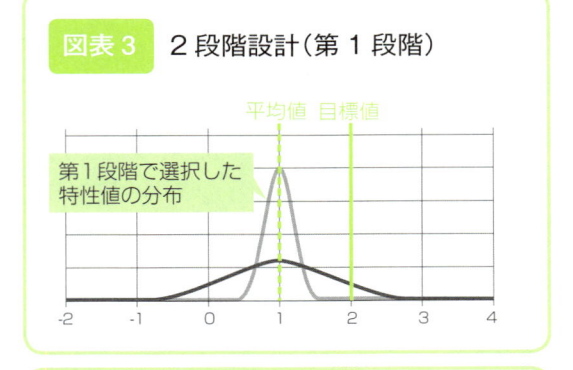

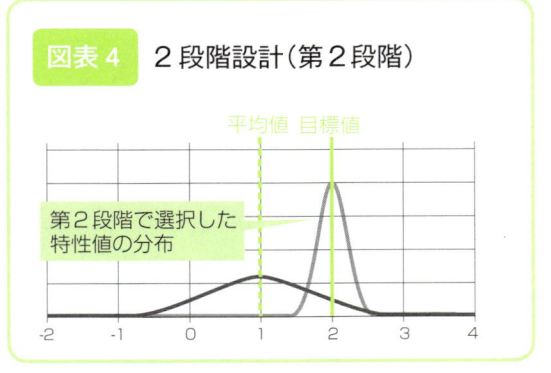

図表2 2段階設計（実施前）

図表3 2段階設計（第1段階）

図表4 2段階設計（第2段階）

2）製造段階の品質工学

タグチメソッドは製造段階において製造工程を管理するためにも用いられます。製造段階のタグチメソッドは、損失関数という考え方を用いて、修理費用等の市場で発生するコスト（品質コスト）を導き、生産上のコストを合わせた合計コストが最小になるように製造工程の管理方法を追及します。市場で発生するコストを導くための損失関数は、図表5のような目標値と設計値の差の二乗に比例して増加する損失関数を用います。損失関数に従い設計値が目標値を達成できると損失が最小になります。

このための具体的な方法には、フィードバック制御やフィードフォワード制御などさまざまな方法があります。これらの目的は損失関数を最小にする因子を明らかにして改善を進めるとともに、それらの情報を設計にフィードバックすることにあります。

3）製造段階のデータ解析

製造段階で入手されるさまざまな情報は、解析を行い、的確に設計段階にフィードバックすることが重要です。タグチメソッドでは、そのための方法として、さまざまなデータを1つの尺度に集約し、その傾向（パターン）を認識するために統計的手法を用います。具体的には、「マハラノビスの距離」という概念を用い、多次元のデータを1次元で観測できるように処理をする、多変量解析と呼ばれる方法と同様の解析手法を用います。そのテクニックにはMT法やTS法などさまざまあります。

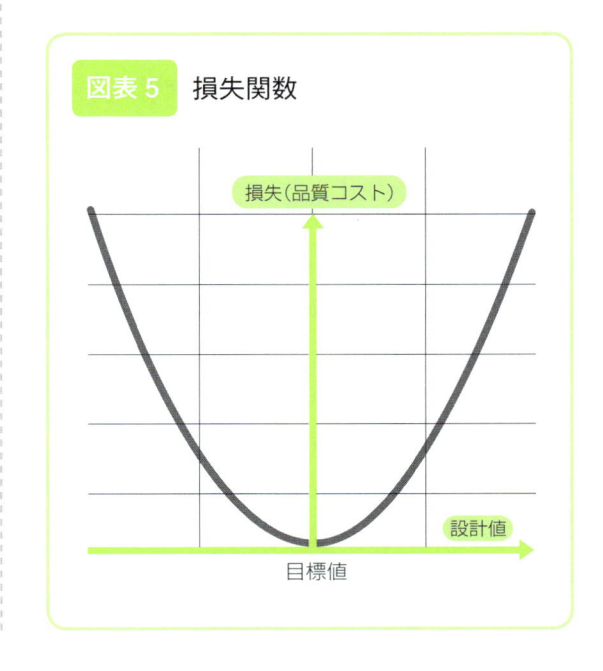

図表5 損失関数

★53 品質機能展開【QFD：Quality Function Deployment】

1．目的

　QFDは、新製品の開発において、顧客ニーズと設計特性とをリンクさせることにより、課題や問題点を明らかにし、主に開発設計段階で確実な品質を作りこむことを目的とした設計のアプローチです。QFDは製品企画で構築された製品コンセプトにおいて表現されている顧客ニーズを、設計上の品質特性へと展開します。さらに製造工程まで展開することで、設計意図を上流から下流へ確実に伝え、品質を向上させることを狙います。

2．考え方

　QFDは設計で定められる製品の設計特性値が顧客ニーズに的確にリンクできていれば、顧客ニーズを満たす設計品質を維持できるという考えのもと、品質表の作成を通じて、設計上の課題や問題点を明らかにします。品質表は主に顧客ニーズを構造化した要求品質展開と、設計の特性を構造化した品質特性展開の2つで構成される表で、両者の関係性を明らかにします。

1）品質表

　企画段階で構築された製品コンセプトは、一般的には言葉で表現されています。言葉で表現された顧客ニーズ（要求品質）を製品の設計で実現するには、言葉を具体化していく必要があります。そのために、要求品質を階層状に構造化したものを要求品質展開表といいます。たとえば図表6のようなデジタルカメラの場合、カメラの基本機能である写真の撮影において、美しい写真を撮りたいというニーズを、「映像の美しさ」や、「適切な撮影モード」、「手振れの補正」などのように言葉で具体化し構造化します。

　また、製品の設計は、4章の事例で用いたデジタルカメラの場合、「画素数」「ズーム倍率」「製品寸法」などの具体的な設計の特性値を決めることであるといえます。この特性を具体化するために階層状に構造化したものを、品質特性展開表といいます。

　品質表は、要求品質展開表で具体化した顧客ニーズと、品質特性展開表で具体化した設計特性の関係をマトリクス状で明らかにしようとするものです。たとえば、図表6のように、デジタルカメラの写真の美しさを規定する品質特性には、画素数、撮像

図表6 品質表の例

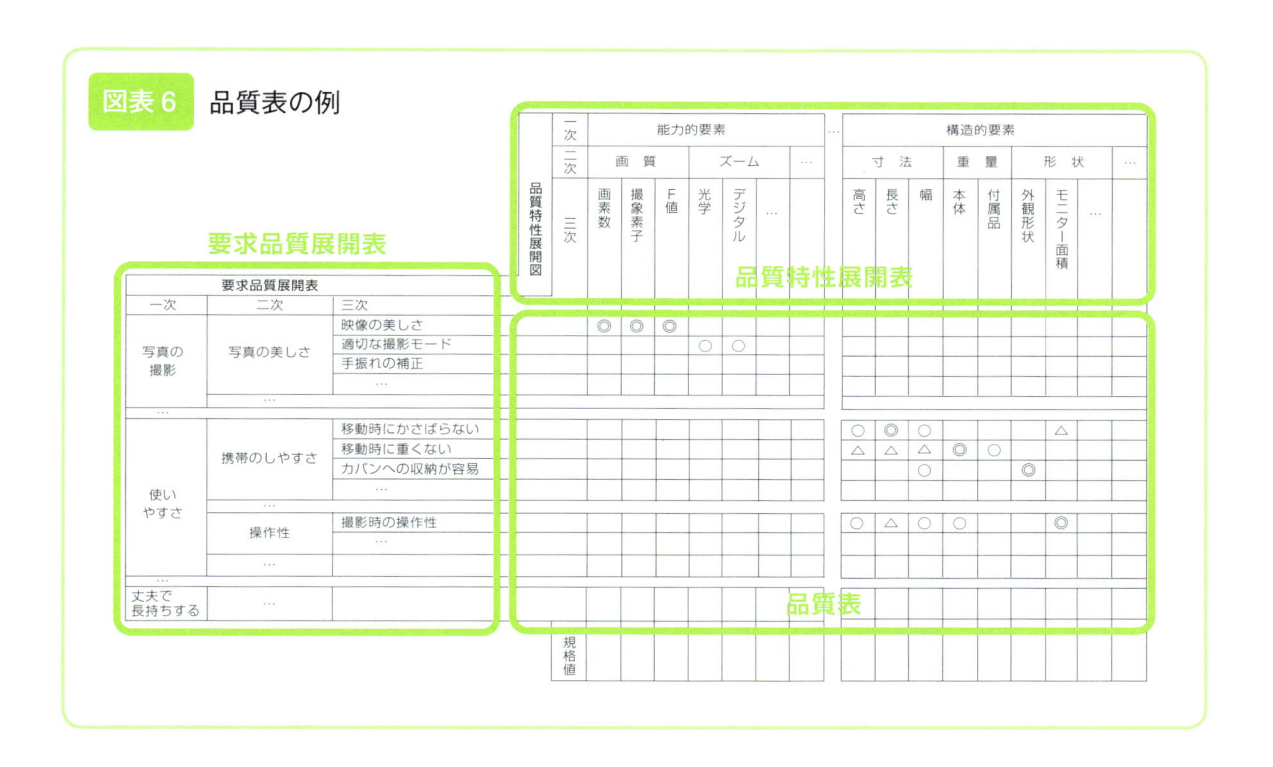

			品質特性展開図	能力的要素						構造的要素					
二次				画質			ズーム	…	寸法			重量		形状	
三次				画素数	撮像素子	F値	光学	デジタル	…	高さ	長さ	幅	本体	付属品	外観形状	モニター面積

要求品質展開表

一次	二次	三次
写真の撮影	写真の美しさ	映像の美しさ
		適切な撮影モード
		手振れの補正
	…	
使いやすさ	携帯のしやすさ	移動時にかさばらない
		移動時に重くない
		カバンへの収納が容易
	…	
	操作性	撮影時の操作性
		…
…		
丈夫で長持ちする	…	

品質表（◎、○、△の関連度マトリクス）

規格値

素子、レンズのF値の値があります。このように関連の深い要求品質と品質特性を関連付けしておくことにより、製品企画担当者と設計担当者のお互いの意図を確認しあうことができ、検討を行う中でアイデア出しや合意形成を行うための、議論の土台として役立てることができます。

2）要求品質展開表

　一般的に製品コンセプトは、製品を通じて実現される顧客にとっての効用（ユーティリティー）や、新しい生活スタイルの提案等を表すものであるため、そこに表現されている言葉は、抽象度が高くなります。要求品質展開表は、このような抽象度の高い製品コンセプトの言葉を、顧客ニーズと

してとらえ、製品として具体化するために階層構造で展開していくものです。要求品質展開表はその作成プロセスにおいて、顧客要求を実現するアイデアを強制的に抽出し、具体化していくねらいがあります。

3）品質特性展開表

製品の設計は、定量的な設計特性値を決めることであるため、顧客要求は、測定可能な単位のある言葉に置き換える必要があります。品質特性展開表は要求品質展開表で具体化された要求品質を、計測可能な単位を持つ品質特性に具体化し展開していくためのものです。品質特性展開表はその作成プロセスにおいて、要求品質を実現する方式や手段のアイデアを強制的に抽出し、具体化していくねらいがあります。

4）品質機能展開表

品質機能展開表にはさまざまなものが存在します。製品の品質特性が定まっても、機能と品質特性の関連が明確になっていないと製品の構造を決めることができません。図表7のようにこの品質特性と機能を関連付けたものが品質機能展開表の一例です。品質機能展開は要求品質や製品の構造から作成した機能系統図の機能と品質特性を関連付けていきます。たとえば図表7のように、デジタルカメラの基本機能は「撮像を形成する」であり、その手段として「撮像を記録する」機能等があり、さらには「光を集める」機能等があります。このような機能系統図の各機能と品質特性とを関連付けます。これは機能系統図の作成における、機能の制約条件（機能の達成レベル）を設定するのと同じで、VEへの展開を図る事が可能です。

図表7 品質機能展開表の例

要求品質展開表			品質特性展開図	能力的要素						構造的要素						
一次	二次	三次	一次／二次／三次	画質			ズーム		…	寸法			重量		形状	
				画素数	撮像素子	F値	光学	デジタル		高さ	長さ	幅	本体	付属品	外観形状	モニター面積
写真の撮影	写真の美しさ	映像の美しさ		◎	◎	◎										
		適切な撮影モード					◎	◎								
		手振れの補正														
	…	…														
使いやすさ	携帯のしやすさ	移動時にかさばらない								◎	◎	◎			△	
		移動時に重くない								△	△	△	◎	◎		
		カバンへの収納が容易											◎		◎	
	操作性	撮影時の操作性								◎	△	◎				◎
	…	…														
丈夫で長持ちする	…	…														
			規格値													
品質機能展開表																
映像を形成する	映像を記録する	光を集める					◎									
		光を記録する		◎	◎											
	…	…														

品質機能展開表

3．実施手順
1）要求品質展開表の作成

ステップ①　要求品質の抽出

製品企画で作成された製品企画書（企画構想書）から顧客ニーズを表す言葉を抽出します。ここでは言葉の抽象レベルを統一するために、抽出した言葉を一度抽象化します。言葉を抽象化する方法には、親和図法[※1]を用いる方法があります。

ステップ②　要求品質の展開

抽象化された要求品質を表す言葉を最上位に設定し、ステップ①で実施した抽象化の結果を参考にして、今度は逆にそれぞれ具体的な言葉に展開します。

ステップ③　要求品質展開表の作成

ステップ②の結果を展開表の形に整理します。要求品質展開表は品質表の一部になるため、図表6のように品質表の左端部に記載します。

2）品質特性展開表の作成

ステップ④　品質特性の抽出

ステップ③で作成した要求品質展開表の最下位の項目から、それぞれ製品を設計するための、定量的に測定可能な品質特性を検討し、抽出します。

ステップ⑤　品質特性の構造化

ステップ④で抽出した品質特性が、要求品質を満たすかどうかの評価が可能なものか確認し、品質特性を階層構造で整理します。整理の方法はステップ①と同様に親和図法等を使う方法があります。

ステップ⑥　品質特性展開表の作成

ステップ⑤で構造化した品質特性を、ステップ③で部分的に作成した品質表の上端部に記載します。

3）品質表の作成

ステップ⑦　リンクの記載

要求品質と品質要素をそれぞれ比較できるようにマトリクスを作成し、すべて

※1）親和図法については203ページを参照下さい。

の要求品質と品質要素の組み合わせにおける関係性（リンク）を確認します。関係性があると認められる場合は○、強い関係性があると認められる場合は◎、関係性が想定される場合は△をセルの中に記入します。

4）品質機能展開表の作成
ステップ⑧　要求品質から機能系統図への展開

企画書に示されている要求仕様から機能を定義します。たとえば図表8のように要求仕様が「電球の交換可能」とする場合、「電球の交換を容易にする」というように機能を定義します。その定義をもとに機能系統図を作成します。

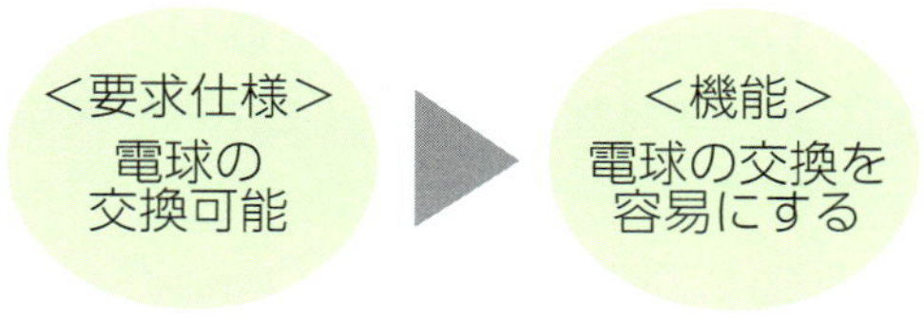

ステップ⑨　品質機能展開表の作成

機能系統図の各機能を確認しながら、対応する品質特性値を明確にし関連付けた表を作成します。

以上の手順で品質表を作成することで、製品企画担当者と設計担当者とで、品質の高い設計のためのアイデアを出し、製品設計に役立てることができます。しかし、実際の製造の検討を行うと、製造設備の能力が不足するなどの理由で、設計特性が実現できない場合もあります。そのため、過去の製造工程に関する情報から、製造上重要だと考えられる品質特性を抽出しておき、品質表の作成時に加味しておくのが望ましい進め方です。

図表8 要求仕様から機能を定義する例

＜要求仕様＞
電球の交換可能
▶
＜機能＞
電球の交換を容易にする

★58 WBS
【Work Breakdown Structure：作業分解図】

1．目的

WBSとは、システムの構成要素または一連の業務あるいはプロジェクトの最終成果物を生み出すために必要となる要素をすべて抽出し、階層構造で表した一覧表です。活動全体の最終的な目的を達成するため必要な構成要素や作業を、その全体の構成から下位構成さらにその下位構成といった形で展開して全体の構成を示した図として表現します。

これにより、活動全体のスコープ（＝範囲）が明確化されます。WBSの作成は、なすべきこと全体を階層に分解して、管理可能な大きさに細分化するために行います。つまり、WBSの最も重要な目的は、活動全体で必要となる作業を網羅的に識別することにあります。

また、現状の業務の全体像を、要素構成を把握する観点から明確化するために利用することも考えられます。

2．考え方

WBSでは、システムでとりあげるべきレベル、または一連の業務あるいはプロジェクトにおいて実行しなければならないすべての要素を特定し、計画や管理、実行できるレベルまで階層構造にブレークダウン（＝細分化）します。

従って、結果的にすべての作業がWBSに網羅されると言えます。逆にいえば、WBSに記述されないプロセスは、その活動全体において実施すべき作業の範囲外ということになります。

またWBSには、上位レベルの要素は下位レベルの要素をすべて含んでいるという前提が成立するようにします。つまり、親にあたる項目（上位レベルの要素）と子にあたる項目群（下位レベルの要素）の間で、MECE（モレなくダブりなく）の観点から整合性がとれるように表記する必要があります（図表9）。

WBSの最下位の要素をワーク・パッケージと呼びます。作業計画やスケジュールを作成する場合には、これを元にさらに細分化して、具体的なアクティビティ（＝作業単位）に落とし込んで行きます。WBSにどの程度詳細な項目を含めるかは、一概には言えません。ここでは、便宜的に、ワーク・パッケージは明確に定義できてコントロールが容易な管理単位、対してアクティビティは動作表現

図表9 WBS 例

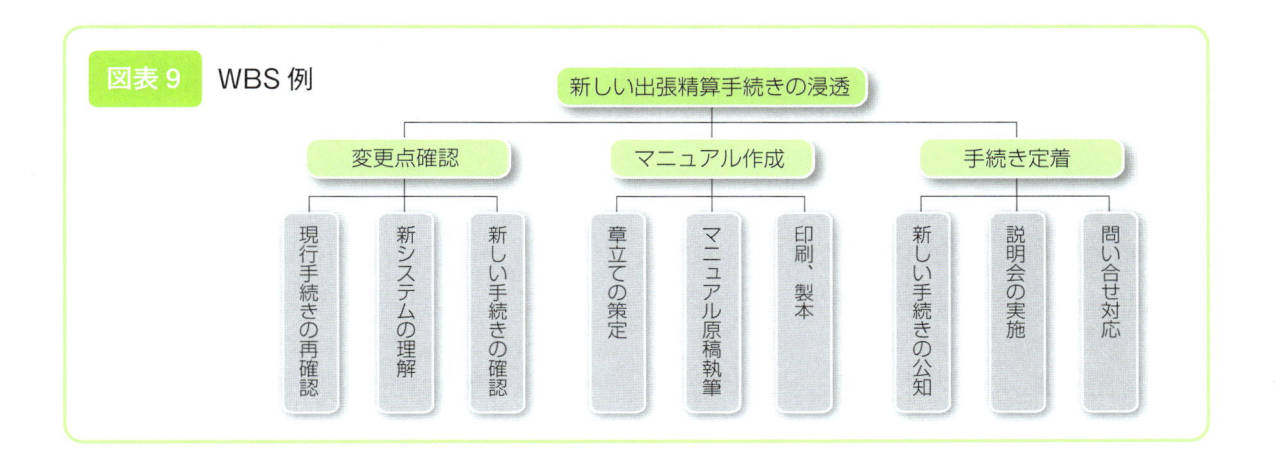

```
                    新しい出張精算手続きの浸透
        ┌──────────────────┼──────────────────┐
     変更点確認          マニュアル作成           手続き定着
    ┌───┼───┐         ┌───┼───┐         ┌───┼───┐
  現行  新  新しい      章立  マニュ  印刷、   新しい 説明会 問い
  手続き システ 手続き     ての  アル    製本    手続き の実施 合せ
  の再  ムの  の確認     策定  原稿           の公知        対応
  確認  理解                  執筆
```

を伴う具体的な作業単位、と捉えておくことにします。

なおWBS作成にはいくつかの注意すべきポイントがあり、これらを押さえていないと活用しにくいものが出来上がってしまいます。WBS作成上のルールおよび留意点は、以下の通りです。

① 各レベルの要素の和は、親レベルの要素の全てを表す（100%ルール）
② WBSにない作業はスコープ外である
③ ステークホルダーは、WBS作成あるいは承認のプロセスに参加する
④ 承認済みのWBSの変更は、公式な変更手続きを経て行う
⑤ 組織構造やリソース、スケジュールなどを意識しすぎない
⑥ WBSの最下位レベルの要素は、アクティビティの親レベルになる
⑦ 最下位レベルの要素は、監視やコントロールに適切なサイズとする
⑧ 第二階層にマネジメント要素をおく
⑨ 最下位レベルの階層の深さは、WBS内で同じでなくて良い

3．活用方法

WBSによって洗い出されたワークパッケージは、スケジュール・アクティビティの

元になるものです。よって、第一の活用方法としては、これから行う活動の作業計画／スケジューリングのインプットとすることが挙げられます。

　作業計画には、誰が実施するのかという情報がつきものです。WBSに"人"を割り当てるようにすれば、要員計画の骨格としての機能も果たすことができます。また、同様に"金"を割り当てるようにすれば、要素ごとの費用を足し上げていく形のボトムアップ見積もりができます。つまり、コストマネジメントのツールとしても活用することが可能です。

　実際の活動段階においては、WBSの要素単位で進捗を把握し、ステークホルダーと進捗情報の共有を行うと効果的です。すなわち、進捗把握のためのコミュニケーション・ツールとしても活用可能なのです。

　また、ワークパッケージの単位で品質管理を行うと、ヌケモレのないQC活動を実施することが容易になります。同様に、リスク識別のフレームワークとして活用すれば、リスクマネジメント活動の遺漏防止にも役立ちます。

　さらに、活動の一部をアウトソーシング（＝外部委託）する場合には、WBSを活用して委託範囲を明示すると誤解を生む余地が極小化できます。

　このように、ひとくちにWBSと言っても、実にさまざまな活用の場面が考えられるのです。

　WBSがシステムを対象とした場合、ワークパッケージがハードウェアとして表現されることがあります。作業の場合と同様、コストマネジメントやコミュニケーションツール、品質管理などに活用できることは言うまでもありません。

4. 事例

　WBSの中でも、特に業務の関係について示したものを業務体系図と呼びます。一般的なWBSは縦方向に展開されることが多いのですが、業務体系図は横方向に展開して描画されることが多いようです。

　業務体系図は左にあるほど粗く、右に行くほど細かい捉え方になります。したがって右に行けば最終的には業務の手順が記述されると言えます。左から右に向かって一次レベル、二次レベルとレベルの概念があります（図表10）。

　ここでは、業務体系図を業務の革新活動に適用する例を見てみることにしましょう。業務体系図の業務革新への適用目的は次の二つ

に大別できます。

① 改善したい業務の範囲を確認する

　業務体系図は業務革新の着手点を定める際の活用すると効果的です。これから変革していく範囲を明確にできるというメリットがあります。たとえば、生産管理業務といえば工程設計、負荷計画など大変に広範囲な業務から成り立っています。また人によって捉え方も違うでしょう。生産管理業務を対象に変革するといった場合、解釈がずれていては効果的な革新活動は困難を極めるでしょう。このような場合には業務体系図を作成し、理解の違いを修正するとともに、対象とする範囲を確定すると良いでしょう。

② 分析のレベルを決める

　業務体系図から直接に変革案をつくる事はむずかしいため、その後さらに調査・分析を進めていくのが一般的です。このとき、調査・分析の細かさについて業務体系図を元に決めていくとよいでしょう。

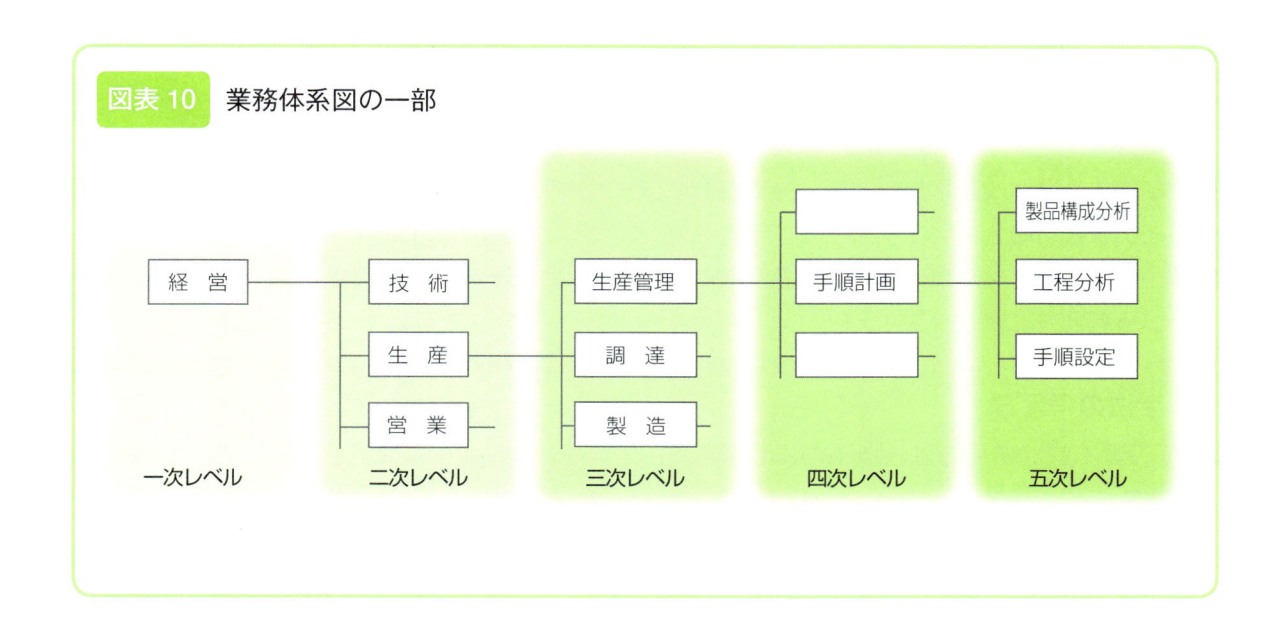

図表10　業務体系図の一部

一次レベル	二次レベル	三次レベル	四次レベル	五次レベル
経営	技術	生産管理	手順計画	製品構成分析
	生産	調達		工程分析
	営業	製造		手順設定

★59　PF【Problem Formulation】

1．目的

　PFは、TRIZの手法の一つです。TRIZの開発者であるアルトシューラー氏には、何人かの頼りになる弟子がいました。PFは、そのなかの一人であるボリス・ズルティン氏[※1]によって考案された手法です。ズルティン氏によると、PFの着想は、VEで用いるFASTダイアグラムとQCで使われる特性要因図から得たそうです。つまり、目的と手段、結果と原因という二つの論理によって記述される図式なのです。

　PFはTRIZの手法ですから、技術システムの問題を矛盾として捉えます。つまりPFは、革新あるいは改善したい対象システムを矛盾という観点で分析する手法です。矛盾を明らかにすることは、真の問題を明らかにするという考え方に繋がります。

2．手法の考え方

　PFの基本的な考え方は、以下のようになります。

(1) 全てのシステムには目的とした機能が存在します。しかし、その目的とした機能を阻害する有害な作用がシステム内に存在します。有害な作用があるために改善や革新の対象となることは言うまでもありません。

(2) 目的とした機能を阻害する有害なシステムを簡単に除去できないのは、そこに矛盾が生じているからです。

(3) 矛盾には、要求の矛盾と結果の矛盾の二種類があります。要求の矛盾とは、自己対立であり「欲しいけれども欲しくない」と表現することができます。たとえば組立工程で、半田付けのために熱をかけたいが、部品の品質を保つためには熱はかけたくないといった状況が典型例になります。

　また、結果の矛盾とは、たとえばパソコンの筐体を軽くしようと考え、薄肉（減肉）化すると同時に剛性が下がってしまうというようなケースです。TRIZでは、前者を物理的矛盾、後者技術的矛盾と呼んでいます。

　PFは、この考え方に基づいた分析を行うために記述のルールが定められています。

[※1] 旧ソ連のモルドバ共和国出身で、国際TRIZ協会において強い影響力を持つTRIZサイエンティストの一人。

3．活用方法
(1) 液晶プロジェクターの事例
事例の状況

　この液晶プロジェクターでは、発熱部をファンを使って空冷しています。しかし、ファンをまわすために風切り音が生じ、会議や研修で必要な静寂を邪魔してしまいます。つまり、ここでは二つの矛盾が発生しています。一つ目は、ファンは欲しいが、欲しくないという要求の矛盾です。さらにもう一つは、空気流の強さと風切り音の強さという二つの結果の間に生ずる矛盾です。

(2) PF の作成の仕方

　上記状態を PF で表現すると図表 11 のようになります。

　この図の吹き出し部分をお読みいただくと分かるとおり、記述されている内容とその表現方式は図表 12 に示す 4 つです。

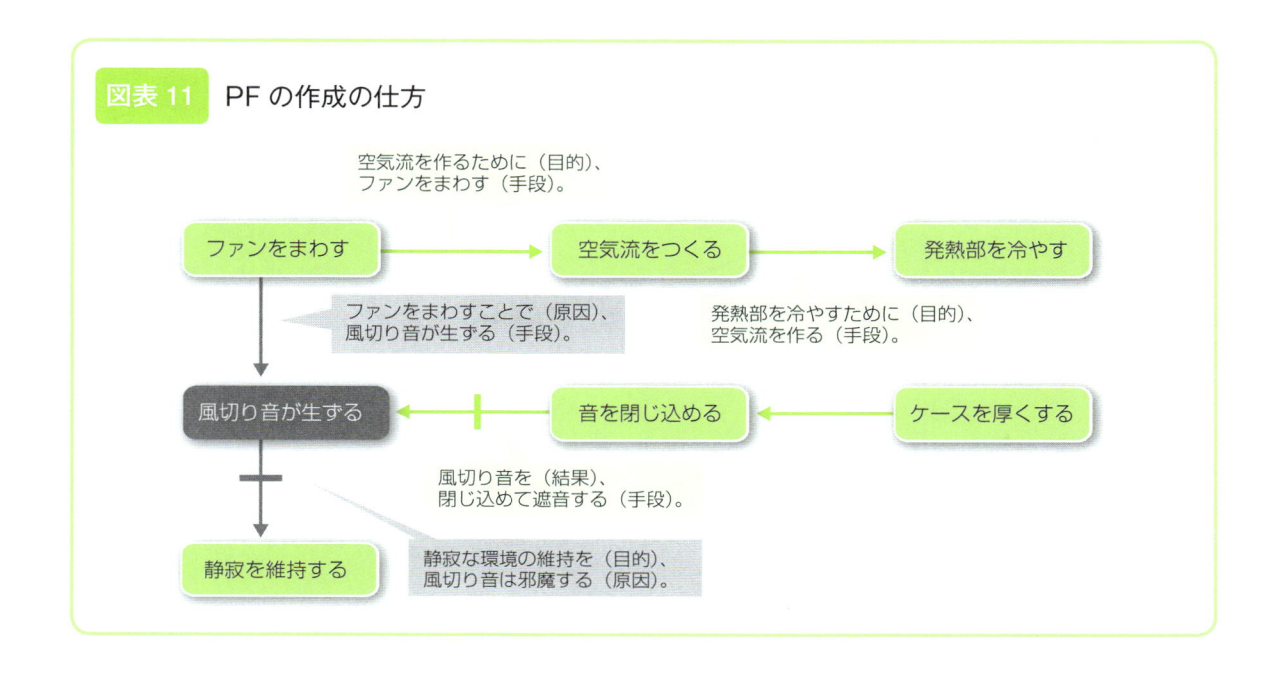

図表 11　PF の作成の仕方

```
空気流を作るために（目的）、
ファンをまわす（手段）。

[ファンをまわす] → [空気流をつくる] → [発熱部を冷やす]
        │
        │ ファンをまわすことで（原因）、     発熱部を冷やすために（目的）、
        │ 風切り音が生ずる（手段）。          空気流を作る（手段）。
        ↓
[風切り音が生ずる] ← ┤ ← [音を閉じ込める] ← [ケースを厚くする]
        │
        ┤                風切り音を（結果）、
        │                閉じ込めて遮音する（手段）。
        ↓
[静寂を維持する]       静寂な環境の維持を（目的）、
                       風切り音は邪魔する（原因）。
```

図表 12

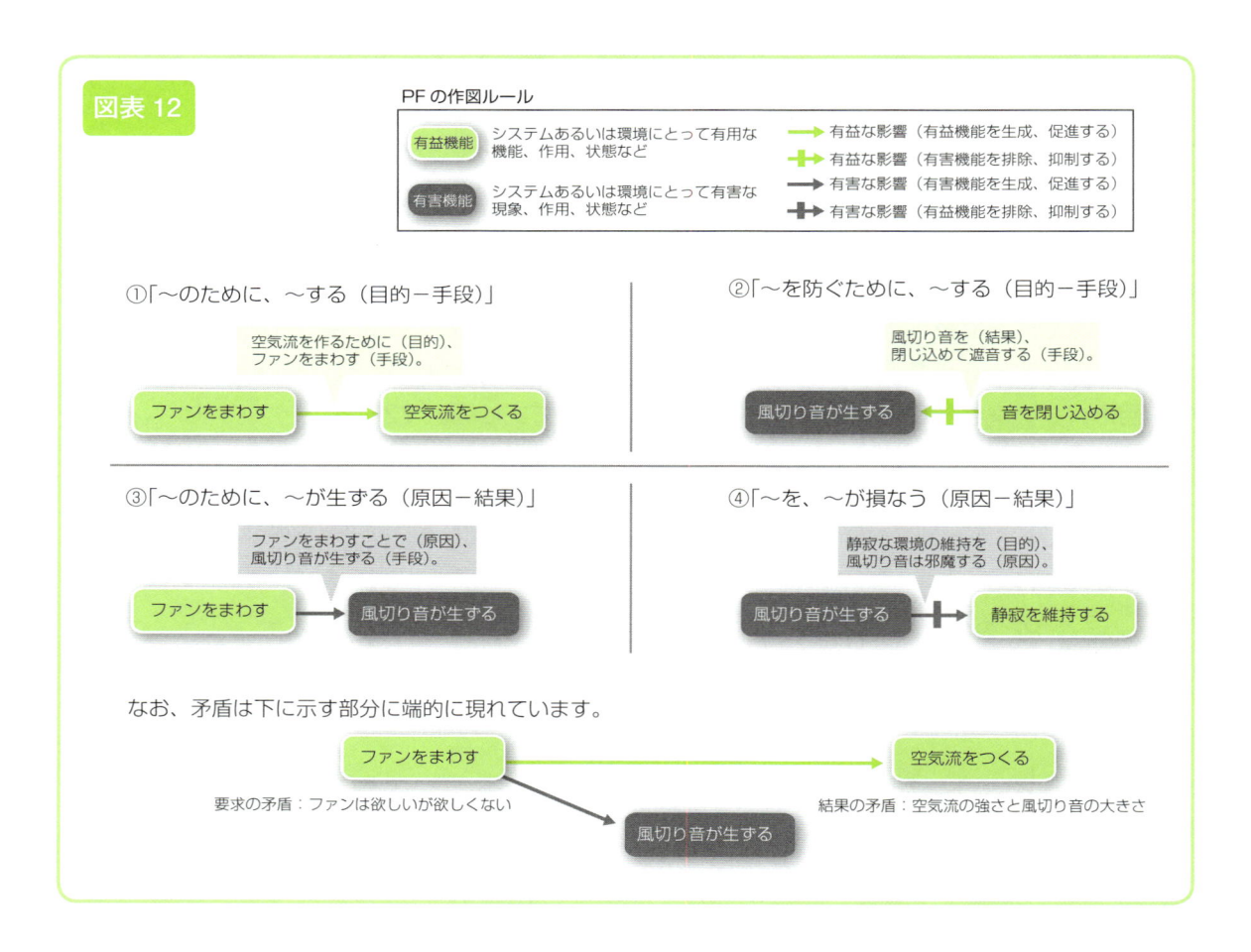

PF の作図ルール

有益機能	システムあるいは環境にとって有用な機能、作用、状態など	→（緑）	有益な影響（有益機能を生成、促進する）
		＋→（緑）	有益な影響（有害機能を排除、抑制する）
有害機能	システムあるいは環境にとって有害な現象、作用、状態など	→（黒）	有害な影響（有害機能を生成、促進する）
		＋→（黒）	有害な影響（有益機能を排除、抑制する）

①「〜のために、〜する（目的－手段）」

空気流を作るために（目的）、ファンをまわす（手段）。

ファンをまわす → 空気流をつくる

②「〜を防ぐために、〜する（目的－手段）」

風切り音を（結果）、閉じ込めて遮音する（手段）。

風切り音が生ずる ＋← 音を閉じ込める

③「〜のために、〜が生ずる（原因－結果）」

ファンをまわすことで（原因）、風切り音が生ずる（手段）。

ファンをまわす → 風切り音が生ずる

④「〜を、〜が損なう（原因－結果）」

静寂な環境の維持を（目的）、風切り音は邪魔する（原因）。

風切り音が生ずる ＋→ 静寂を維持する

なお、矛盾は下に示す部分に端的に現れています。

ファンをまわす ────────→ 空気流をつくる
　　　↓
　　風切り音が生ずる

要求の矛盾：ファンは欲しいが欲しくない　　　結果の矛盾：空気流の強さと風切り音の大きさ

　以上のように、PF は有益な機能、有害な作用を示す 2 つのボックスと、目的－手段を示す 2 種類の矢印、結果－原因を示す 2 種類の矢印の計 6 つで作成するダイアグラムです。これを使いこなすことで技術システムの真の問題の発見を行います。

★61 ブレインストーミング【Brainstorming】

　ブレインストーミング法とは、オズボーン氏によって創案された、集団（4～7名程度）の効果を活かしたアイデアを生み出すための会議法です。「ブレスト」とか「BS」のように呼ばれることが多いようです。
　このブレインストーミングのやり方は、強制連想や類比思考といった他の創造技法を活用するときにも有効です。全ての創造技法の活用に求められる考え方であり、会議に臨む態度・行動です。

2．技法の考え方
① 集団の効果を活かしたアイデア着想の技法
② 自由連想を活用して展開する

　チームでアイデアの創出に取り組むことによって予想以上の効果を得る事が出来ます。特に自由連想のメカニズムを意識して活用すると、今まで考えられなかった着想アイデアを得る事が出来ます。

3．BSにおける自由連想の働き
① 連想とは
　連想とは、ある刺激を受けると、それとなんらかの関連をもった事柄をとっさに思い浮かべる働きのことを指します。
　連想には刺激から何を連想してもよい「自由連想」と、ある枠組みの中で連想する「強制連想」の二つがありますが、BS法ではテーマや課題に向けてメンバーが出した自由な発言・アイデアを、「ヒント・きっかけ・良い刺激」としながら、よりたくさんの多様なアイデアを出し合う自由連想を活用します。そのためには、どんなアイデアも受け入れ、次の発想のヒントとしていきます（図表13）。

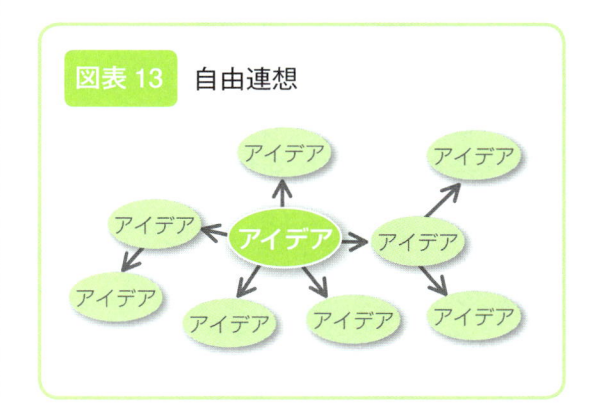

図表13　自由連想

4．4つの規則

ブレインストーミングには、「4つの規則」があります。この規則を守ることによって、アイデアがたくさんでるのです。

① 批判厳禁
　メンバーが出したアイデアを批判しない。批判や反論などによるネガティブな感情が生まれるのを防ぐ。
② 自由奔放
　先入観や固定観念にとらわれない自由な着想を歓迎する。思いついたアイデアはすかさず口に出して言うことである。そのためには楽しい雰囲気づくりにも心がける。
③ 量を求む
　とにかくたくさんのアイデアを出してみる。量が質を高めていく前提となる。
④ 結合改善
　出されたアイデアを結びつけたり、改善・発展をさせて、新たなアイデアを生み出していく。

5．進め方

ブレインストーミングは、リーダー、セクレタリー（書記）、メンバーで行います。それぞれには役割があります。

〈リーダーの役割〉
① 会場・道具の手配、問題の分析など、事前の準備を行う
② 批判を上手にコントロールする
③ メンバーの発想のリズムを保つ
④ アイデアが出にくくなったら、ヒントやガイドを与えて、メンバーからアイデアを引き出す

〈セクレタリー（書記）の役割〉
① 発言順に番号をつけて記録する
② メンバーに見える大きさで、速く記録する

〈メンバーの役割〉
① 4つのルールを守る
② 積極的に多様なアイデアを出す

6．所要時間と求めるアイデアの数

① 1テーマ、1回につき、40～60分
② テーマにもよるが、平均60～70程度

7．テーマの表現

①「○○を○○するには」と簡潔に表現する
②「○○にならないようにするには」などの否定を含む表現は避ける

★62 親和図法【Affinity diagram】

1．親和図法とは

親和図法は、新QC7つ道具の一つとして多くの人に使われています。この手法は、川喜田二郎によって体系化されたKJ法が起源になっています。実際、企業のなかでもＫＪ法と言った方が通りのよい場合も少なくありませんし、親和図法＝KJ法という理解がされているケースも多いようです。しかし、本書では、実際に企業で使われている親和図法とKJ法は同じものではない（親和図法≠KJ法）という前提での解説を致します。

親和図法を使われている企業においても、親和図法の理解や活用の仕方が必ずしも正確に行われておりません。本来の親和図法は、未知、あるいは未経験の分野の問題解決や、問題が把握できていない際の問題の明確化、あるいは発見を目的に用いるものです。しかし、現実には収束技法として使う際にも親和図法と呼んでいる場合も少なくありません。そこで、本書では、親和図法には二つの活用目的があるとした現実的解釈での解説を行うことといたします。

2．親和図法の目的

前述の通り、問題解決の実務において、親和図法には二つの使用目的があります。

一つは、問題（状況）の本質の把握、あるいは発見を目的とした使い方です。具体的には、将来のこと、未知あるは未経験の分野のこと、加えてもやもやとした状況で問題自体を明確にできていない際に用いることとなります。

もう一つは、問題解決のプロセスのさまざまな場面での収束を目的とした使い方です。具体的には、（大量の）データを使いやすくすることを目的とした整理・分類の手段としての使い方です。

3．手法の考え方

親和図法では、ある特定の問題について、それらに関する事実あるいは意見や発想を「言語データ」で捉え、データごとにカード（付箋やラベルでも可）を記述します。これをデータカードと呼びます。

そして、データカードのグループ化を進めます。このデータカードのグループ化の仕方が、目的によって異なります。

(1) 問題（状況）の本質の把握、あるいは発見を目的とした使い方でのグループ化

ここでのデータカードのグループ化の目的は、問題（状況）の本質の把握、あるいは発見です。ここでいう「発見」というのは、単に問題を見つけ出した、気づいたというレベルの意味ではなく、文字通りの発見－今まで知られていない物事を初めて見い出す－といったレベルでの問題の発見です。

それをデータカードのグループ化を進めながら行うのです。この際大切なのは、「データをして語らしむ」という精神を大切にすることです。

発見を目的としているのですから、既存の枠組みでのデータカードの整理・分類に終始しても仕方ありません。そこで「データをして語らしむ」のです。具体的には、「このデータとこのデータを結びつけるとどんな問題として捉えることができるのか」という問答を粘り強く行うことが肝心です。発見なのですから、そうそう簡単に成し遂げられるわけがありません。

この「発見」するという姿勢が、親和図法を使う際に欠けていることが少なくありませんが、これには理由があります。それは親和図法の「親和」という言葉の意味が「似ているという意味」に曲解されてしまっているからです。似たもの同士をグループ化しようとすると、当然のことなのですが既存の枠組みでの整理や分類を行わざるを得ないのです。しかし、親和という言葉の意味は、本来「結びつきやすい性質」という意味であり、親和図法で一番大切なことは、「このデータとこのデータを結びつけるとどんな問題として捉えることができるのか」という思考で、「データが語りかけるグループ化」を行うことなのです。

(2) 問題解決のプロセスのさまざまな場面での収束を目的とした使い方でのグループ化

一方、問題解決のプロセスのさまざまな場面での収束を目的としたグループ化の場合には、むしろ既存の枠組みを用いた整理・分類を行うこととなります。つまり、似たものを集めるグループ化を行うことになります。

収束というのは、分裂・混乱していたものが、まとまって収まりがつくという意味ですから、まとめることが目的です。そのためには何かしらの枠組みを用いる必要があるのです。その際に使われる枠組みは、「似ている」

ということ以外に、目的・意味・因果・時間・論理 等々の類似性があります。収束をさせる目的に合わせて枠組みを検討して用います。

4．活用の仕方

では、親和図法の一般的な進め方についての解説を行いましょう。

■最も一般的な親和図法の進め方

ステップ1）テーマの決定とデータカード作成

親和図法を行うテーマを明確にします。そのうえで、テーマにまつわる「事実データ」「意見データ」「発想データ」を収集し、カードを作成します。この際、1枚のカードには、1つのデータだけを記述ください。1枚1データとすることで、データの取り扱いの自由度が高まります。

なお、データ収集にあたっては、観察による方法、インタビューによる方法、文献調査、ブレーンストーミングによる方法、一人ひとり考えて記述していく方法などがありますので、これらを効果的に組み合わせて行ってください。

ステップ2）データのグループ化

データのグループ化は、目的によって異なります。収束を目的としたグループ化は、手順というほどのものはありませんので、ここでは発見を目的とした進め方についての解説を行います。

・サブステップ1）
データカードをトランプのように切ります－これは、データを混ぜることで記述の際に持った先入観を防ぐことを目的としています。

・サブステップ2）
よく切ったデータカードを広げ、全てのカードに目を通します。2、3回は全てに目を通してください。

・サブステップ3）
次に「カード寄せ」を行います。カード寄せとは、データカードを2枚一組にしていく作業です。その際にカードに書かれている事柄が「同じ」「ほとんど同じ」「似ている」「近い」というカードを2枚一組にし、2枚に書かれている事柄をまとめたカードを書き起こします。このカードを親和カードと呼びます。

なお、親和カードを一番上にし、2枚のカードを重ね輪ゴムで束にまとめるようにします。

・サブステップ4）

　カード寄せを繰り返し行っていくと、カードの枚数が減ると同時に、カードに書かれている内容の意味の独立性が高くなっていきます。

　親和図法では、一般にこのカードが5束になるまで繰り返すことが奨励されています。

　なお、最初のうちは「同じ」「ほとんど同じ」「似ている」「近い」という2枚のカードを見つけ出すのは難しくありません。しかし、徐々にカード間の意味の独立性が高くなり、2枚一組の組み合わせが難しくなっていきます。しかし、ここからが本当の親和図法です。「このデータとこのデータを結びつけるとどんな問題として捉えることができるのか」という思考で、「データが語りかけるグループ化」に取組んでください。

ステップ3）データの体系化（構造化）

　データを模造紙などのうえにデータ相互の関係などが分かるように体系的に展開します。

・サブステップ1）

　この束を用いて模造紙の上に関係が分かるような構造的な配置を行います。

・サブステップ2）

　カード寄せを行ったものを解き、全てのカードの位置を決め、関係線や縁取りなどの補助線を加えます。これで親和図が完成です。

5．親和図のイメージ

ここでは、仕事でアイドルタイム（手待ち時間など）が発生する原因について、親和図法を適用した事例を紹介します。

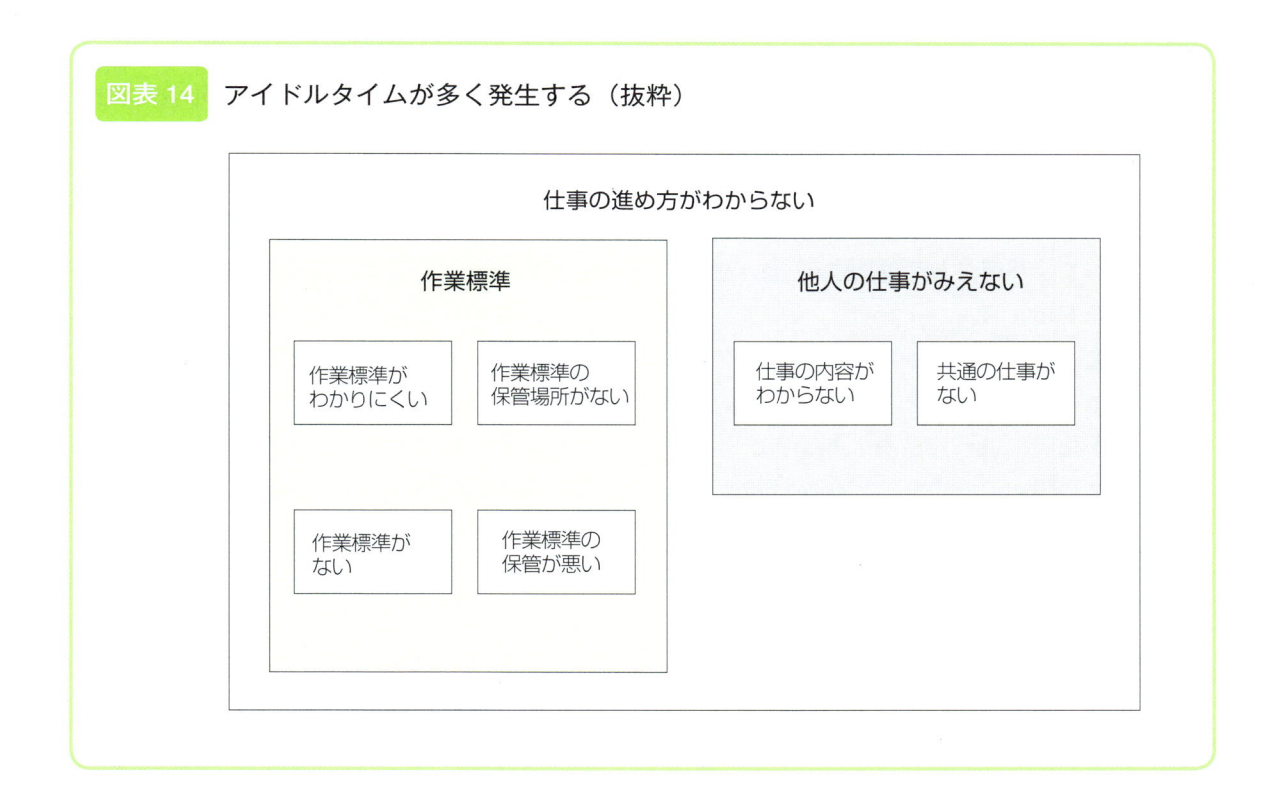

図表14 アイドルタイムが多く発生する（抜粋）

```
仕事の進め方がわからない
  ┌─ 作業標準 ──────────────┐  ┌─ 他人の仕事がみえない ──┐
  │ [作業標準が    [作業標準の  │  │ [仕事の内容が  [共通の仕事が │
  │  わかりにくい]  保管場所がない]│  │  わからない]    ない]       │
  │                              │  └──────────────────────┘
  │ [作業標準が    [作業標準の  │
  │  ない]          保管が悪い] │
  └──────────────────────────┘
```

★63　NM法【類比思考】

1．目的

　NM法は、着想のアイデアを得る手法であり、そのプロセスの中で「アナロジー（類比）を活用するところに特徴があります。このNM法は類比思考のひとつであり、発明の技法とも呼ばれることもあるパワフルな「アイデア創出」の手法です。つまり、開発を行う技術者にとっては不可欠な手法であるということができるでしょう。

　類比思考には、ゴードン法シネクティクス法といった有名な手法がありますが、NM法は、中山正和氏によって日本の技術者にとって使いやすい類比の方法として創案されました。故人の頭文字をとって「NM法」と呼ばれています。

2．考え方

　アイデアの発想メカニズムを大別すると、連想と類比思考の二つであることはすでに触れました。連想というのは、自分、あるいは自分たちの持っている知識・経験を刺激によって引き出すというのがメカニズムです。一方、類比思考は、「既に存在する"もの"」をヒントにしてアイデアを発想するというメカニズムです。

　たとえば、ソーラー電池のパネルを常に太陽に向かって動かしたいと考えたとき、皆さんであればどうするでしょうか……。

　太陽と地球の相対的な動きの関係は既に分かっておりますから、それに基づいてプログラミングすることもできるでしょう。また、センサーを使って太陽光の受光角度をフィードバックすることで太陽の動きに追随させることもできるだろうと思います。また、ソーラーパネルを動かさなくとも、ソーラーパネルを球状にすることで角度を問題としない方法も考えられます。

　しかし、類比ではこのような既に知っている知識や経験を使うのではなく、自然界に存在する生物のしくみや他の人工物をヒントにしてアイデア発想を行おうという考え方です。

　たとえば、ソーラーパネルのケースでは、自然界に存在する「太陽の動きを追う性質を持っている生物や人工物」を探し出し、そのメカニズムをヒントにしようということになります。このケースでは「ヒマワリ」が思い浮かぶのではないでしょうか。つまりヒマワリが太陽を追うメカニズムを調べると、ソー

ラーパネルを常に太陽に向ける方法のヒントになるのです。

　新幹線の形状がカモノハシを参考に作られた、あるいはシュレッダーが製麺機、スタッドレスタイヤが白熊の足の裏、扇風機の羽根の形状が蝶の羽根をヒントにしているなど、技術開発において類比が使われている例は枚挙に暇がありません。それゆえ、類比思考は、発明の方法と呼ばれるようになったのだろうと思います。

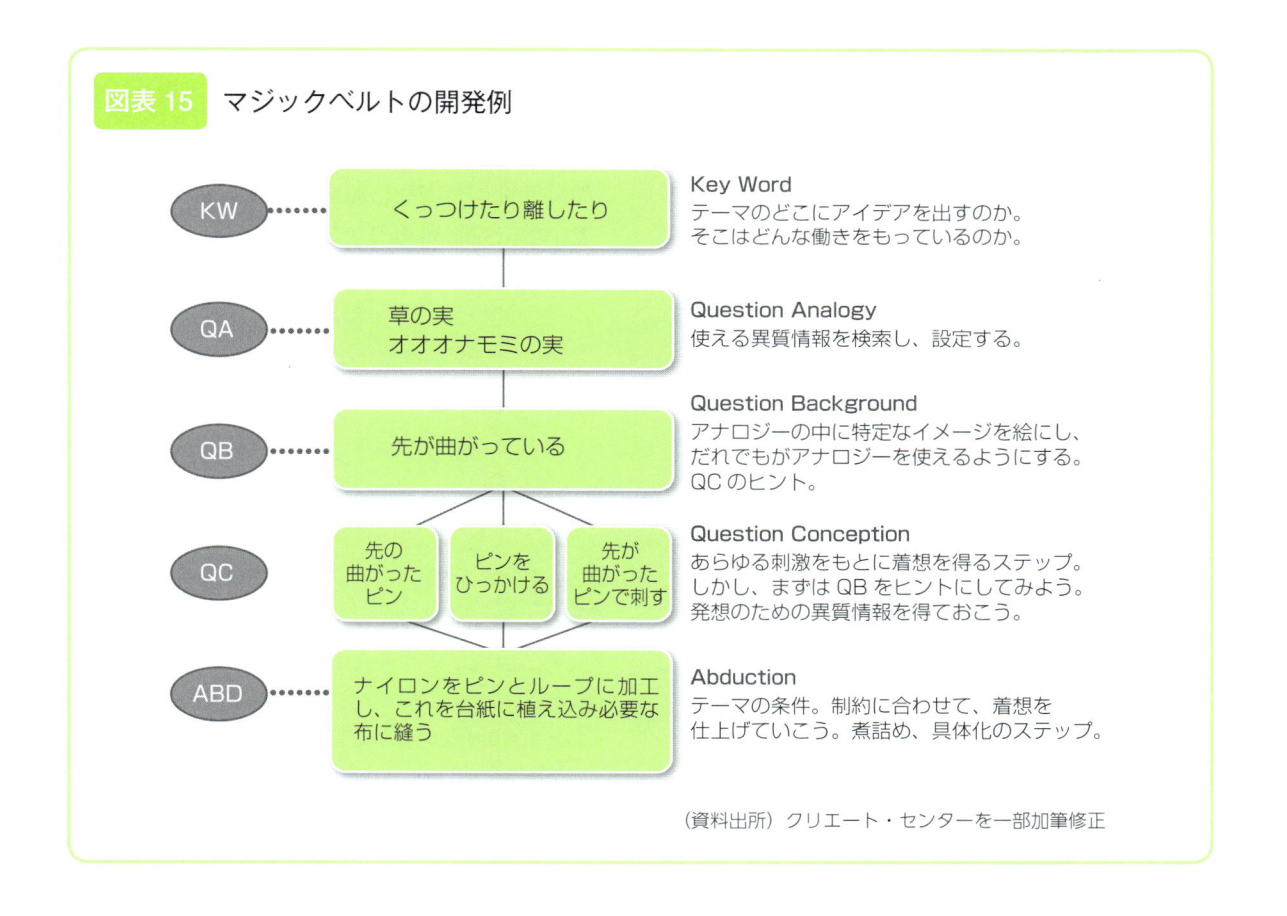

図表15　マジックベルトの開発例

KW	くっつけたり離したり	**Key Word** テーマのどこにアイデアを出すのか。そこはどんな働きをもっているのか。
QA	草の実 オオオナモミの実	**Question Analogy** 使える異質情報を検索し、設定する。
QB	先が曲がっている	**Question Background** アナロジーの中に特定なイメージを絵にし、だれでもがアナロジーを使えるようにする。QCのヒント。
QC	先の曲がったピン／ピンをひっかける／先が曲がったピンで刺す	**Question Conception** あらゆる刺激をもとに着想を得るステップ。しかし、まずはQBをヒントにしてみよう。発想のための異質情報を得ておこう。
ABD	ナイロンをピンとループに加工し、これを台紙に植え込み必要な布に縫う	**Abduction** テーマの条件。制約に合わせて、着想を仕上げていこう。煮詰め、具体化のステップ。

（資料出所）クリエート・センターを一部加筆修正

（2）問題解決デザイン技術の問題解決手法の概要解説

ここでは問題解決デザイン技術でよく使われるその他の問題解決手法について概要解説をしておきます。

1 マーケティング手法

11. SWOT分析

SWOT分析は、内部環境および外部環境の2つの視点から自社・自事業のおかれた環境を明確にする目的で用います。最も大切なことは、外部環境に対して内部環境をどのように適応させていくのかについて考察することです。

具体的には、機会を捉えるために強みをいかに強化するのか、脅威を克服するために弱みをいかに克服するのかなどについて考えます。

枠組み　SWOT分析の書き方

内部分析	外部分析
Strength（強み） ▶自社のどの経営資源が他社に勝っているか？ ▶自社が競合に比べて明らかに優位性をもつものは何か？	**Opportunity（機会）** ▶どの市場が成長しているか？ ▶競合他社が軽視している事業分野はどこか？ ▶見過ごされているニーズ、好ましい変化は何か？
Weakness（弱み） ▶自社の欠点、限界、問題は何か？ ▶自社が競合に比べて明らかに程度が劣る能力や経営資源は何か？	**Threat（脅威）** ▶自社の競争力に阻害する要因、好ましくない状況変化は何か？ ▶自社にとって障壁になる可能性がある事柄は何か？

12. 3C分析

　3C分析は、経営環境や自社の強みや弱みについて考えるために行います。

　市場・競合・自社の3つの視点に基づき分析することで、自社が当該事業で成功するためのポイントを導き、自社の戦略策定に活かします。

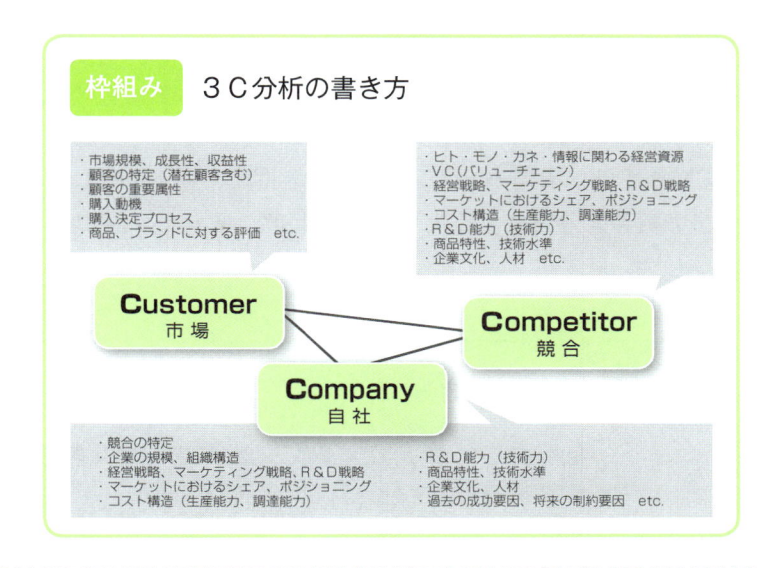

枠組み　3C分析の書き方

- ・市場規模、成長性、収益性
- ・顧客の特定（潜在顧客含む）
- ・顧客の重要属性
- ・購入動機
- ・購入決定プロセス
- ・商品、ブランドに対する評価　etc.

- ・ヒト・モノ・カネ・情報に関わる経営資源
- ・VC（バリューチェーン）
- ・経営戦略、マーケティング戦略、R&D戦略
- ・マーケットにおけるシェア、ポジショニング
- ・コスト構造（生産能力、調達能力）
- ・R&D能力（技術力）
- ・商品特性、技術水準
- ・企業文化、人材　etc.

Customer 市場　―　Competitor 競合　―　Company 自社

- ・競合の特定
- ・企業の規模、組織構造
- ・経営戦略、マーケティング戦略、R&D戦略
- ・マーケットにおけるシェア、ポジショニング
- ・コスト構造（生産能力、調達能力）
- ・R&D能力（技術力）
- ・商品特性、技術水準
- ・企業文化、人材
- ・過去の成功要因、将来の制約要因　etc.

13. セグメンテーション

　セグメンテーションとは、対象市場の中で共通の課題ないしニーズを持ち、製品の認識の仕方・価値づけ・使用方法、購買に至るプロセスなどの購買行動において似通っている顧客層の集団のことを指します。セグメンテーションは、意味のある細分化をするための軸の発見と設定が重要です。

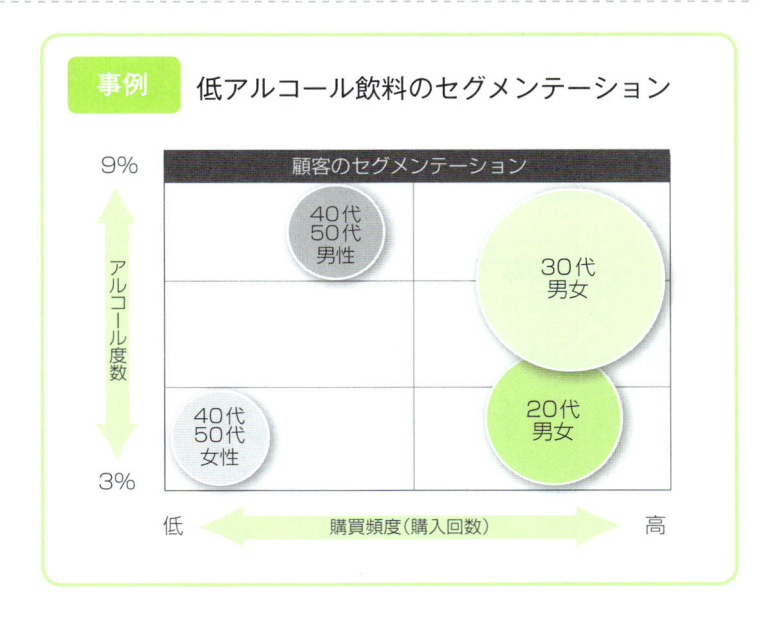

事例　低アルコール飲料のセグメンテーション

顧客のセグメンテーション

縦軸：アルコール度数（3%〜9%）
横軸：購買頻度（購入回数）低〜高

- 40代50代男性
- 30代男女
- 40代50代女性
- 20代男女

6章　問題解決デザイン技術でよく活用する手法　　207

14. プロダクトポートフォリオマネジメント（PPM）

プロダクトポートフォリオマネジメント（PPM）とは、事業・製品ごとの現状を捉え、今後の資源配分を考えるために用います。

各事業や製品について、4象限に分類・評価し、今後の方向性（育成・保持・撤退など）についての考察を行います。

枠組み　PPM の書き方

相対的市場シェア：自社事業売上／最大のライバル企業の売上（どの程度競争優位にあるか？）

市場成長率（どの位伸びているか？）

	高	低
高	**花形** ・高成長の市場で高シェアを持つ ・成長市場でシェアを維持するためには、高水準の資源投入が必要 ・成長が止まると「金のなる木」になる	**問題児** ・高成長の市場でシェアが低い ・将来性が見込まれる反面、リスクが高い ・「花形」にするためには集中的な資源投入が必要で、不可能ならば縮小・撤退もある ・資源投入の判断は、市場の見通しと自社の競争力の判断に基づく
低	**金のなる木** ・成熟市場で高いシェアを持つ ・市場シェア維持のために、必要な資源投入量は多くない ・安定的なキャッシュの流入が見込める ・長期的には事業は衰退の方向へ向かう ・ここで得たキャッシュを他の事業・商品へ投入する	**負け犬** ・低成長でシェアが低い ・この事業で利益を上げることは難しい ・いかにロスを少なく撤退するかが課題である

(Fleisher & Bensoussan, 2002、戦略と競争分析、コロナ社)（strategy essence 63 ページ）

15. 生活研究（エスノグラフィー）

　生活研究とは、インタビューやweb調査、エスノグラフィーなどを通じて人間の行動や生活環境を把握し、家庭内で対象製品がどんな使われ方をし、どんな問題があるのかを導きだし、それを製品企画に生かす方法のことです。

事例

手法	ツール
・インタビュー	・カメラ
・web調査	・ビデオカメラ、ボイスレコーダー
・エスノグラフィー　etc	・間取り・レイアウト図　　etc

左手	頭・目	右手	時間(秒)
ズボンを抑える	アイロンを探す	台座のアイロンまでのばす	0.5
↓	あてる所を確認する	アイロンを布地にあてる	0.3
ズボンを抑えながら手をズラす	↓	アイロンを動かす（1回目）	2.0
↓	↓	アイロンを浮かしながら戻す	0.2
↓	↓	アイロンを動かす（2回目）	2.0
↓	台を探す	アイロンを保持する	0.2
↓	台座の挿入口を確認しながら	アイロンを台座に戻す	1.0
(以下省略)			

円グラフ:
- 71% 台座に放置される
- 18% アイロンを対象物にあてる
- 7% アイロンを台座から対象物まで運ぶ
- 4% アイロンを台座に戻す

6章　問題解決デザイン技術でよく活用する手法

2　仕事内容を視覚化する手法

21．製品工程分析

製品工程分析とは、物の流れを加工、運搬、検査および停滞の4つの基本現象に分類しこれを記号で表現して、その間を実線で結び、図示する方法です。

事例　製品工程分析表（加工型）の例

中空軸（製作単位100個）

製品　　素材

数値	記号	内容
	△	倉庫棚（外注火造加工品）
20m	㋷	リヤカーでカウンターの前に運ぶ（倉庫係）
3h	▽	床上に放置
	㋷	第9工場へ（移動係）
4h	▽	炉の側に置く
4h	①	焼なまし（800℃1h）炉中放冷（2h）
4m×5 / 20m	Ⓜ	箱に入れてグラインダーへ
2h	②	グラインダーをかける（硬さ試験のための検査工）
1h	◇	ブリネル硬さ試験（検査工）
2m×5 / 10m	Ⓜ	部品棚の上へ
2h	▽	棚の上に置く
110m	㋷	第10工場へ（移動係）
3h	▽	材料棚に置く
15m	㋷	旋盤の側へ（移動係）
42h	③	旋盤加工　クラッチの部分を削る（A1）
0.5h	◇	移動検査（ノギスで外径検査）
2h	▽	旋盤の棚に置く

『工程分析』産業能率大学　3ページから引用

22. 作業者工程分析

作業者工程分析とは、1人の作業者が行う一連の作業を分析する方法です。これによって各作業のステップとその内容に関連する移動や手待ちなどの発生状況をとらえます。

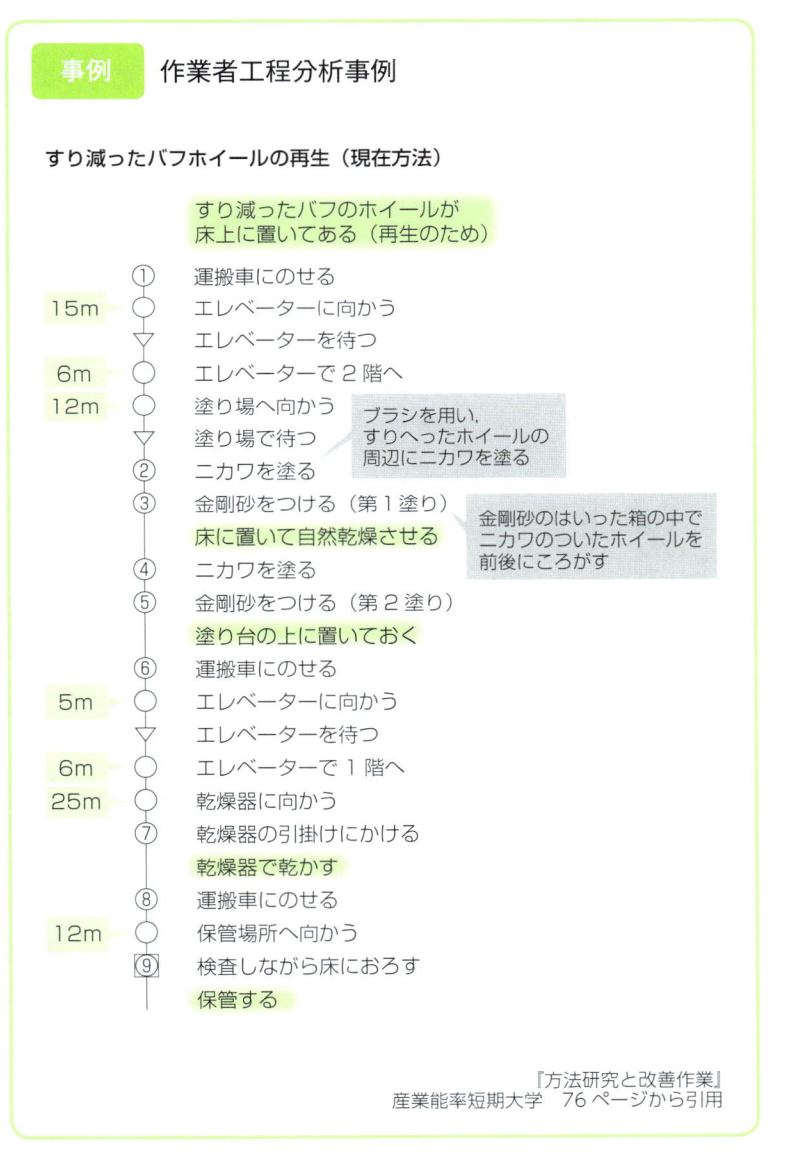

事例　作業者工程分析事例

すり減ったバフホイールの再生（現在方法）

　　　　　すり減ったバフのホイールが
　　　　　床上に置いてある（再生のため）

- ① 運搬車にのせる
- 15m ○ エレベーターに向かう
- ▽ エレベーターを待つ
- 6m ○ エレベーターで2階へ
- 12m ○ 塗り場へ向かう
- ▽ 塗り場で待つ
- ② ニカワを塗る　←ブラシを用い、すりへったホイールの周辺にニカワを塗る
- ③ 金剛砂をつける（第1塗り）　←金剛砂のはいった箱の中でニカワのついたホイールを前後にころがす
- 床に置いて自然乾燥させる
- ④ ニカワを塗る
- ⑤ 金剛砂をつける（第2塗り）
- 塗り台の上に置いておく
- ⑥ 運搬車にのせる
- 5m ○ エレベーターに向かう
- ▽ エレベーターを待つ
- 6m ○ エレベーターで1階へ
- 25m ○ 乾燥器に向かう
- ⑦ 乾燥器の引掛けにかける
- 乾燥器で乾かす
- ⑧ 運搬車にのせる
- 12m ○ 保管場所へ向かう
- ⑨ 検査しながら床におろす
- 保管する

『方法研究と改善作業』
産業能率短期大学　76ページから引用

23. 事務工程分析

事務工程分析とは、特定の事務手続きに対して、各種の帳票、帳票と現品などの相互関連について情報の流れを調べ、事務処理の方法や制度・組織を改善するための手法です。

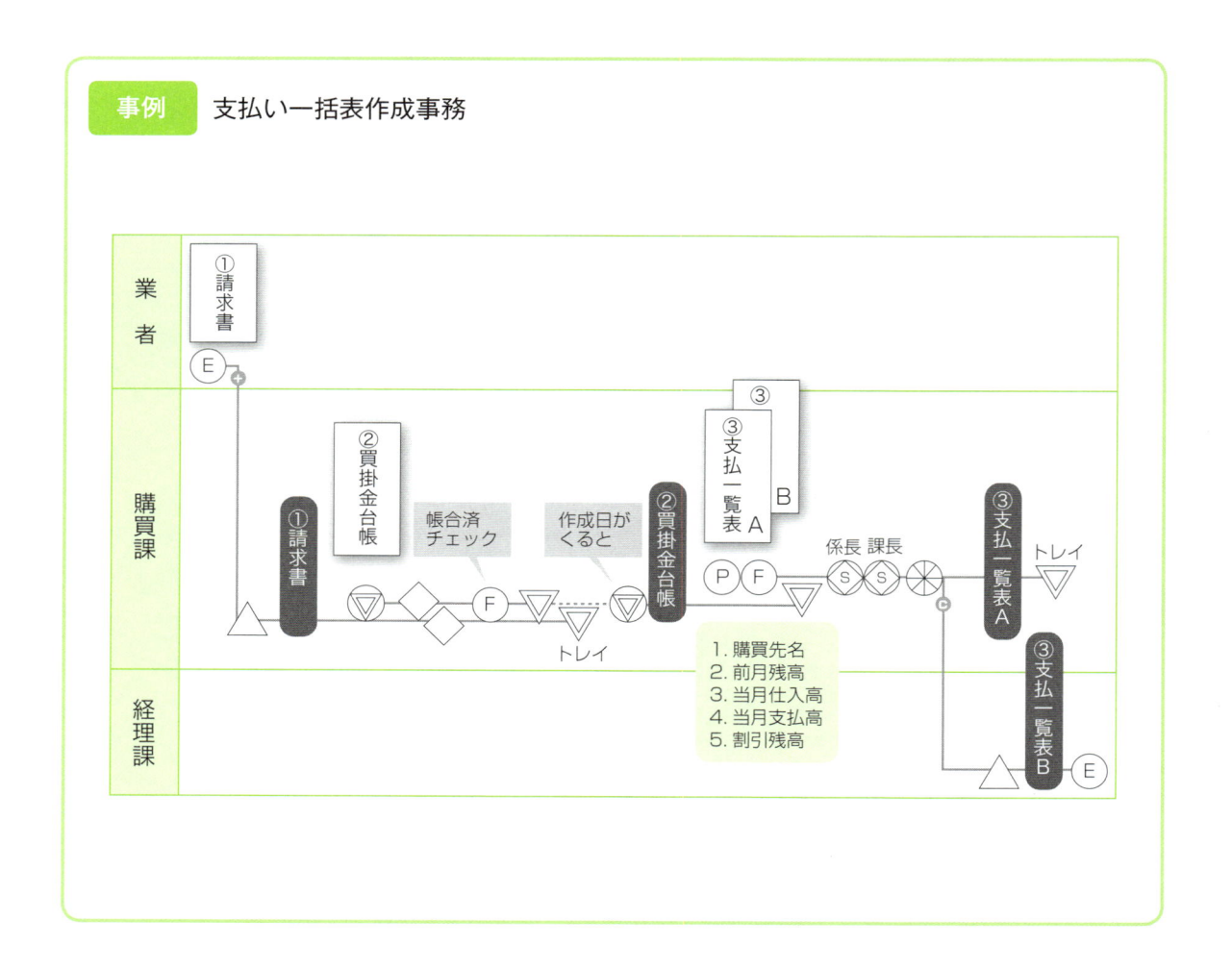

事例 支払い一括表作成事務

業者	①請求書
購買課	①請求書 → ②買掛金台帳 → 帳合済チェック → 作成日がくると → ②買掛金台帳 → (P)(F) → 係長 課長 (S)(S) → ③支払一覧表A
経理課	③支払一覧表B

帳票項目：
1. 購買先名
2. 前月残高
3. 当月仕入高
4. 当月支払高
5. 割引残高

24. 機能情報関連分析

機能情報関連分析とは、事務システムにおける機能と情報との関係を明らかにすることを通じて分析・改善を進めようとする手法です。

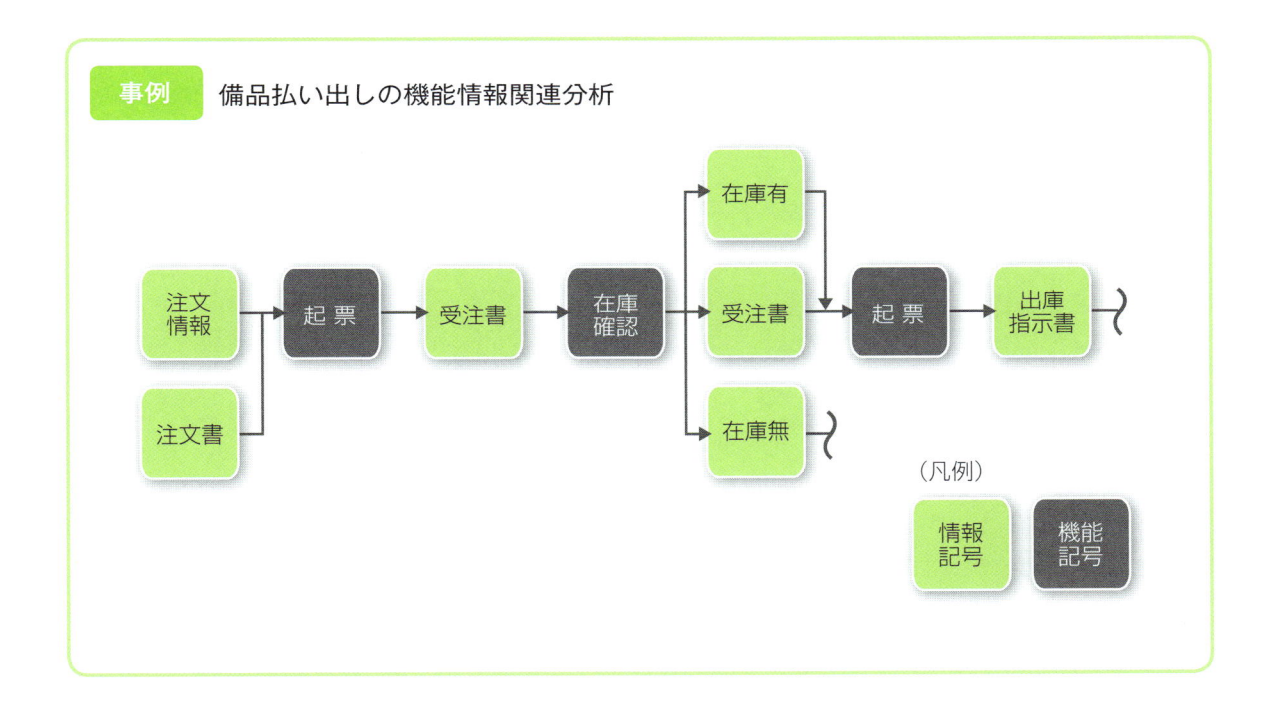

事例 備品払い出しの機能情報関連分析

注文情報 → 起票 → 受注書 → 在庫確認 → 在庫有 / 受注書 / 在庫無 → 起票 → 出庫指示書

注文書

（凡例）情報記号　機能記号

6章　問題解決デザイン技術でよく活用する手法

25. QC工程図

QC工程表とは生産の各工程ごとに管理点（管理項目、点検項目、使用機器など）を中心に管理方式を一覧表にまとめたものです。

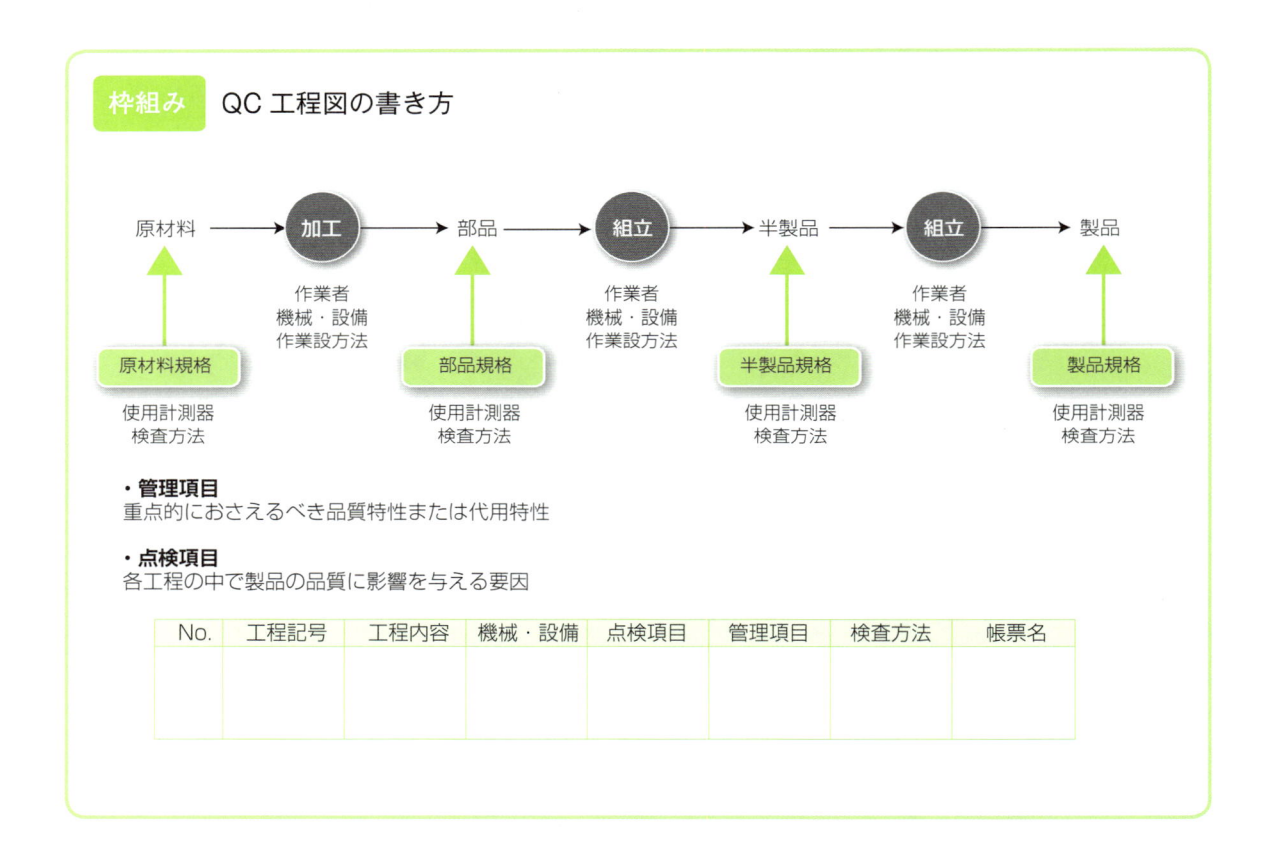

枠組み QC工程図の書き方

原材料 → 加工 → 部品 → 組立 → 半製品 → 組立 → 製品

加工・組立工程：
- 作業者
- 機械・設備
- 作業設方法

各規格：原材料規格／部品規格／半製品規格／製品規格
- 使用計測器
- 検査方法

- **管理項目**
  重点的におさえるべき品質特性または代用特性

- **点検項目**
  各工程の中で製品の品質に影響を与える要因

No.	工程記号	工程内容	機械・設備	点検項目	管理項目	検査方法	帳票名

26. 複式活動分析

複式活動分析とは、1人あるいは何人かの作業者が1台あるいは何台かの機械を用いて作業をしているときとか、何人かの作業者が機械の有無にかかわらず、協調して作業をしている状態を分析・記録する方法です。

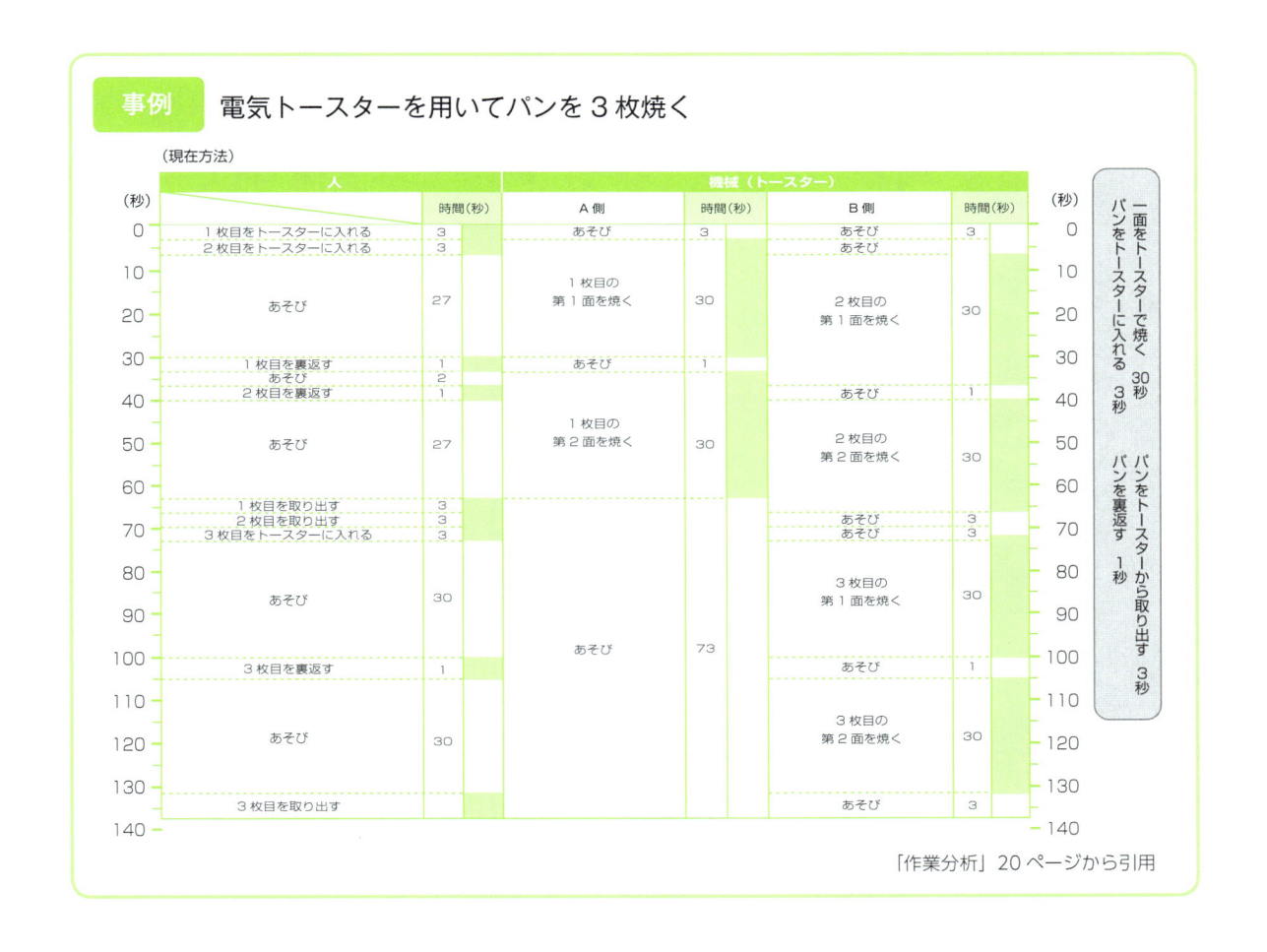

事例 電気トースターを用いてパンを3枚焼く

（現在方法）

(秒)	人	時間(秒)	機械（トースター） A側	時間(秒)	B側	時間(秒)	(秒)	
0	1枚目をトースターに入れる	3	あそび	3	あそび	3	0	一面をトースターで焼く 30秒 / パンをトースターに入れる 3秒 / パンをトースターから取り出す 3秒 / パンを裏返す 1秒
	2枚目をトースターに入れる	3			あそび		10	
20	あそび	27	1枚目の第1面を焼く	30	2枚目の第1面を焼く	30	20	
30	1枚目を裏返す	1	あそび	1			30	
	あそび	2						
40	2枚目を裏返す	1			あそび	1	40	
50	あそび	27	1枚目の第2面を焼く	30	2枚目の第2面を焼く	30	50	
60	1枚目を取り出す	3					60	
70	2枚目を取り出す	3			あそび	3	70	
	3枚目をトースターに入れる	3			あそび	3		
80	あそび	30			3枚目の第1面を焼く	30	80	
100			あそび	73	あそび	1	100	
110	3枚目を裏返す	1			3枚目の第2面を焼く	30	110	
120	あそび	30					120	
130					あそび	3	130	
140	3枚目を取り出す						140	

「作業分析」20ページから引用

27. 動作分析

動作分析とは、作業者の行う動作を観察し、その中から不必要と動作を排除したり、動作の方法を改善したりして、より良い作業方法を設定するための分析手法を言います。

事例 尾付座金の曲げ作業

要素作業			左手		右手	
			動作要素	サーブリック	動作要素	
① 座金をとる	1		座金まで手をのばす	⌣ ⌃	ペンチを持ったまま手持ち	1
	2		座金をつかむ	∩ ↓	〃	2
	3		運びながら向きを直す	⌣+0 ↓	〃	3
② ペンチで曲げる	4		ペンチのすきまにいれる	# ∩	ペンチを保持	4
	5		座金を保持	∩ ᧐	はさむ位置を決める	5
	6		〃	│ ∪	ペンチではさむ	6
	7		〃	│ │	曲げる	7
	8		〃	↓ ↓	ペンチを開く	8
③ 加工済品をおく	9		加工品を運ぶ	⌣○ ⌃	ペンチを持ったまま手持ち	9
	10		加工品を放す	○ ↓	〃	10

(注) 目の動作分析は省略　　　　　　　　　　　　　　　　　　「動作分析」8ページから引用

3　データ収集手法

31. チェックシート

チェックシートとは、必要とするデータを得るために、あらかじめ項目や日時を定めデータをチェックできるように設計した図表です。

事例　組立・配線不良の実測　1ロット50台

不良項目＼ロットNo.	101	102	103	104	105	……	合計
誤配線	///	//	//	///	//		74
ハンダ不良	/		//	/			46
ショート			/		/		26
部品不良		/		//			20
ビスのゆるみ	//						13
接着不良	/		/				10
その他		//			/		12

32. ワークサンプリング

ワークサンプリングとは、人または機械が行っている仕事を種類別、量的に把握する方法です。

事例　工程のワークサンプリング

	8:11	8:41	8:53	9:00	15:15	16:25	合計	%
1 バリ取り	正//	正//	正//	正//	正//	正//	115	47.9
2 エアー吹き	/		/				4	1.7
3 部品小出し	///	//	//	/	/	//	22	9.2
4 数量チェック		/	//			/	8	3.3
16 離席		/					4	1.7
17 その他	/		/			/	5	2.1

33. 生活分析

生活分析とは、作業と実施時刻を連続的に観測を行い、または自己申告により把握し、稼働率または作業時間を求めるための方法です。

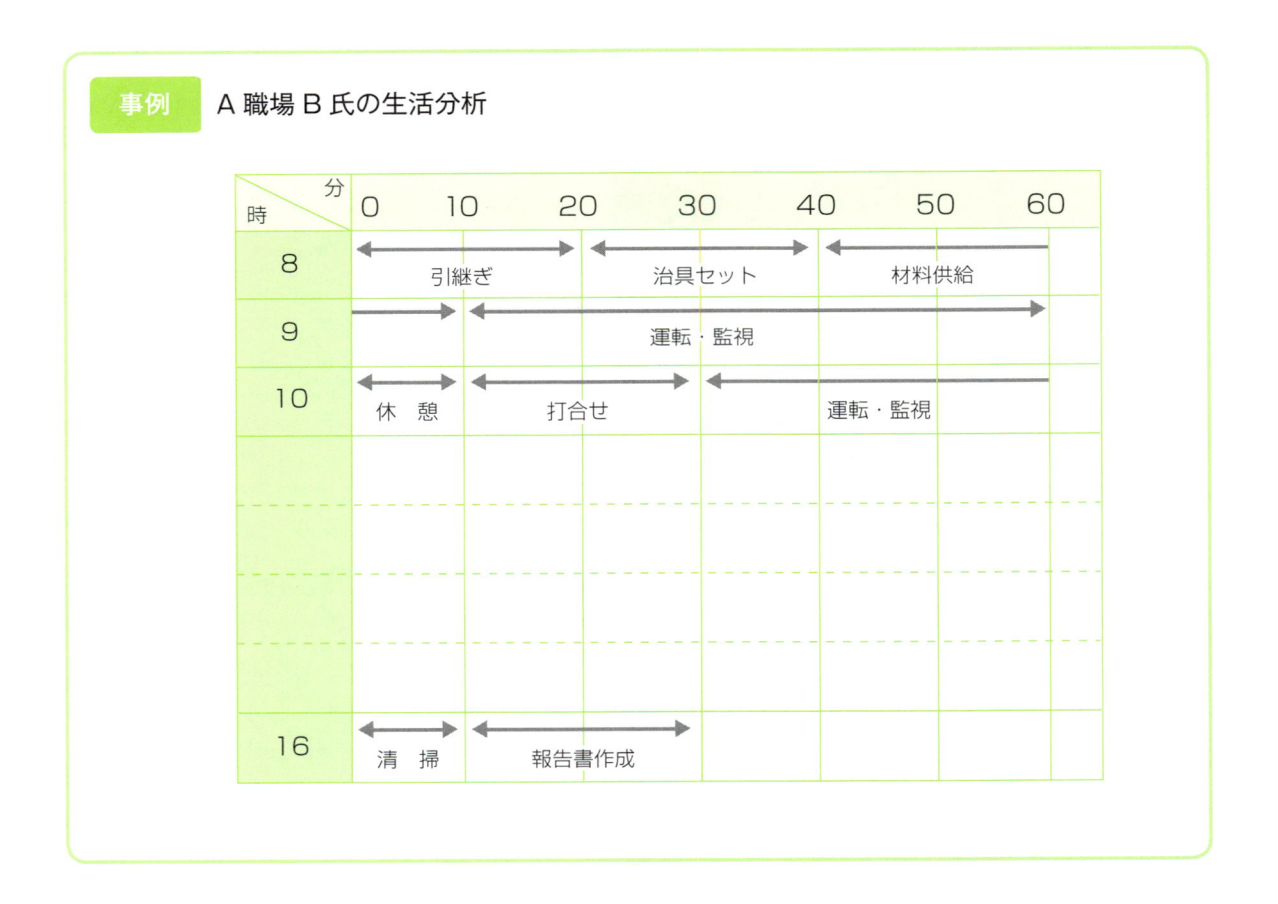

事例 A 職場 B 氏の生活分析

時＼分	0	10	20	30	40	50	60
8	←引継ぎ→			←治具セット→		←材料供給	→
9	→	←		運転・監視			→
10	←休憩→		←打合せ→		←　　運転・監視		→
16	←清掃→		←報告書作成→				

34. 時間研究

時間研究とは、作業の経過時間を何らかの測時計を用いて測定する方法の総称です。

事例 時間研究用紙（裏面）「検査のため、万年筆にインクを入れる」

	単位：1/100分 （上段：個別） （下段：読み）										合計	平均	記事
	1	2	3	4	5	6	7	8	9	10	回数		（改善着眼など）
1. 検査ずみの万年筆をペン置き台に置き、次の万年筆をとる	3	3	3	3	3	3	3	3	3	3	30	3.0	
	3	59	13	72	34	89	45	402	56	17	10		
2. インクを入れる用意をする	18	19	20	17	19	18	19	18	20	17	185	18.5	
	21	78	33	89	53	307	64	20	76	34	10		
3. インクを入れる	20	18	19	21	19	20	20	19	22	21	199	19.9	
	41	96	52	210	72	27	84	39	98	55	10		
4. ペン先を洗い、キャップをはめる	15	14	17	21	14	15	15	14	16	13	133	14.8	㉛は不注意で部品を落としたことによる
	56	110	69	㉛	86	42	99	53	514	68	9		
5.													
6.													
7. サイクルタイム	56	54	59	62	55	56	57	54	61	54		56.2	
8.													
9.													
10.													
例外①												（整理欄）	
②													
③													

「時間研究」産能能率大学　4ページより引用

35. PTS法（WF法）

　WF法とは、PTS（Predetermined Time Standerd）法の一つです。PTS法とは人の行うすべての作業を基本動作に分解して、その動作の性質と条件に応じて、あらかじめ定められた時間値を当てはめる方法です。PTS法には、WF法以外にMTM法があります。

事例 "書く動作"の分析

動作	サープリック記号	分析記号	AU	秒
鉛筆に手をのばす	∪	移動：1類	1	0.3
鉛筆をつかむ	∩	簡単なつかみ	0	0
鉛筆の向きを正す	8	前置き：片手	1	0.3
鉛筆を持ってくる	ᴗ	移動：2類	2	0.6
鉛筆の先を所定の位置に置く	９	組立：≧0.3、＜0.9	1	0.3
"1E"と書く	∪	移動：2類11回	22	6.6
			27	8.1

36. 標本調査法

標本調査法とは、母集団またはロットから試料をとる方法です。

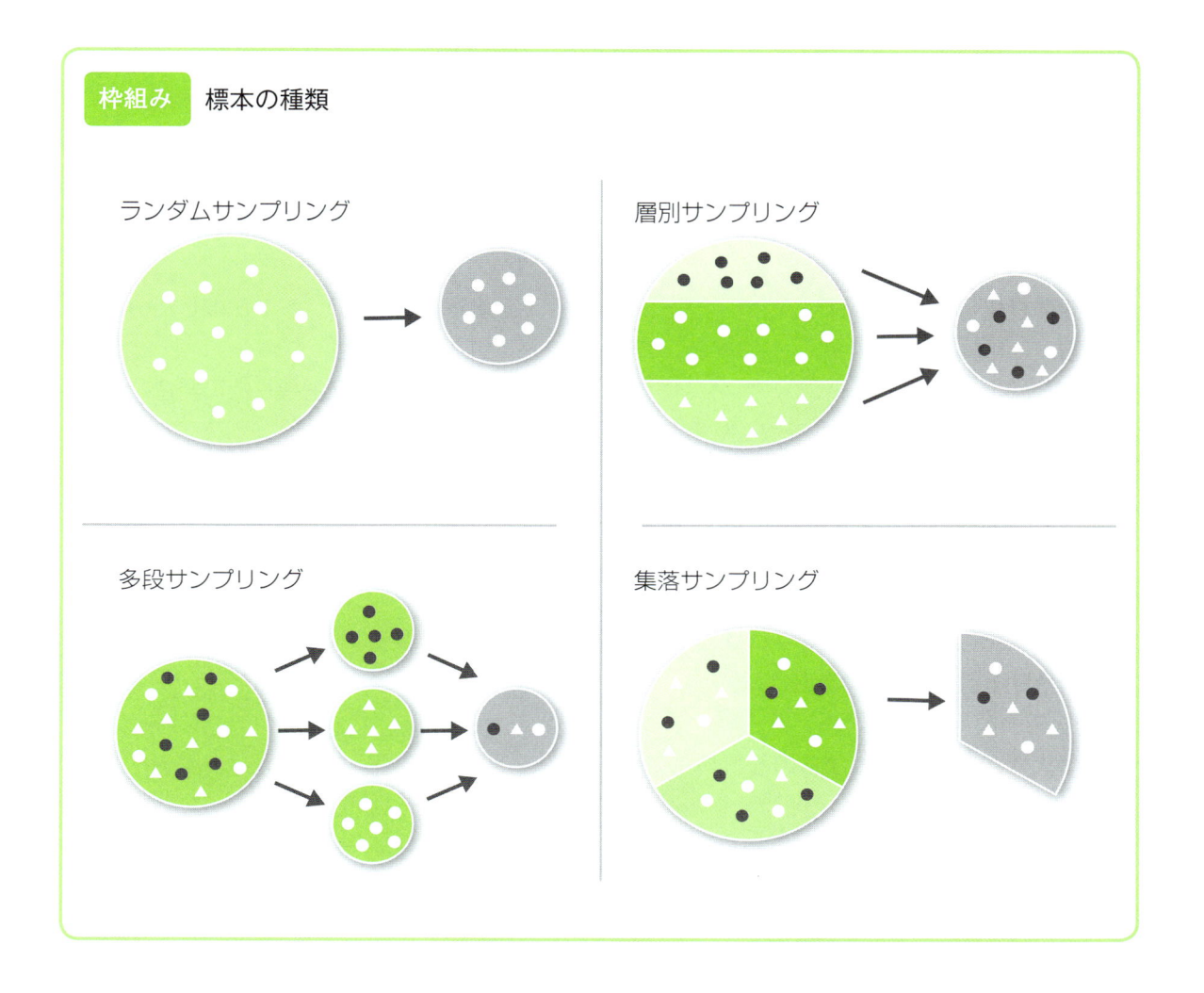

枠組み 標本の種類

ランダムサンプリング

層別サンプリング

多段サンプリング

集落サンプリング

4 データ解析手法

41. グラフ

グラフとはデータの状態ならびに解析結果を一目でわかるように図示したものです。

1．グラフの種類

① 棒グラフ
　量の大きさを棒の長さで表した図
② 折れ線グラフ
　時間の変化に伴う量の移り変わりを表した図
③ 円グラフ
　部分の比率を楕円の大きさで表した図
④ 帯グラフ
　帯の長さと区切った面積で量や比率の大きさを表した図
⑤ Ｚグラフ
　時間の変化に伴う量の移り変わりとその累積合計と目標値を表した図
⑥ レーダーチャート
　量の大きさを円の中心からの離れ具合で表した図

2．グラフの選び方

① 棒グラフ
　量の大小を項目別に比較したい場合
② 折れ線グラフ
　量の時間的な変化を比較したい場合
③ 円グラフ
　項目別の比率を比較したい場合
④ 帯グラフ
　２種類の項目別の比率を比較したい場合
⑤ Ｚグラフ
　目標の達成状況を把握したい場合
⑥ レーダーチャート
　項目間のバランスを把握したい場合

42. パレート図

パレート図とは、項目別にデータを大きさの順に並べかえ、重点的に管理・改善すべき項目を明らかにする手法です。

事例 組立・配線不良のパレート図

測定器の組立・配線不良の低減活動の活動重点を決めるために作成されたパレート図です。

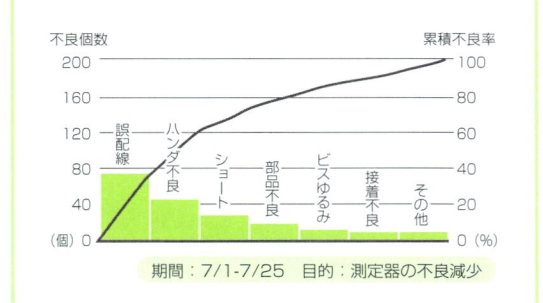

期間：7/1-7/25　目的：測定器の不良減少

43. ヒストグラム

ヒストグラムとは、データを大きさの順に並びかえ、ある大きさのものが、設定した範囲内にいくつあるかという度数を図表に表したものです。ヒストグラムにより品物のバラツキや平均値をつかみ、適確にアクションをおこすことができます。

事例 シャフトの太さ

シャフトの太さについてデータを収集し作成したヒストグラムです。横軸にシャフトの太さをとり、縦軸には度数をとっています。7.00のあたりが最も度数が高く、左右にいくにしたがって度数は低くなっていきます。平均値がだいたい7.03であることが、この図から読みとれます。

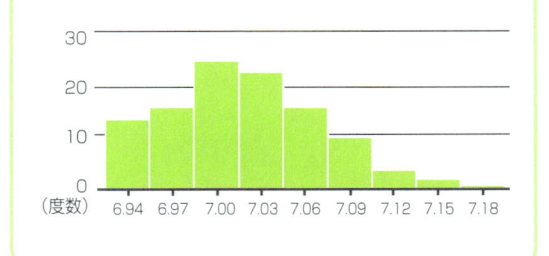

6章　問題解決デザイン技術でよく活用する手法

44. 検定・推定

【検定】

検定とは、仮説をたてその仮説が成立するかどうかを、サンプルから得られたデータを用いて統計的に判断することであり、正式には**統計的検定**と呼びます。

> **枠組み** 検定の考え方
>
> 穴あけ工程において加工される穴径は、これまでの結果より $\mu = 10.2$ mm, $\sigma = 0.1$ であることが分かっています。ここで穴あけ治具をかえたところ、10.5 mmの穴があきました。治具をかえたことが穴径に影響を与えたと言えるでしょうか。
>
> 危険率1%で、$\mu = 10.2$ mmという仮説は捨てられます。すなわち、治具をかえたことは穴径に影響をあたえたと言えます。
>
> $H0 : \mu = 10.2$ mm
> $H1 : \mu = 10.2$ mm
>
> $$u0 = \frac{10.5 - 10.2}{0.1} = 3$$
>
> $u0 = 3^{**} > 1.96$

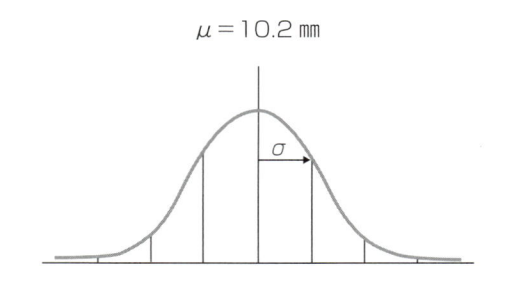

【推定】

推定とは、サンプルを用いて、母数 θ の値を指定したり、その値の範囲を指定したりすることであり、前者を点推定、後者を区間推定と呼びます。

枠組み 推定の考え方

穴あけ工程において加工される穴径は、これまでの結果より $\mu = 10.2$ ㎜, $\sigma = 0.1$ であることがわかっています。ここで穴あけ治具をかえたところ、10.3㎜ 10.2㎜、10.3㎜、10.4㎜の穴があきました。治具をかえたことが穴径に影響をあたえたといえるでしょうか？ また、その時の母平均を信頼度95%にて区間推定してください。

$$H0 : \mu = 10.2 ㎜$$
$$H1 : \mu = 10.2 ㎜$$

$$u_0 = \frac{10.3 - 10.2}{0.1\sqrt{4}} = 2$$

$$u_0 = 2* > 1.96$$

危険率5%で、$\mu = 10.2$ ㎜という仮説は捨てられます。すなわち、治具をかえたことは穴径に影響をあたえたと言えます。

そこで、その時の母平均を信頼度95%にて区間推定してみると以下の結果が得られます。

$$\bar{x} - 1.96\sigma/\sqrt{n} \leq \mu \leq \bar{x} + 1.96\sigma/\sqrt{n}$$
$$10.3 - 1.96 \times 0.1/2 \leq \mu \leq 10.3 + 1.96 \times 0.1/2$$
$$10.3 - 0.098 \leq \mu \leq 10.3 + 0.098$$
$$10.202 \leq \mu \leq 10.398$$

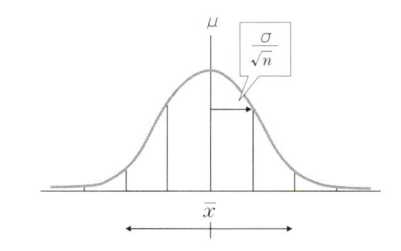

45. 分散分析

分散分析とは、実験データの解析にあたって、データ全体の分散を実験に取り上げた要因の分散と、その残りの誤差分散とに分け、誤差分散で要因の分散の検定を行い、取り上げた要因が特性値に影響をおよぼしているかを推定する方法です。

事例　薬品成分の反応速度の影響

今、4種類（水準）の反応温度 A1～A4 である薬品を各4回作ったときに、ある成分が図表1のようになりました。

図表2のように分散分析の結果反応温度によって成分に差があることが分かります。

図表1　成分表

	1	2	3	4
A1	79.2	78.7	79.0	78.5
A2	79.4	79.2	80.2	79.2
A3	80.3	81.1	80.6	80.9

図表2　分散分析表

要因	平方和	自由度	不偏分散	F0	F表
A	7.2519	3	2.4173	18.87*	3.49
E	1.5375	12	0.1281		
計	8.7894	15			

＊5%有意

46. 実験計画法

実験計画法とは、統計的な手法を用い、合理的に実験を計画し、経済的に精度よくデータを分析できるよう実験を設計する方法です。

事例 薬品の成分への影響を調べる実験計画（ラテン方格[※1]の活用）

反応温度　A1、A2、A3
反応時間　B1、B2、B3
触　　媒　C1、C2、C3

の時の薬品の成分に影響を与えている要因を知りたいときに実験計画を用いると、27種類の実験が9種類の実験で同様の結果が得られることが分かります。

		C1	C2	C3
A1	B1	○	○	○
	B2	○	○	○
	B3	○	○	○
A2	B1	○	○	○
	B2	○	○	○
	B3	○	○	○
A3	B1	○	○	○
	B2	○	○	○
	B3	○	○	○

		C1	C2	C3
A1	B1			①
	B2		⑥	
	B3	⑨		
A2	B1		⑤	
	B2			⑦
	B3		②	
A3	B1		⑧	
	B2	③		
	B3			④

※○内の数字は実験順序を示す

※1）ラテン方格（らてんほうかく）とは、n行n列のマトリクスに、n個の異なる記号が各行・各列に1回だけ現れるようにならべたものです。

48. 多変量解析

多変量解析とは、たくさんある変量の関係を明らかにして、予測や変量の合成や分類を行っていく手法です。

枠組み 多変量解析の種類

パターン	目的	使用する分析		
		量のデータのみ	質と量のデータ	質のデータのみ
1型	予測式の発見 量の推定	重回帰分析 正準相関分析	数量化分析Ⅰ類	
2型	標本の分類 質の推定	判別分析	数量化分析Ⅱ類	分割表の分析 クラスター分析
3型	多変量の統合・整理 変量の分類 代替変量の発見・選定	主成分分析 因子分析	数量化分析Ⅲ、Ⅳ類	潜在構造分析

森北出版　多変量解析入門Ⅰ　河口至商著より引用

49. ポートフォリオ分析

ポートフォリオ分析とは、自社の事業や製品を外部環境と自社の実態の二つの尺度で平面状に位置づけ、その結果を踏まえて事業や製品の方向づけを行っていくための手法です。

> **事例** A．B．C製品のポートフォリオ
>
> 事例では、利益率と市場におけるシェアでA、B、C製品の位置関係を示しています。軸の組み合わせを変えることで、さまざまな表現が可能な手法です。
>
> ※円の大きさは売上高を示す
>
> 縦軸：利益率（低い↔高い）
> 横軸：シェア（低い↔高い）
>
> - A製品：利益率 高い、シェア 低い
> - B製品：利益率 低い、シェア 高い（売上高 大）
> - C製品：利益率 低い、シェア 低い

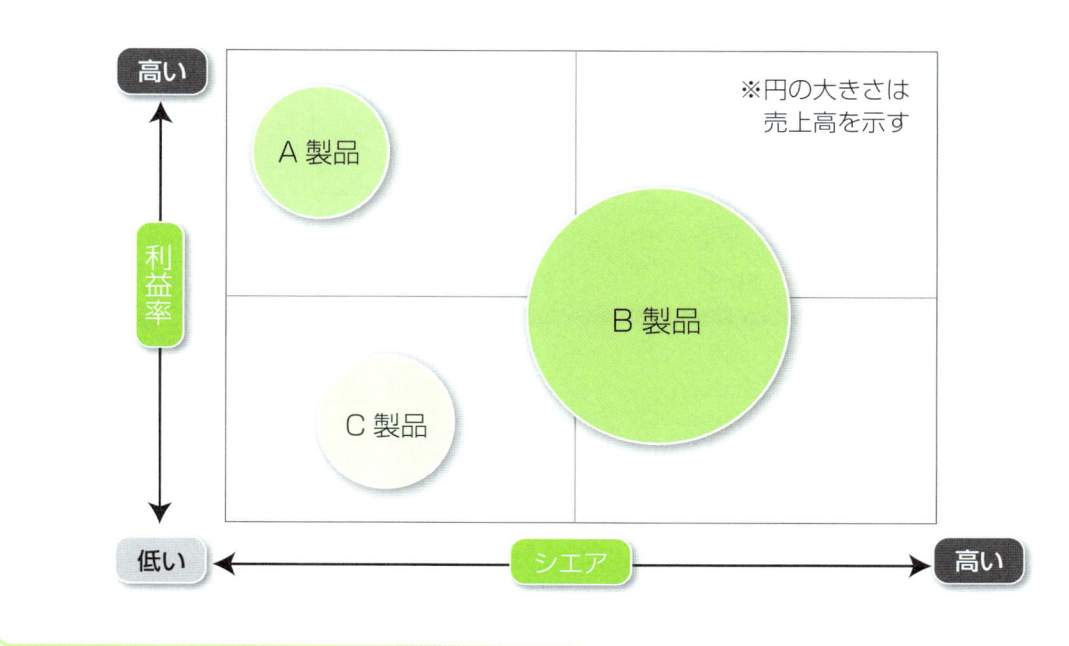

5 構造化手法

51. 特性要因図

特性要因図とは、結果（すなわち特性）に原因（要因）がどのように関係し影響しているかを矢印を使って描き表した図です。

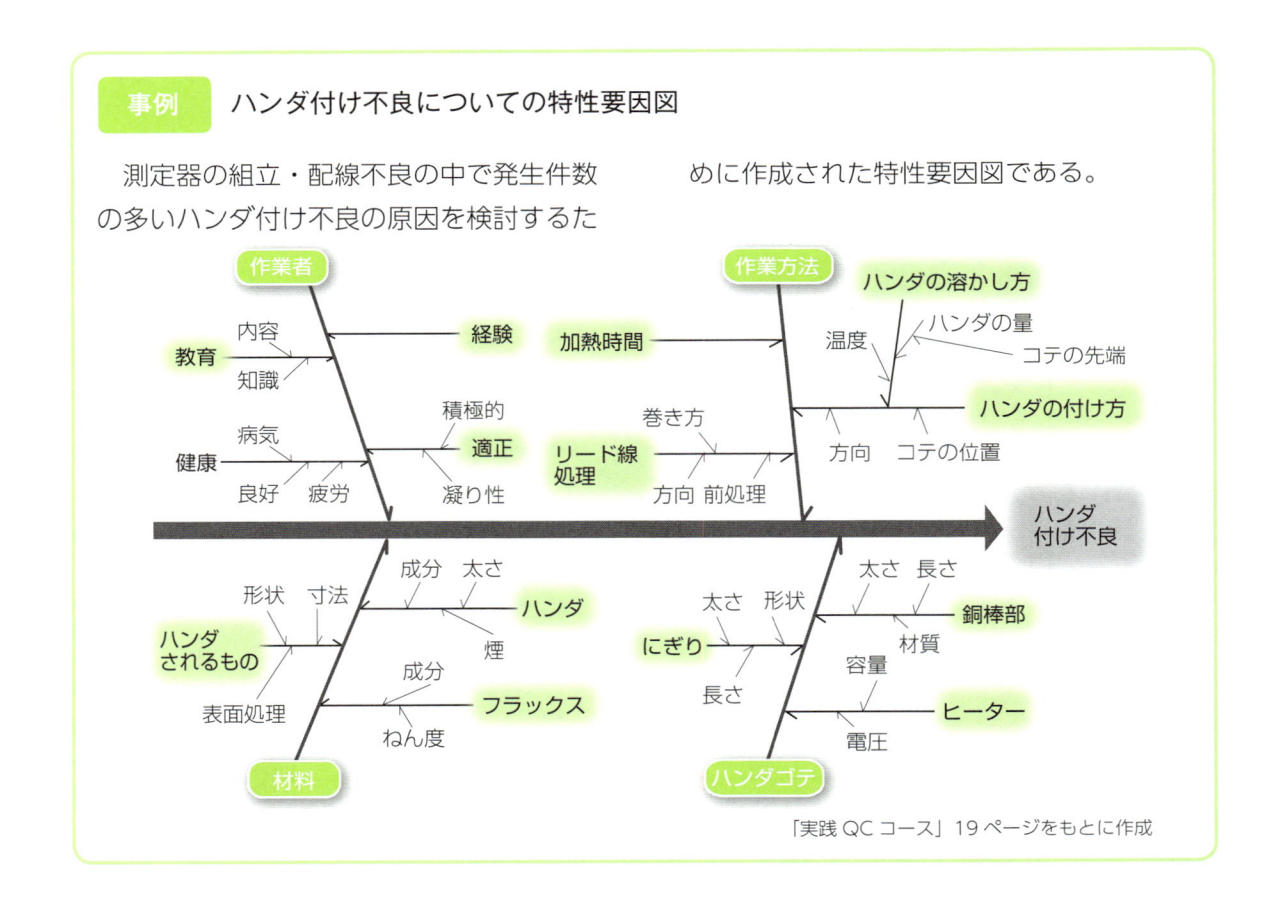

事例 ハンダ付け不良についての特性要因図

測定器の組立・配線不良の中で発生件数の多いハンダ付け不良の原因を検討するために作成された特性要因図である。

（図：ハンダ付け不良の特性要因図）

作業者：内容、知識、経験、教育、病気、健康、良好、疲労、積極的、適正、凝り性
作業方法：加熱時間、ハンダの溶かし方、温度、ハンダの量、コテの先端、ハンダの付け方、方向、コテの位置、巻き方、リード線処理、方向、前処理
材料：形状、寸法、成分、太さ、ハンダ、煙、ハンダされるもの、表面処理、成分、ねん度、フラックス
ハンダゴテ：太さ、形状、にぎり、長さ、太さ、長さ、銅棒部、材質、容量、ヒーター、電圧

→ ハンダ付け不良

「実践QCコース」19ページをもとに作成

52. 連関図

連関図とは、解決すべき問題が明確になっているときに、発生の原因が複雑に絡み合っている状況の中で、その因果関係を明らかにするための手法です。

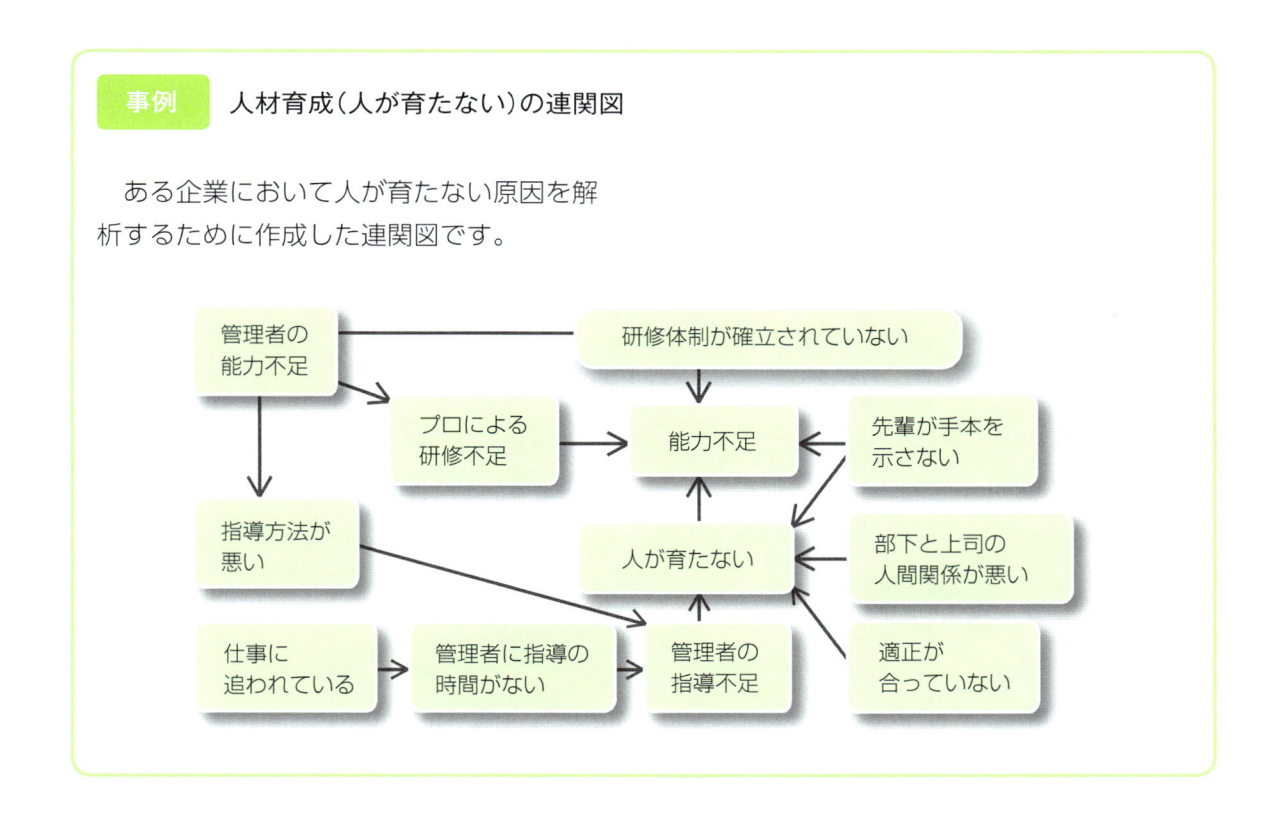

事例 人材育成（人が育たない）の連関図

ある企業において人が育たない原因を解析するために作成した連関図です。

```
管理者の              研修体制が確立されていない
能力不足
    ↓         ↓              ↓
         プロによる    →   能力不足   ←   先輩が手本を
         研修不足                          示さない
    ↓                       ↑        ↘
指導方法が                              
悪い                    人が育たない  ←  部下と上司の
                                       人間関係が悪い
                          ↑
  仕事に      管理者に指導の   管理者の    適正が
 追われている   時間がない      指導不足   合っていない
```

54. 機能系統図

　機能系統図とは、対象となるシステムに要求されている働き、目的を明らかにするために、その構成要素や要求事項などから抽出した機能を、目的―手段の関係で整理する手法です。

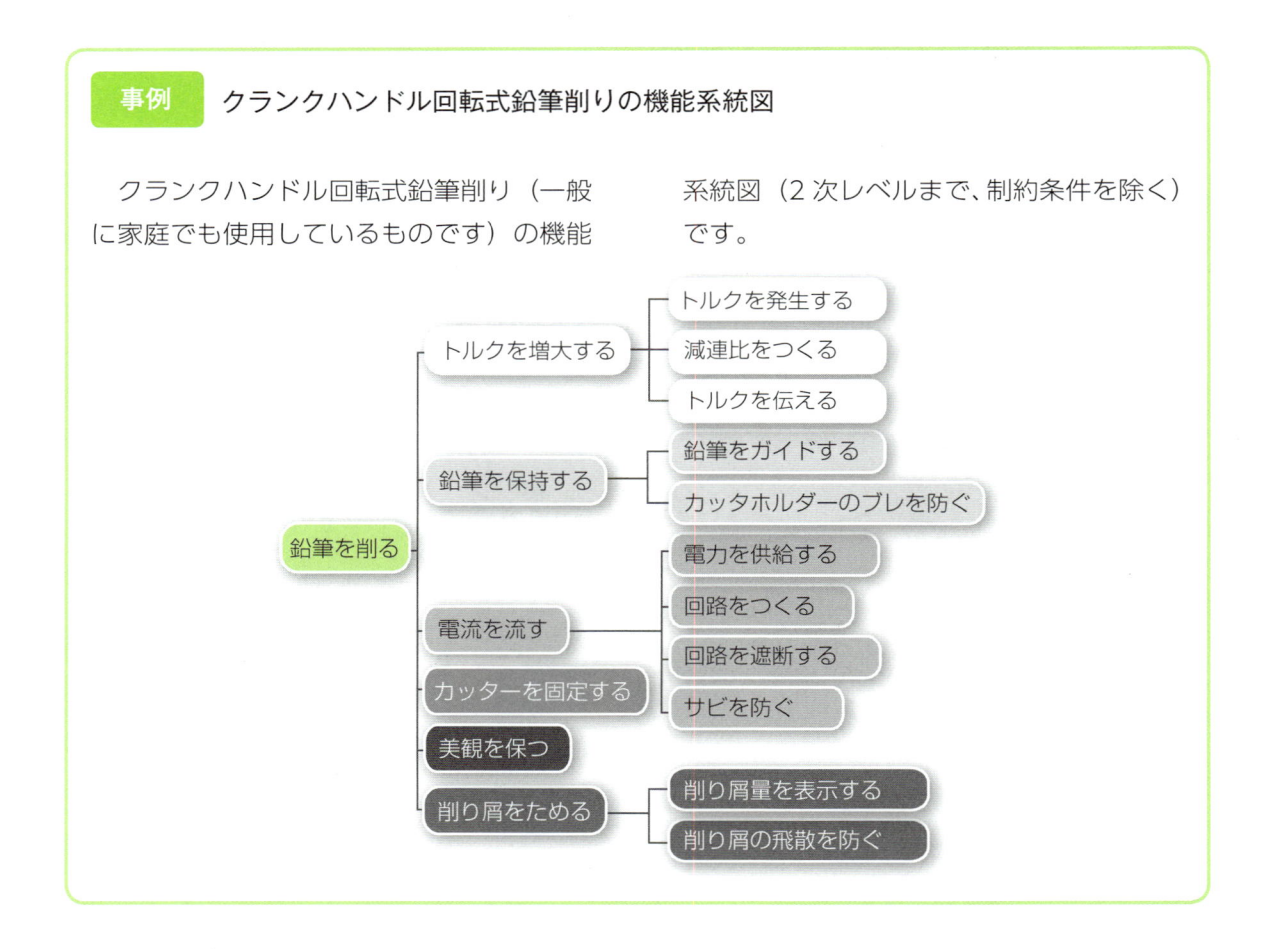

事例　クランクハンドル回転式鉛筆削りの機能系統図

　クランクハンドル回転式鉛筆削り（一般に家庭でも使用しているものです）の機能系統図（2次レベルまで、制約条件を除く）です。

- 鉛筆を削る
  - トルクを増大する
    - トルクを発生する
    - 減連比をつくる
    - トルクを伝える
  - 鉛筆を保持する
    - 鉛筆をガイドする
    - カッタホルダーのブレを防ぐ
  - 電流を流す
    - 電力を供給する
    - 回路をつくる
    - 回路を遮断する
    - サビを防ぐ
  - カッターを固定する
  - 美観を保つ
  - 削り屑をためる
    - 削り屑量を表示する
    - 削り屑の飛散を防ぐ

55. マトリックス図法

　マトリックス図法とは、対象テーマや領域の要素や要因などを挙げ、これらを対にしてマトリックス（行列）状にしこれらの要素や要因の交点において両者の関係の情報を確認するための手法です。

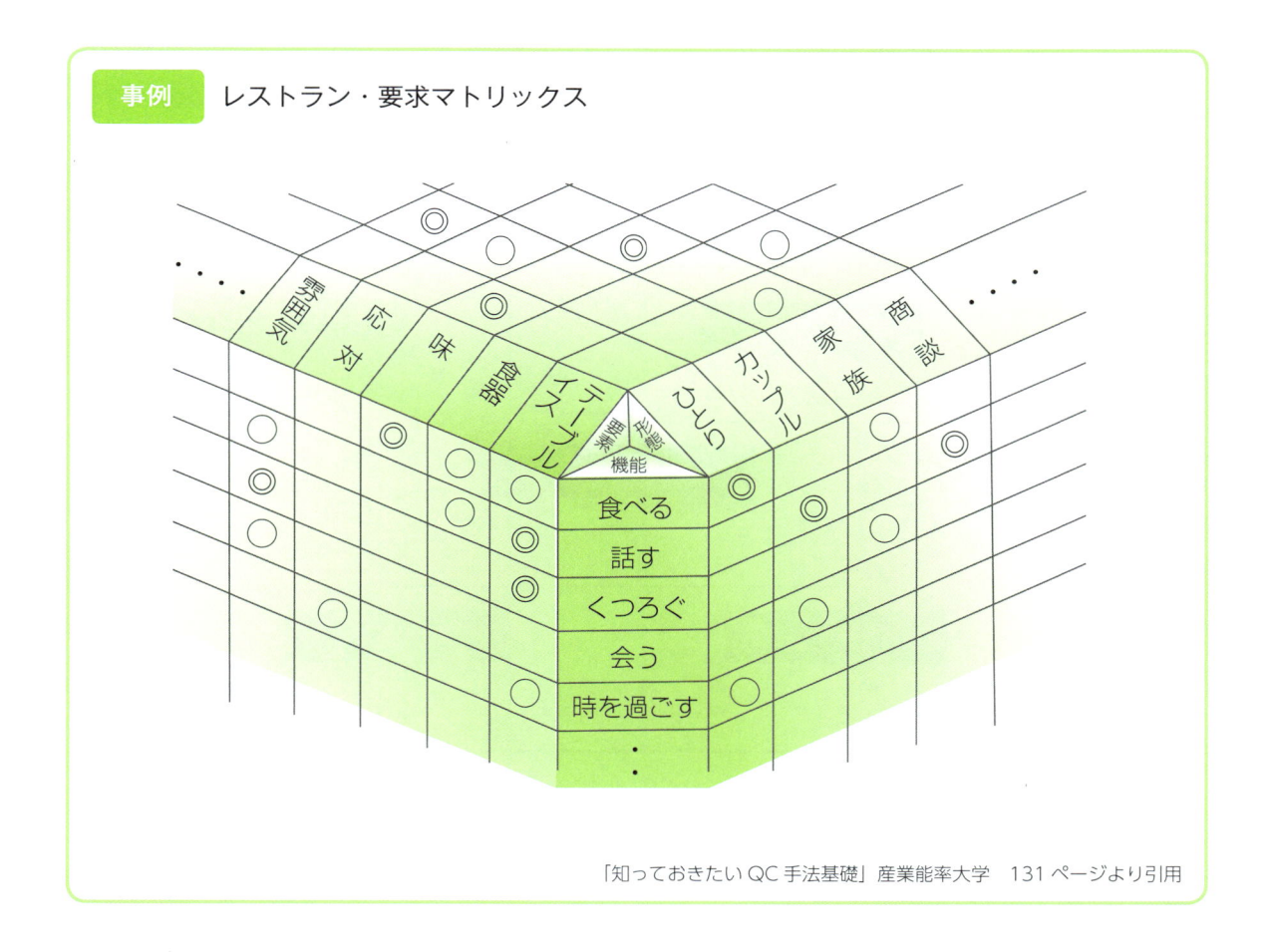

事例　レストラン・要求マトリックス

「知っておきたいQC手法基礎」産業能率大学　131ページより引用

6章　問題解決デザイン技術でよく活用する手法

56. FTA (Fault Tree Analysis)

　FTA (Fault Tree Analysis) とは、システムに発生する重大な故障が、どのような原因によって発生するのかを掘り下げていくトップダウンの手法です。

> **事例**　懐中電灯の故障の分析

```
                    光が発生しない
                         │ OR
         ┌───────────────┴───────────────┐
    電流が流れない                    電球が切れている
         │ OR
    ┌────┴────┐
  電池がない  回路が作られていない
                 │ OR
            ┌────┴────┐
       回路が切れている   絶縁不良
            │ OR              │
        ┌───┴───┐          以下省略
     電球のガタ ツマミのはずれ
```

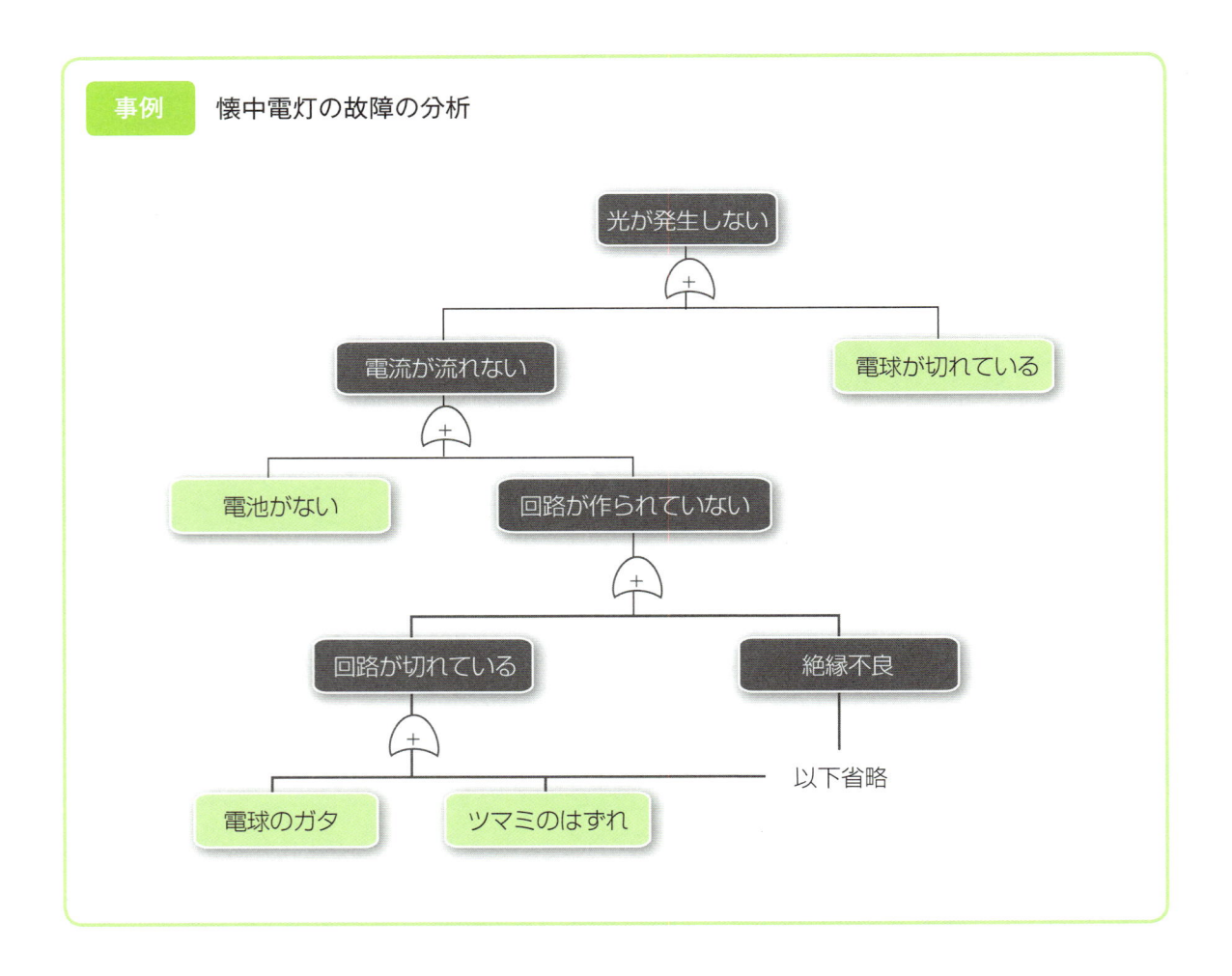

57. FMEA (Failure Mode&Effect Analysis)

FMEA(Failure Mode&Effect Analysis)は対象とするシステムの構成要素ごとに故障モードを抽出して、ひとつひとつの故障モードが性能、信頼性、安全性などの面に影響を与えているか、与えているとすれば影響の度合いはどの程度かということを分析する手法です。

事例 エンジンの FMEA シート

NO	構成要素名	故障モード	推定原因	影響	故障等級
1	ボールシート	破損	材質不良	機能停止	Ⅰ
		凍結	シール不良	機能停止	Ⅱ
2	ブッシュ	破損	材質不良 組付け不良	機能停止	Ⅰ
		脱落	材質不良 組付け不良 形状不良	機能停止	Ⅰ
		磨耗	シール不良 材質不良	機能低下	Ⅲ

6 解決案の作成手法

64. TRIZのオペレーター発想
（強制連想法）

　TRIZのオペレーターとは、特許分析を通じて得られたアイデア発想のヒント集のことを指します。具体的には、矛盾を解決する発想のヒント、有益機能を強化するための発想のヒント、有害作用を除去するためのヒントからなっています。

　問題解決にあたっては、これらのヒントのリストを使ってブレインストーミングを用いた発想を行います。

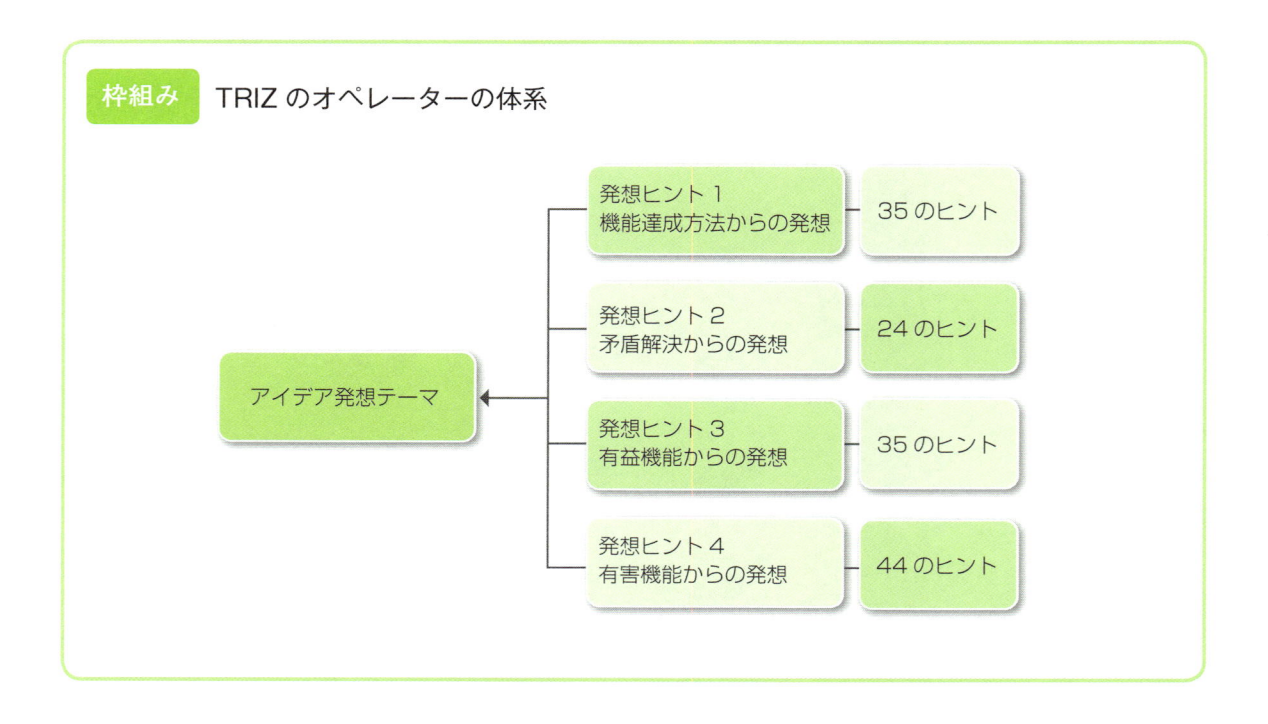

枠組み　TRIZのオペレーターの体系

アイデア発想テーマ
- 発想ヒント1　機能達成方法からの発想 — 35のヒント
- 発想ヒント2　矛盾解決からの発想 — 24のヒント
- 発想ヒント3　有益機能からの発想 — 35のヒント
- 発想ヒント4　有害機能からの発想 — 44のヒント

65. 技術リレーション分析

技術リレーション分析とは、自社保有の技術を列挙し、その技術の組み合わせについて開発の可能性を一覧にしたものです。

枠組み 技術ソリューション分析の書き方

基礎技術	組み合せ技術			
	メカニクス	エレクトロニクス	光学	
メカニクス				
エレクトロニクス	メカトロニクス C			
光学	レーザー A	オプトエレクトロニクス B		
音声		デジタル B		
通信		コンピュータ通信 B	光通信 B	
材料	超硬度鋼 B	半導体材料 B	光ファイバー B	

A…開発可能性あり B…開発可能性なし C…自社保有

66. 具体化のサイクル

　具体化のサイクルとは、収束的思考の段階で用いる手法です。発散的思考によって得られた着想のアイデアは、欠点を含んでいたり、実験を行って効果の確認が必要なものが含まれています。そこで具体化のサイクルで、粗評価を行い、アイデアを絞り込んだうえで、アイデアの持つ利点と欠点の分析を行い、欠点を克服するアイデア発想を行い、実際の対策として使えるアイデアに育てていきます。そのうえでアイデア同士の組合せを行いながら具体的な対策案とします。

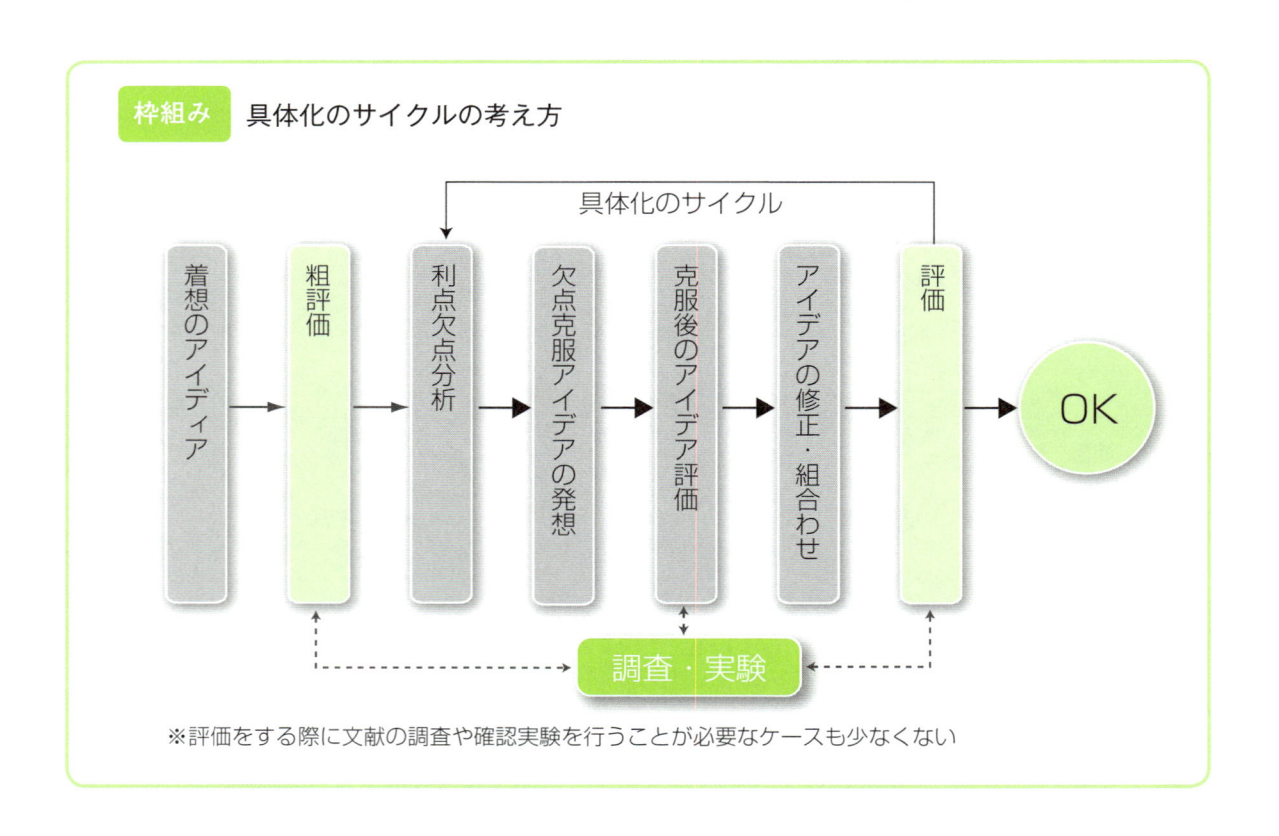

枠組み 具体化のサイクルの考え方

着想のアイディア → 粗評価 → 利点欠点分析 → 欠点克服アイデアの発想 → 克服後のアイデア評価 → アイデアの修正・組合わせ → 評価 → OK

具体化のサイクル

調査・実験

※評価をする際に文献の調査や確認実験を行うことが必要なケースも少なくない

67. アイデア体系図

アイデア体系図とは、抽出したアイデアを手掛かりにして、アイデアを体系化していく手法です。

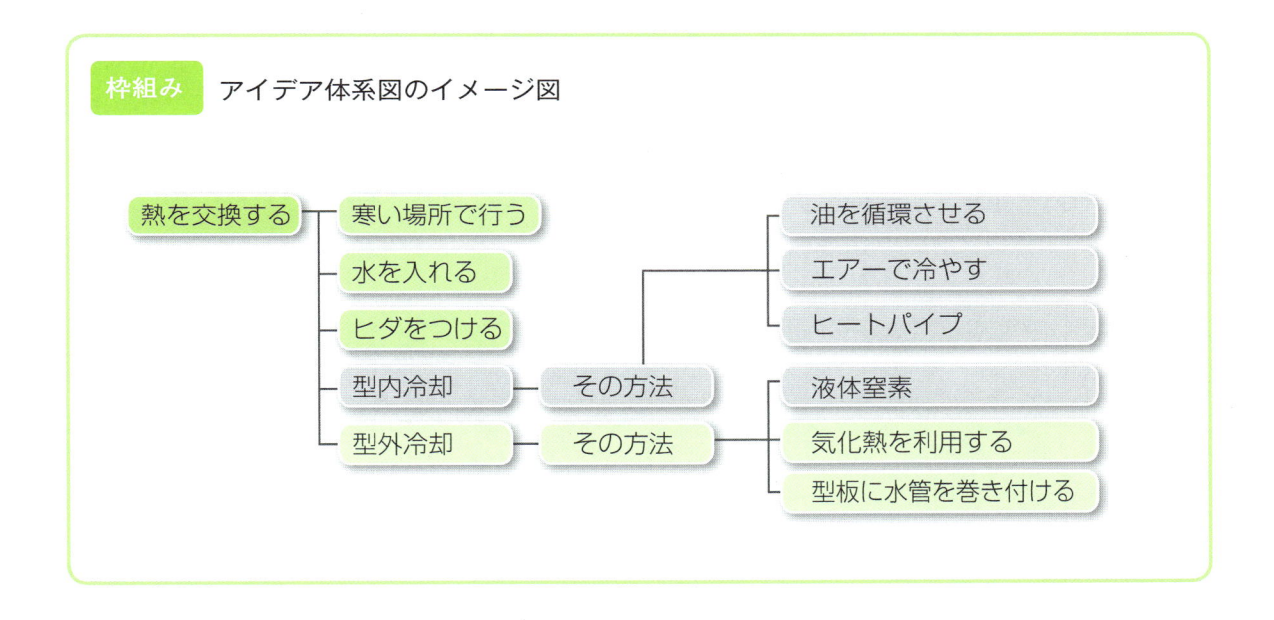

枠組み アイデア体系図のイメージ図

- 熱を交換する
  - 寒い場所で行う
  - 水を入れる
  - ヒダをつける
  - 型内冷却 ─ その方法
    - 油を循環させる
    - エアーで冷やす
    - ヒートパイプ
  - 型外冷却 ─ その方法
    - 液体窒素
    - 気化熱を利用する
    - 型板に水管を巻き付ける

6章　問題解決デザイン技術でよく活用する手法

68. 利点欠点分析

　利点欠点分析とは、アイデア、あるいはアイデアを組み合わせて創出した解決案を一層良いものとするために使う手法です。具体化のサイクルで活用します。

枠組み　利点欠点分析表の書き方

　具体的には、①その利点を明確にし、②同時に欠点を明確にし、③克服すべき欠点を決め、④上記①で明らかにした利点を阻害しない克服案を検討することで、アイデア、あるいは解決案をブラッシュアップします。

具体化・洗練化							
■対象テーマ								
No.	アイデア	利点	欠点	欠点分類	欠点克服アイデア	評価

チーム名：　　　チームメンバー　　　日付

7 意思決定の手法

71. 決定論的評価法

　決定論的評価法とは、評価項目をあらかじめ定め、評価対象について主観的評価を行い、その評価項目ごとの合計点、チェック項目（合格項目）の数、あるいはチャートの形によって評価を行う手法です。

枠組み 評価の種類

1) チェックリスト法

	OK	NG
市場の広さ	○	
市場の将来性		○
模倣の困難性		○
販売網の活用	○	

2) 評点法

	ウェート	評点	総合点
市場の広さ	2.0	8	16
市場の将来性	1.5	2	3
模倣の困難性	1.0	2	2
販売網の活用	1.0	6	6
合計点			68

3) プロファイル法

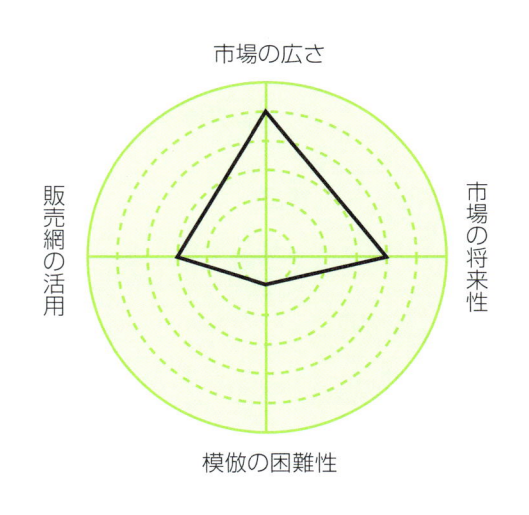

6章　問題解決デザイン技術でよく活用する手法

72. AHP法

AHP(Analytic Hierarchy Process) とは、不確実な状況をなるべく確実な状況下に近似させるために、『階層構造図』を利用し、それをもとに意思決定の際に重要な部分を占める勘やフィーリングといったものを計量化することで理論的な意思決定を可能にする方法です。

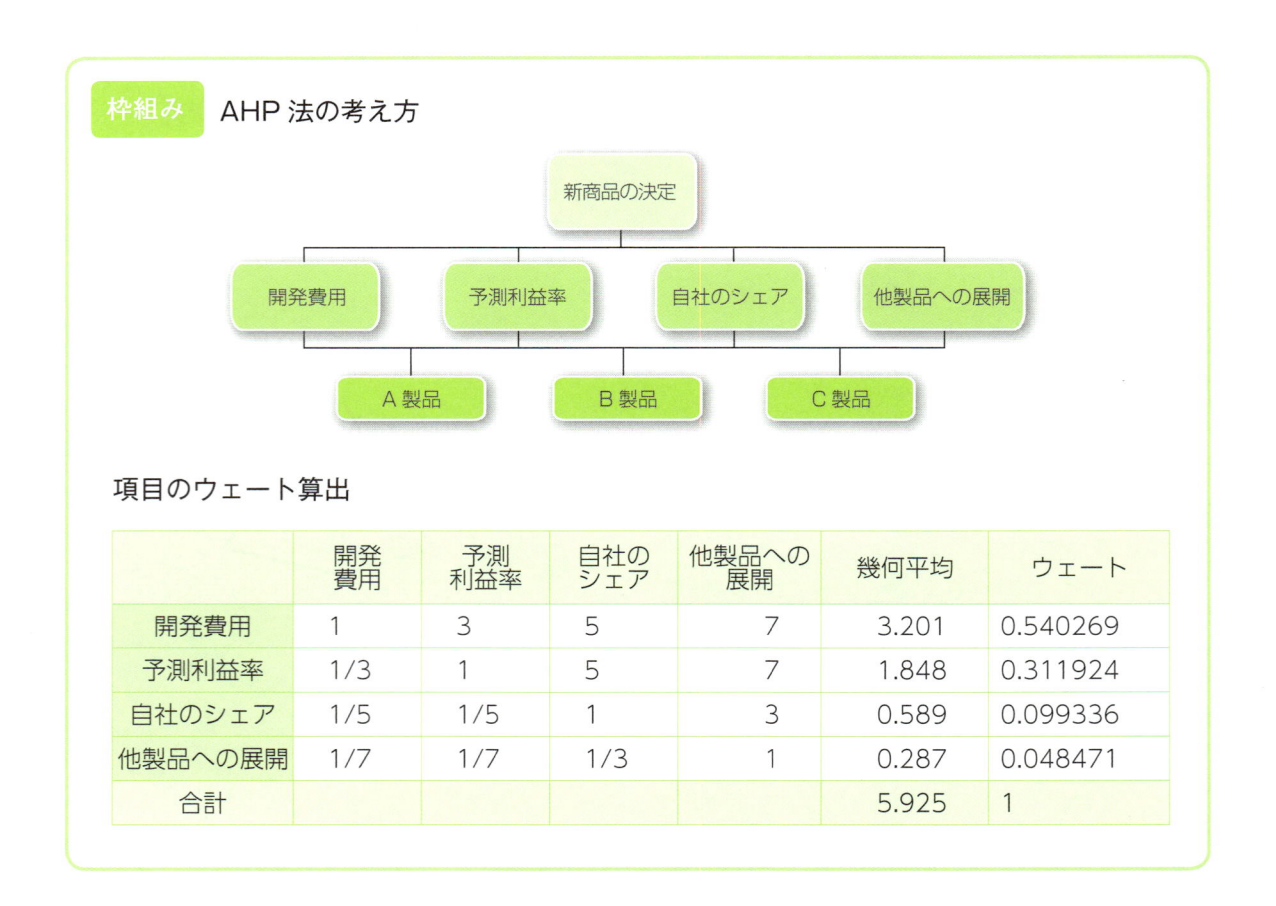

枠組み AHP 法の考え方

```
新商品の決定
├── 開発費用
├── 予測利益率
├── 自社のシェア
└── 他製品への展開
      A製品  B製品  C製品
```

項目のウェート算出

	開発費用	予測利益率	自社のシェア	他製品への展開	幾何平均	ウェート
開発費用	1	3	5	7	3.201	0.540269
予測利益率	1/3	1	5	7	1.848	0.311924
自社のシェア	1/5	1/5	1	3	0.589	0.099336
他製品への展開	1/7	1/7	1/3	1	0.287	0.048471
合計					5.925	1

73. DARE法

DARE法(Decision Alternative Ratio Evaluation System)とは、評価するための要素について、一対比較を行い、それらの要素についてウエイトづけを行うための手法です。

枠組み DARE法のやり方

機能分野	Ri	Ki	Wi	目標コスト	目標修正	F値
〜を〜する	1.0/1.2	3.00	0.43	430	+50	480
〜を〜する	1.0/5.0	2.50	0.36	360	-80	280
〜を〜する	1.0/0.5	0.50	0.07	70	+30	100
〜を〜する	1.0	1.00	0.14	140		140
合　計		7.00	1.00	1000	0	1000

8 プロジェクト管理

81. スキルズインベントリー

　スキルズインベントリーとは、プロジェクト活動などを行う際に、そのチームが保有するスキルを一覧化する手法です。プロジェクトリーダーはこのスキルズインベントリーを活用してプロジェクトメンバーの調整を行うこととなります。

枠組み　スキルズインベントリーの書き方

　プロジェクトに参加するメンバーの業務経験（業務内容と経験年数）を手がかりに し、プロジェクトが持つおおよその能力を知ることができます。

スキルズインベントリー表

プロジェクト名							リーダー名		
担当業務	中分類	人事業務			広報		販売		
	小分類	給与	人材開発	採用	IR業務	プレス対応	法人営業	販売企画	
氏名									
1 産能 太郎		2	3	1				2	
2 自由が丘 花子					2	1			
3 伊勢原 次郎			3			3	4		
4									
5									
6									
7									
8									
9									
10									
累積年数		2	6	1	2	4	4	2	
備考:									

82. ガントチャート

ガントチャートとは、横軸に時間目盛りを、縦軸に工程・作業あるいは設備をとり、両者間の時間的な流れを棒グラフ状に図表化したものです。

枠組み ガントチャートの書き方

作業内容		4月	5月	6月
A	計画	-----		
	実績	───		
B	計画		----	
	実績		───	
C	計画		----	
	実績			─
D	計画			-----
	実績			───

6章　問題解決デザイン技術でよく活用する手法

83. PERT (Program Evaluation and Review Technique)

PERTとはプロジェクトなどの手順計画などをアローダイヤグラムに表示し、その日程を計画・管理するために時間を中心に評価・調整および進度管理を行う手法です。

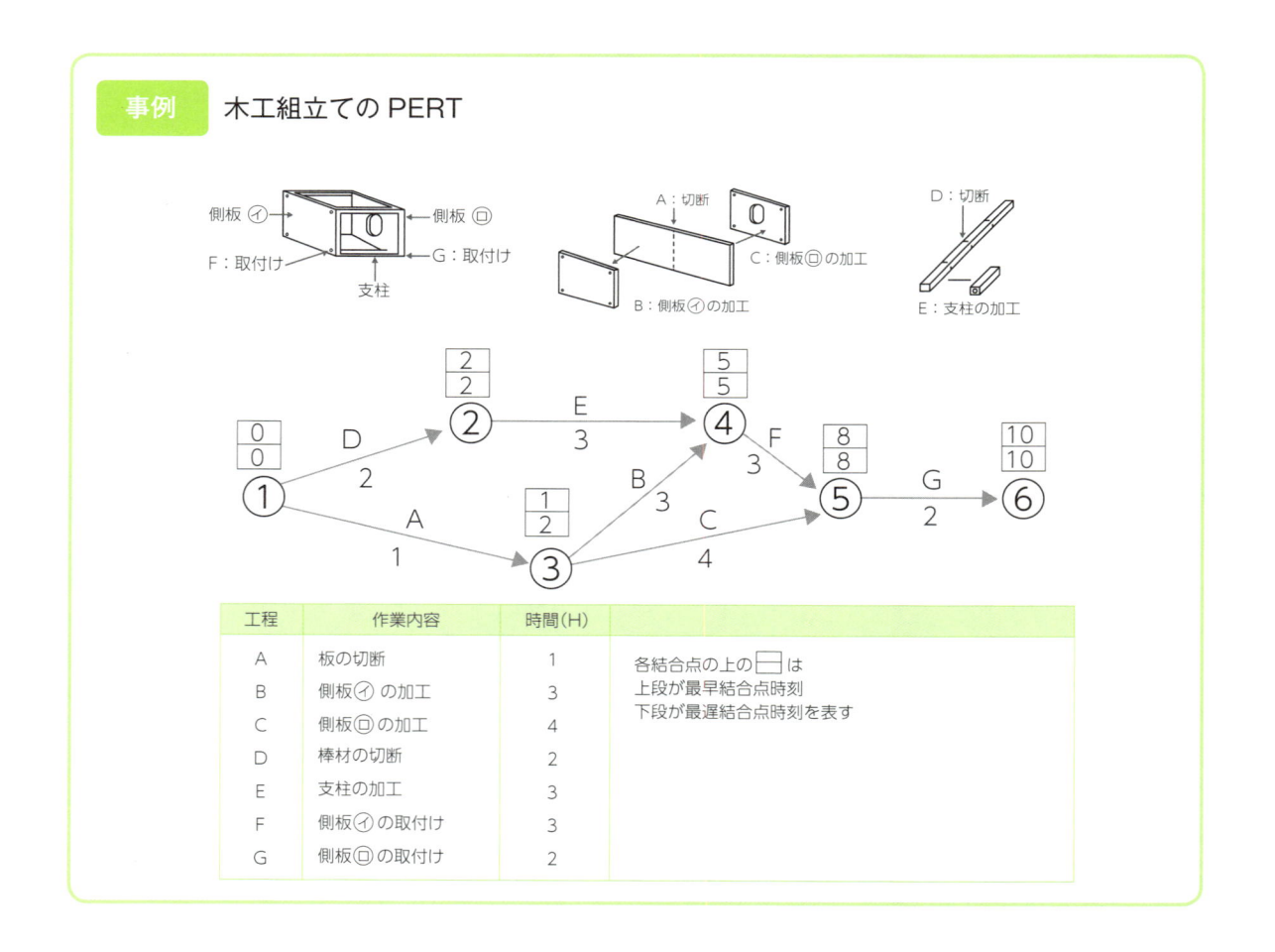

事例　木工組立てのPERT

各結合点の上の □ は
上段が最早結合点時刻
下段が最遅結合点時刻を表す

工程	作業内容	時間(H)
A	板の切断	1
B	側板⑦の加工	3
C	側板回の加工	4
D	棒材の切断	2
E	支柱の加工	3
F	側板⑦の取付け	3
G	側板回の取付け	2

84. PDPC法（Process Decision Program Chart）

　PDPC法（Process Decision Program Chart）は、事態の進展とともに、いろいろな問題が予測されるプロジェクトについて、望ましい結果にいたるプロセスを検討していくための手法です。

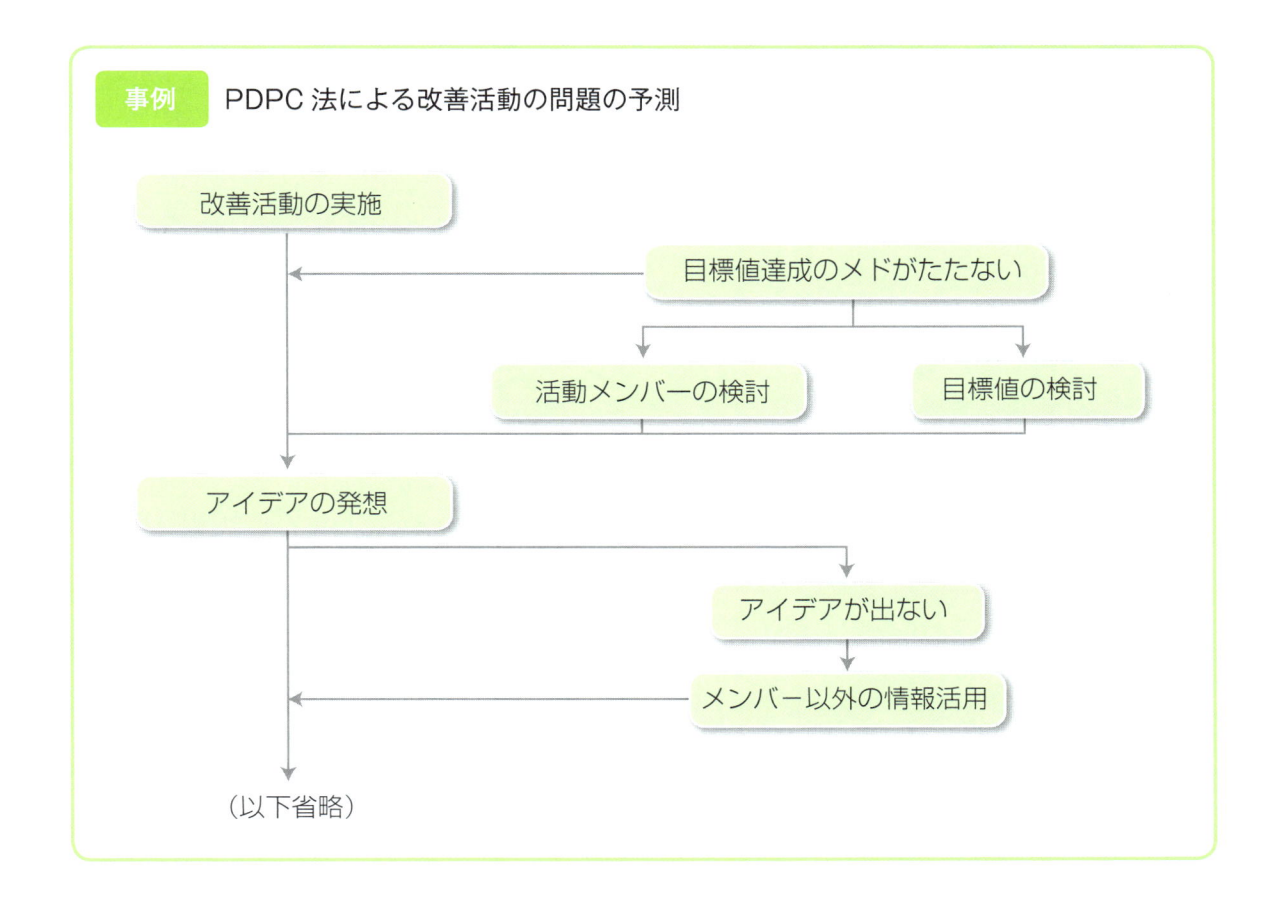

事例　PDPC法による改善活動の問題の予測

```
改善活動の実施
    ↑
    ←――― 目標値達成のメドがたたない
                    ↓           ↓
              活動メンバーの検討   目標値の検討
    ↓
アイデアの発想
    ↓
                    アイデアが出ない
                         ↓
    ←――― メンバー以外の情報活用

（以下省略）
```

Reference 参考文献

1章
- 高橋誠（1984）「問題解決手法の知識」（日経文庫）日本経済新聞社
- 藤本隆宏（2001）「生産マネジメント入門Ⅰ」日本経済新聞社
- 藤本隆宏（2001）「生産マネジメント入門Ⅱ」日本経済新聞社
- 野田康彦（1993）「今日的な効率化のあり方」産業能率大学（通信教育テキスト）
- 産業能率大学総合研究所研究開発マネジメント革新プロジェクト（2009）「研究開発マネジメントの"強化書"」産業能率大学出版部
- 池永謹一（1984）「作業研究」日刊工業新聞社

2章
- Herbert A. Simon, 1977, "The New Science of Management Decision" Prentice-Hall, Inc.（稲葉 元吉、倉井 武夫 翻訳「意思決定の科学」産業能率大学出版部、1979）
- Charles Higgins Kepner, Benjamin B. Tregoe, 1981, "The new rational manager", Princeton Research Press（上野一郎 翻訳『新・管理者の判断力―ラショナル・マネジャー』産能大出版部、2007）
- James Webb Young (1975), " A Technique for Producing Ideas "（今井茂男訳「アイデアの作り方」TBSブリタニカ、1988）
- Jack Foster (1996), "How to Get Ideas "（青嶋淑子訳「アイデアのヒント」TBSブリタニカ、1999）
- 産業能率大学 公開セミナー「創造力開発コース」テキスト
- 野田康彦（1993）「今日的な効率化のあり方」産業能率大学（通信教育テキスト）

3章
- 野田康彦（1993）「今日的な効率化のあり方」産業能率大学（通信教育テキスト）
- 川﨑俊一、バリュー・エンジニアリング No.173（1996）「問題解決アプローチ選択の視点」日本バリュー・エンジニアリング協会

4章
- Len Rogers. (1990) " Pricing for profit" Basil Blackwell p262
- 河野豊弘（2003）『新製品開発マネジメント』ダイヤモンド社
- 門田安弘（2008）『管理会計レクチャー』税務経理協会
- 澤口学（1996）『VEによる製品開発活動20のステップ』同友館
- 産能大学VE研究グループ（1998）『新・VEの基本』産業能率大学出版部
- 独立行政法人情報処理推進機構（2013）『SECBOOKS 共通フレーム2013』独立行政法人情報処理推進機構
- Project Management Institute（2013）『プロジェクトマネジメント知識体系ガイド第5版 日本語版』PMI日本支部

5章

- 産能大学 VE 研究グループ（1998）『新・VE の基本』産業能率大学出版部
- 岸尚「OR, そのみなもとをたずねる［Ⅰ～Ⅲ］」オペレーションズ・リサーチ 1979 年 6～8 月号
- 小林竜一（1976）「OR 概論」共立出版株式会社
- Philip Kotler，Kevin Lane Keller（2006），"Marketing Management, Twelfth Edition"，Prentice-Hall（恩藏直人監修、月谷真紀訳（2014）『コトラー＆ケラーのマーケティング・マネジメント 第 12 版』丸善出版）
- 川﨑俊一（2005）「品質管理の考え方、進め方」産業能率大学（通信教育テキスト）
- 野田康彦、澤口学（1993）「管理技術の見方・生かし方」産業能率大学（通信教育サブテキスト）
- 森村英典（1983）「おはなし OR（オペレーションズ・リサーチ）」日本規格協会

6章

- 神田範明（1995）『商品企画七つ道具』日科技連
- 赤尾洋二 "品質機能展開について"『オペレーションズ・リサーチ』1981 年 8 月号 p429-438
- 吉澤郁雄（2007）『タスクマネジメント 仕事完遂のプロジェクトマネジメント技術』産業能率大学
- Gregory, T. Haugan（2002）"Effective Work Breakdown Structures" Management Concepts, Inc.（伊藤衡監訳『実務で役立つ WBS 入門』翔泳社、（2005）
- 野田康彦、澤口学（1993）「開発・設計業務に必要な管理技術」産業能率大学（通信教育サブテキスト）
- 高橋誠（2009）「図解 解決力」日科技連
- 川喜田二郎著（1996）「発想法」（中公新書）中央公論社
- 産業能率大学テクノロジーマーケティング研究プロジェクト（2004）「テクノロジーマーケティング」産業能率大学出版部

Index 索引

索　引	ページ数
あ行	
アイデア体系図	239
ありたい姿	16
あるべき姿	16
か行	
解決案作成	26、39
改善タイプ	24
課題記述書	47
課題設定	26、38
価値的な前提	29
ガントチャート	245
管理技術	9
技術リレーション分析	237
機能系統図	232
機能情報関連分析	213
機能的アプローチ	25
技法	7、157
具体化のサイクル	238
決定論的評価法	241
ケプナー・トリゴー法	16、20
現状肯定型アプローチ	25、49
現状否定型アプローチ	25、49
検定・推定	224
固有技術	9
さ行	
作業者工程分析	211
時間研究	219
事実的な前提	29
実験計画法	227
実施	28、39
事務工程分析	212
収束的思考	36
手段の創造	36
手法	7
手法レベル	178

索　引	ページ数
親和図法	199
推理的問題	20
スキルズインベントリー	244
生活研究	209
生活分析	218
製品工程分析	210
セグメンテーション	207
設計タイプ	24
綜合化段階	27、28
創造	31
創造技法	173
創造性	31
創造的技法	157
創造的問題	20
創造の問題	18
創造力	31
た行	
ダグチメソッド	181
多変量解析	228
チェックシート	217
着想のアイデア	33
動作分析	216
特性要因図	230
な行・は行	
認識の創造	34
発見の問題	17
発散的思考	36
発生の問題	17
発想のアイデア	33
パレート図	223
ヒストグラム	223
評価・決定段階	27、28
標本調査法	221
品質機能展開	184
複式活動分析	215

索　引	ページ数
ブレインストーミング	197
プロセス管理	40
プロセス設計	12、42
プロダクトポートフォリオマネジメント	208
分散分析	226
分析→綜合化→評価・決定	12
分析段階	27
ポートフォリオ分析	229
ま行	
マーケティング	156
マトリックス図法	233
三つの創造力	33
目的の創造	35
問題解決デザイン技術	7、10、44
問題解決デザイン技術の特徴	13
問題解決の6つの要素	29
問題解決のアプローチ	49
問題解決の進め方	26
問題解決のデザイン	6
問題解決プロセス	7
問題の定義	16
ら行・わ行	
利点欠点分析	240
連関図	231
ワークサンプリング	217
英数字	
AHP法	242
DARE法	243
FMEA	235
FTA（Fault Tree Analysis）	234
IE	4、10、152、159

索　引	ページ数
NM法	204
OR	153、162
PDPC法	247
PERT	246
PF	194
PTS法	220
QC	3、7、10、153、161
QC工程図	214
STP	171
SWOT分析	206
TRIZ	156、168
TRIZのオペレーター発想	236
VE	3、7、10、154、165
WBS	190
3C	207
4P/4C	172

著者略歴

川﨑 俊一（かわさき しゅんいち）
学校法人 産業能率大学総合研究所
経営管理研究所技術経営研究センター
研究員

電機メーカーにて品質管理活動、小集団活動推進活動に従事。1983年産業能率大学に入職後は、品質改善、直接部門および間接部門コストダウンの指導および教育、メーカー管理者・監督者マネジメント教育を担当。主な著書として『価値経営』日刊工業、『業務革新理論と実践』『テクノロジーマーケティング』共に産業能率大学出版部、他多数がある。

神戸 正志（かんべ まさし）
学校法人 産業能率大学総合研究所
経営管理研究所 技術経営研究センター
主任研究員

大手エンジニアリング企業にて国内外のプラント建設業務に従事。その後、コンサルティング会社を経て、2010年産業能率大学に入職。現在は、VEを中心とした管理技術や原価管理、調達部門の機能強化などの教育・コンサルティング活動を行っている。

齋藤 義雄（さいとう よしお）
学校法人 産業能率大学総合研究所
経営管理研究所 技術経営研究センター
研究員

大手楽器メーカーにて生産技術業務に従事し、国内外の工場にて生産システム・生産工程の設計・改善に携わる。2011年、産業能率大学に入職。現在は、IE、QCを中心とした管理技術と業務改善や問題解決、加えて技術者のキャリア形成支援などの教育・コンサルティング活動を行っている。

竹村 政哉（たけむら まさや）
学校法人 産業能率大学総合研究所
経営管理研究所 技術経営研究センター長
主席研究員

金融機関勤務を経て、1991年産業能率大学に入職。現在、研究開発テーマ設定や製品企画、製品開発等のコンサルティングや技術領域の経営幹部人材育成の教育活動に取組む。製品企画については50以上の経験を持つ。『研究開発マネジメントの強化書』『テクノロジーマーケティング』共に産業能率大学出版部、他多数の著書がある。

仁宮 裕（にみや ゆたか）
学校法人 産業能率大学総合研究所
経営管理研究所 技術経営研究センター
主幹研究員

システム・インテグレーション企業にてSEとしてシステム開発・設計、運用業務に従事し、2004年産業能率大学入職。現在は、プロジェクトマネジメントとビジネススキル等の領域を中心に教育・コンサルティング活動を行っている。主な著書として、『業務革新理論と実践』産業能率大学出版部（共著）がある。

福岡 宣行（ふくおか のぶゆき）
学校法人 産業能率大学総合研究所
経営管理研究所 技術経営研究センター
研究員

大手電気機器メーカーにて原価企画部門に所属し、スタッフとして開発設計支援業務に従事。2011年産業能率大学に入職後、管理会計における原価管理、計数管理と、VE、TRIZを中心とした管理技術の教育・コンサルティング活動を行っている。

"できる"技術者になる！「問題解決デザイン」のノウハウ　〈検印廃止〉

著　者	産業能率大学総合研究所 技術経営研究センター 著
発行者	飯島 聡也
発行所	産業能率大学出版部
	東京都世田谷区等々力 6-39-15　〒158-8630
	（電話）03（6432）2536
	（FAX）03（6432）2537
	（振替口座）00100-2-112912

2016年 3月31日　初版1刷発行

印刷所　日経印刷　製本所　日経印刷

（落丁・乱丁はお取り替えいたします）
無断転載禁止

ISBN 978-4-382-05736-4